地方創生に挑む地域金融

「縮小」阻止へ　金融・資本市場からのアプローチ

岩崎俊博 [編]
㈱野村資本市場研究所 [著]

一般社団法人 金融財政事情研究会

はじめに

　野村資本市場研究所は、金融・資本市場および金融サービス産業の制度・構造・動向などを専門的に研究する野村グループのシンクタンクとして2004年に発足し、おかげさまで今年度に10周年を迎えることができました。

　前身とする野村総合研究所の旧資本市場研究部時代から掲げる研究の基本方針「中立性」「専門性」「実践性」に基づき、欧米先進国のみならず中国などの新興国も研究対象にしながら、日本の金融・資本市場および金融サービス産業の発展に資する考察や政策提言を行うことを使命としてまいりました。

　当研究所のこうした姿勢は、今後もなんら変わるところではありませんが、一方、この10年間に内外の金融・資本市場を取り巻く環境は激変しました。そのなかの一つに、日本国内における人口減少と少子高齢化が著しく進行し、社会・経済構造に多大な影響が生じ始めたことがあります。

　折しも当研究所の10周年とほぼ同じタイミングで、増田寛也・東京大学公共政策大学院客員教授が座長を務める日本創成会議の人口減少問題検討分科会から「成長を続ける21世紀のために「ストップ少子化・地方元気戦略」」が提言されました。現安倍政権が地方創生にも注力する契機になったとされる同提言の内容には当研究所も大いに注目し、触発され、「金融・資本市場からも何かアプローチできないか」を10周年を記念するプロジェクトに位置づけて、当研究所全員で取り組むことになりました。

　その成果をこうして上梓できる機会に恵まれたことに大変感謝しております。本書が地方創生に向けた政府・地方公共団体による政策立案や、地元金融機関・民間企業による事業戦略立案などの材料として少しでも参考になれば幸いです。

　最後に、本書出版においてご協力をいただいた多くの方々にお礼を申し上げます。特に、野村グループの関係者の皆様からは日頃の交流を通じてさまざまなご支援をいただきました。また、一般社団法人金融財政事情研究会の

谷川治生理事からは出版の機会のみならず、企画の段階からさまざまなアドバイスをいただきました。さらに、増田寬也氏からは大変ご多忙にもかかわらず推薦のお言葉をいただきました。この場を借りて、厚くお礼を申し上げます。

2015年3月

野村資本市場研究所
取締役社長　岩崎　俊博

野村資本市場研究所の概要

　当研究所は、1965年以来、野村総合研究所で培われてきた金融・資本市場および金融機関や金融商品の制度・構造・動向などに関する調査の伝統を引き継ぎつつ、実務に根ざした研究および政策提言を中立的かつ専門的に行うことを経営の基本方針に掲げた株式会社として、2004年4月1日に発足しました。

　日本の経済のさらなる健全な発展のためには、市場型金融モデルを活用したマネーフロー構造のいっそうの確立が重要な課題です。当研究所では市場型金融モデルの向上に向けた金融・資本市場改革に寄与する調査研究を行うことを第一の柱としております。

　当研究所では、同時に、日本のみならず、欧米先進諸国の金融・資本市場が直面する、グローバルかつ先端的な課題の調査研究に尽力しております。さらに中国をはじめとする新興国諸国、特にアジアにおける金融・資本市場の適切な発展・運営のあり方を、日米欧市場の経験に基づく比較研究をふまえつつ考察していくことも重要な使命と位置づけています。

　当研究所の調査研究活動の成果の一端は、季刊誌『野村資本市場クォータリー』やシリーズ『資本市場研究選書』、ウェッブサイト（日本語、英語、中文）などを通じて広く世界に発信しています。

目　次

■ はじめに ──────────────────── 岩崎　俊博

序　論 ………………………………………………… 井潟　正彦 … 1
　1　増田レポートが提示した課題と意義 ………………………………… 1
　2　金融・資本市場からのアプローチ …………………………………… 4

第 I 部
個人金融資産の動きとライフ・プランニング

I-1　相続が引き起こす個人金融資産移動の波
宮本　佐知子

　1　「貯める時代」から「取り崩す時代」へ ……………………… 12
　2　個人金融資産の地域分布が相続で変わる …………………… 13
　3　将来の相続資産が贈与を通じて前倒しで動く ……………… 17

I-2　米国にみる地域教育資金形成制度の可能性
宮本　佐知子（調査協力：荒井　友里恵）

　1　負担が重い大学教育費 ……………………………………………… 20
　2　1980年代の米国における州政府発の施策 ………………………… 22
　3　米国529プランの普及と地域活性化に向けた取組み ……………… 25
　4　わが国の地方公共団体での取組みへ向けて ……………………… 35

| Ⅰ－3 | 一極集中・少子高齢化が進む
東京都民のライフ・プランニング

野村　亜紀子

| 1 | 東京も人口減少期へ ………………………………………… 40
| 2 | 東京都民の家計の特徴 ……………………………………… 40
| 3 | 東京都民のライフ・プランニング：老後の展望 …………… 44
| 4 | 東京都民のライフ・プランニング：自助努力の備え ……… 46

第 Ⅱ 部

地域金融機関のビジネスモデル改革

| Ⅱ－1 | 地域銀行の再編の背景と論点

小立　敬

| 1 | 期待高まる再編による地域活性化 ………………………… 52
| 2 | 地域銀行の収益構造と収益力 ……………………………… 53
| 3 | 過去の地域銀行の再編と政策インセンティブ …………… 59
| 4 | 現在の再編の議論とその論点 ……………………………… 63
| 5 | 営業基盤分析に立脚した経営戦略見直しが課題に ……… 67

| Ⅱ－2 | 米国における地銀 M&A の展開

淵田　康之

| 1 | 地銀再編の必然性 …………………………………………… 68
| 2 | 米銀における M&A を通じた広域展開の教訓 …………… 71
| 3 | わが国への示唆 ……………………………………………… 82

Ⅱ-3 地域経済を支える協同組合金融機関の改革
―フランスのクレディ・アグリコルの事例―

神山 哲也

1 日本の系統金融が抱える課題 …………………………………… 88
2 クレディ・アグリコルの概要 …………………………………… 90
3 クレディ・アグリコルの組織構造 ……………………………… 91
4 農業従事者向け地域金融機関からグローバル金融コングロマリットへの変貌 …………………………………………………… 95
5 グループ内の財務連携 …………………………………………… 101
6 日本の農協改革への示唆 ………………………………………… 103

Ⅱ-4 地方金融機関の連携と保険サービスの提供

井上 武

1 少子高齢化とともに変化する保険へのニーズ ………………… 105
2 地方銀行によるバンカシュアランスへの期待 ………………… 108
3 欧州では銀行グループが保険事業を保有 ……………………… 113
4 効率的、効果的な保険サービスの提供へ向けて ……………… 114

Ⅱ-5 地方に立地する米英の資産運用会社

神山 哲也・岡田 功太・和田 敬二朗

1 金融センターに立地する必要性 ………………………………… 117
2 米 国 …………………………………………………………… 118
3 英 国 …………………………………………………………… 124
4 日本への示唆 ……………………………………………………… 129

第 III 部
地域の活性化に資する金融ソリューション

III-1 ヘルスケア REIT の活用による 医療・介護施設の供給増大と再編
関　雄太

1　ヘルスケア施設市場における需給ギャップと複雑性 …………… 132
2　米国におけるヘルスケア REIT の発展と意義 …………………… 136
3　日本におけるヘルスケア REIT 市場整備の動きと意義 ………… 142

III-2 増え続ける空き家の有効活用を考える
小島　俊郎

1　空き家の現状 ………………………………………………………… 146
2　空き家の有効活用に向けて ………………………………………… 155
3　新築中心の住宅政策の転換を ……………………………………… 161

III-3 地域の課題克服に活用される ソーシャル・インパクト・ボンド
神山　哲也

1　英国におけるロンドン一極集中の問題 …………………………… 162
2　ソーシャル・インパクト・ボンドとは …………………………… 164
3　英国におけるソーシャル・インパクト・ボンドの活用事例 …… 168
4　米国におけるソーシャル・インパクト・ボンドの展開
　　―大手金融機関が関与するモデル― ……………………………… 176
5　SIB の評価と今後の展望 …………………………………………… 182

Ⅲ－4　地方債としてのレベニュー債と永久債の可能性
　　　　　　　　　　　　　　　　　　　　　　　江夏　あかね

　1　伝統的な地方債の枠組みを超えたファイナンス手段 ………… 184
　2　レベニュー債 ……………………………………………………… 185
　3　永　久　債 ………………………………………………………… 193
　4　人口減少時代の次世代のファイナンス手法 …………………… 202

第 Ⅳ 部
産業関連の地方創生施策

Ⅳ－1　地域企業の事業承継を円滑化する新たな方策の考察
　　　　　　　　　　　　　　　　　　　　　　　吉川　浩史

　1　成長戦略としての事業承継を円滑化 …………………………… 204
　2　中小企業の経営者の高齢化 ……………………………………… 205
　3　進まない事業承継と指摘されている課題 ……………………… 206
　4　円滑な事業承継に向けた新たな方策に関する考察 …………… 209
　5　地域金融機関にもメリット ……………………………………… 216

Ⅳ－2　企業の立地移転を促す法人税改革
　　　　　　　　　　　　　　　　　　　　　　　江夏　あかね

　1　法人税改革で企業立地の魅力を高める ………………………… 217
　2　法人税改革による地方創生への示唆 …………………………… 221
　3　企業人材配置適正化のきっかけに ……………………………… 229

Ⅳ-3　日本の地方経済からみた中国企業の対日直接投資
関根　栄一

1　外国企業の対日直接投資の重要性と中国企業 …………………… 231
2　中国企業の対日直接投資の現状 …………………………………… 234
3　中国企業の日本の地方向け直接投資の個別事例 ………………… 238
4　今後の展望 …………………………………………………………… 245

Ⅳ-4　人口減少から財政破綻に至ったデトロイト市の教訓
江夏　あかね

1　米国を代表する工業都市の破綻 …………………………………… 247
2　なぜデトロイト市は財政破綻したのか …………………………… 248
3　人口減少時代を生き抜くための地方財政運営 …………………… 254
4　都市縮小を前提にした街づくりへの転換 ………………………… 261

Ⅳ-5　労働力不足に挑む中国―日本への示唆―
関　志雄

1　「一人っ子政策」のツケ …………………………………………… 262
2　二つの転換点を迎えた労働市場 …………………………………… 262
3　低下する潜在成長率 ………………………………………………… 264
4　促される「経済発展パターンの転換」 …………………………… 267
5　出稼ぎ農民の「市民化」を通じた都市化の推進 ………………… 269
6　求められる農地の流動化 …………………………………………… 270
7　日本にも求められる生産要素の流動化 …………………………… 273

Ⅳ-6 ドイツにおける大手企業の立地分散と州の産業政策

林　宏美・ラクマン ベディ グンタ

1　首都に本社を置く独企業は少数派 …………………………………… 275
2　ドイツ大手企業の本社が分散している背景 ………………………… 280
3　主要な州のケース ……………………………………………………… 283
4　日本への示唆 …………………………………………………………… 293

事項索引 ………………………………………………………………………… 295

【調査支援】
　李　立栄（り　りつえい）
　北野　陽平（きたの　ようへい）
　富永　健司（とみなが　けんじ）
　飛岡　尚作（とびおか　しょうさく）

序　論

井潟　正彦

1　増田レポートが提示した課題と意義

　2014年9月3日に発足した第2次安倍改造内閣は、その取り組むべき最大の課題の一つに「元気で豊かな地方創生」を位置づけた。安倍首相は新たに創設した地方創生担当大臣に石破茂衆議院議員を起用するとともに、「まち・ひと・しごと創生本部」を内閣官房に設置した。

　同年11月21日には地方創生の関連二法、すなわち「まち・ひと・しごと創生法」と「改正地域再生法」が国会で成立。そして、同年12月14日に行われた第47回衆議院選挙の結果を受けて同24日に発足した第三次安倍内閣は、同27日には地方創生の実現に向けて、今後目指すべき将来の方向を提示した「まち・ひと・しごと創生長期ビジョン」、および今後5カ年の目標や施策などを提示した「まち・ひと・しごと創生総合戦略」を取りまとめ、閣議決定した。

　さらに第三次安倍内閣は、2015年に入ってからは、同年1月14日に閣議決定した「2015年度税制改正大綱」に企業の地方拠点強化や結婚・子育て支援のための税制上の措置などを盛り込み、同年2月3日成立の「2014年度補正予算」には地方創生関連の交付金などを計上するとともに、同12日国会提出の「2015年度予算」政府案には「新しい日本のための優先課題推進枠」などを設け、同17日国会提出の「2015年度地方財政計画」では「まち・ひと・しごと創生事業費」を創設するなど、地方創生の政策実現に向けてきわめて精力的に取り組んでいるようすが注目されている。従前から地方の活性化について取り組んできた関係省庁や地方公共団体の動きも、いっそう活発化している印象を受ける。

　第2次安倍改造内閣および第3次安倍内閣がこれほど真剣に地方創生に取

り組む大きな契機になったのは、増田寛也・東京大学公共政策大学院客員教授が座長を務める日本創成会議の人口減少問題検討分科会による2014年5月8日の提言「成長を続ける21世紀のために「ストップ少子化・地方元気戦略」」があろう（以下、同提言と、その推計前提などについての詳述が掲載された『中央公論』2014年6月号「提言　ストップ「人口急減社会」」をあわせて「増田レポート」という）。

　増田レポートは、現在のような若年層を中心とした地方から大都市圏への「地域間移動」が今後も収束しないと前提を置いた場合、若年女性（20～39歳の女性人口、人口の「再生産力」を示す簡明な指標）がわずか四半世紀後の2040年に5割以上減少する市町村、すなわち出生率が今後多少上がったとしても人口の減少に歯止めがかからず消滅するおそれが高い市町村が、全体のほぼ半分（49.8％）を占める896に達し、そのうち523（29.1％）で人口が1万人を切るという推計を発表して、大きな注目を集めた。

　都道府県別でみると、こうした消滅するおそれが高い市町村が8割以上に及ぶのは青森県、岩手県、秋田県、山形県、島根県、5割以上になるのは24道県を数えるといった推計結果について、全市町村をリストとして公表したことから、多くのマスメディアはもっぱらセンセーショナルに「多くの市町村が消滅する可能性」のみを取り上げた感がある。

　しかし、増田レポートの本当の意義は、市町村別の推計を行ったことだけではなく、そうした事態を避けるためには、日本の人口減少の深刻さ、特に地方の急激な人口減少（東京への人口集中）という「不都合な真実」ともいうべき事態を、国民が正確かつ冷静に認識・共有を図り、「慢性疾患」への対応と同様に早く取り組めば取り組むほど効果があがるので、先延ばししないことだという基本方針を提唱していることにある。同時に、増田レポートの要約版（次頁の囲み参照）が示すように「ストップ少子化戦略」「地方元気戦略」「女性・人材活躍戦略」の三つの戦略を具体的な施策案も伴って提言したことについても再認識の必要があろう（なお、増田レポートの詳細かつ正確な理解のためには、増田寛也『地方消滅』中央公論新社、2014年8月を参照）。

「ストップ少子化・地方元気戦略」(要約版) ―戦略の基本方針と主な施策―

人口減少の深刻な状況(特に地方の急激な人口減少)に関し国民の基本認識の共有を図る。
● 全国の人口減少の将来の姿を公表。「ストップ少子化・地方元気アンバサダー」の活動。

【ストップ少子化戦略】

○ 基本目標を「国民の『希望出生率』の実現」に置く。
● 2025年に希望出生率＝1.8を実現することを基本目標とし、人口置換水準(出生率＝2.1)の実現を視野に置く。〈別添〉

○ 若者が結婚し、子どもを産み育てやすい環境づくりのため、全ての政策を集中する。企業の協力が重要な要素。
● 若者・結婚子育て年収500万円モデル」を目指した雇用・生活の安定
● 妊娠・出産支援(公共機関による結婚仲介機会の提供、妊娠出産知識普及、ひとり親家庭支援)
● 子育て支援(待機児童解消、保育施設付マンション、ひとり親家庭支援)
● 働き方改革(育休保障水準引上げ、多様な「働き方」企業別出生率公表)
● 多子世帯支援(子どもが多いほど有利になる税・社会保障、多子世帯住宅)

○ 女性だけでなく、男性の問題としても取り組む。
● 男性の育児参画、育児休業完全取得、定時退社促進(残業割増率引上げ)

○ 新たな費用は、「高齢者世代から次世代への支援」の方針の下、高齢者対策の見直し等によって対応する。
● 高齢者諸制度の見直し(公的年金等控除など)、「終末期ケア」の見直し

【地方元気戦略】

○ 基本目標を「地方から大都市への人の流れを変えること」とし、特に「東京一極集中に歯止めをかけることに置く。
● 地方の人口減少の最大要因は、若者の大都市への流出、特に「東京」への流出。東京圏は高齢化が一緒に進む。
● 地方から大都市への人の流れを防ぎ、少子化対策とともに首都直下地震対策にも有効。
米2020年の東京五輪を視野に置き、対応を急ぐ必要がある。

○「選択と集中」の考え方の下で、地域の多様な取組を支援することが重要。
◇人口減少に即応じた地域集積構造への構築：
● コンパクトな拠点＋ネットワーク形成、自治体間の「地域連携」、「地方法人課税」改革
● 地域経済を支える基盤づくり：地域資源を活用した産業・スキル人材の地方への移動、農林水産業の再生
● 地方大学を呼び込む魅力づくり：地方大学の再強化、地方企業の就職支援、「全国住み替えマップ」、ふるさと納税の推進、都市からの住み替え支援
● 都市高齢者の地方への住み替え

【女性・人材活躍戦略】

○ 女性や高齢者、海外人材の活躍推進に強力に取り組む。
● 「女性就労目標」の達成、「働きやすい中立公正な税・社会保障戦略」の策定
● 女性雇用(行政・民間企業の数値目標設定)
● 高齢者の定着見直し、高齢者の就労促進
● 海外からの大規模移民政策ではなく地域住民は限定的でない「高度人材の受け入れ」を推進

○ 長期的かつ総合的な視点から、政策を迅速に実施する。
● 内閣に「長期戦略本部」を設置し、「長期ビジョン」と「総合戦略」を策定
● 地域の関係自治体が参加する「地域戦略協議会」を設置し、「地域長期ビジョン」と総合戦略を策定(地域の出生目標値を設定を含む)

(出所) 日本創成会議・人口減少問題検討分科会

2　金融・資本市場からのアプローチ

　ところで、増田レポートはそのページのほとんどを、当然のことではあるが、出生率の向上や人口の地方定着・拡大に直結する最も本質的な課題と施策、すなわち若者の結婚・出産・子育てのあり方、若者に魅力ある地域拠点都市のあり方、女性や高齢者人材の活躍推進のあり方、などの詳しい記述に割いている。一方、やや間接的な分野ともいえる金融・資本市場に関連する課題や施策については「地域経済を支える基盤づくり」に位置づけ、そのなかの「地域経済を支える産業の構築」や「地域金融の再構築」などで、たとえば官民事業体にふさわしいガバナンスやファイナンスのシステムのもとでの効率的な事業再編のあり方や、地域経済における資金循環の縮小、地域金融機関の役割、特に地域金融機関自身の再編・統合を含めた機能の再構築の必要性など、まずは最優先のものに限って簡潔に指摘した印象である。

　ただ、金融・資本市場の動向やスキームの開発などが実体面に与えうる影響は小さくなく、課題を長引かせることもあれば、施策の推進を円滑にすることもあるのはいうまでもない。そこで、「まち・ひと・しごと創生」の重要性にかんがみ、増田レポートで言及された金融・資本市場に関連する課題や施策について、具体的な解説や補足ができる部分、あるいは関連した追加の指摘ができる部分などがないか、金融・資本市場の制度や金融商品・スキームの動向、金融サービス会社の戦略などを専門的に研究する当研究所として検討してみた。

　具体的には、以下の四つの枠組みでアプローチした。

第Ⅰ部　個人金融資産の動きとライフ・プランニング

　Ⅰ－1　「相続が引き起こす個人金融資産移動の波」は、増田レポートが指摘した、地方から大都市圏への人口移動が続いている結果として、相続という世代をまたぐライフ・イベントを通じて、地方から大都市圏への個人金融資産の移転が始まっており、地域金融機関の経営、ひいては地域金融に大き

な変化が生じうることを指摘している。少子高齢化と人口減少による貯蓄全体の縮小とあわせて、看過できない現象だ。

Ⅰ－2「米国にみる地域教育資金形成制度の可能性」は、人口流出に歯止めをかけるような、子どもを育てやすい環境づくりに、ライフ・プランニングの最重要項目の一つである教育費の手当に関する議論は不可欠とし、日本の地方公共団体にとっても、米国各州で1980年代以降に相次いで広まった税制優遇を伴う高等教育資金形成の支援制度（529プラン）が検討に値する、と詳しく紹介している。

Ⅰ－3「一極集中・少子高齢化が進む東京都民のライフ・プランニング」は、増田レポートが多くの地方公共団体の消滅可能性とともに、声高に警告した東京都への人口一極集中で生じうる深刻な医療・介護サービス不足などといった課題について、全国平均に比べ高収入だが高支出、保有資産額・負債残高ともに大、介護費用も高いといった東京都民の家計の特徴を確認するとともに、長期的なライフ・プランニングの重要性を指摘する。

第Ⅱ部　地域金融機関のビジネスモデル改革

前述したように増田レポートは、地域金融機関自身の再編・統合を含めた機能の再構築の必要性を指摘したが、Ⅱ－1「地域銀行の再編の背景と論点」は、将来起こりうる地域人口の減少に伴って生じる収益力や収益基盤をめぐる懸念が、過去と異なり再編の論点になることを確認し、再編に限らない経営戦略の選択肢も念頭に置きつつ、経営のサスティナビリティをレビューすべきであると説いている。

一方、米国では1980年代以降、地域を超えた銀行の再編・統合が活発に行われている。本社が移転したり、行名から地域の名称が消えたりすることも少なくない。Ⅱ－2「米国における地銀M&Aの展開」は、米国では上場企業として成長機会、ひいては企業価値の最大化を追求することが地方銀行の再編・統合の原動力であることを指摘し、株式市場における評価が銀行の経営の妥当性を示す重要なバロメーターになるはずだと分析している。

増田レポートは農林水産業の再生を重視しているが、その場合、農業協同組合などの系統組織における金融事業のあり方が論点の一つとなろう。Ⅱ－3「**地域経済を支える協同組合金融機関の改革—クレディ・アグリコルの事例—**」は、協同組合組織が銀行業界で中核的な役割を担っているフランスにおいて、最大手であるクレディ・アグリコルが、如何に地域金融とグローバル金融との両立を図っているかを解説している。

　Ⅱ－4「**地方金融機関の連携と保険サービスの提供**」は、少子高齢化が進展する日本では年金や医療・介護などの生前保障、さらに相続などの資産移転へのニーズが広く高まっており、地域に根ざした金融機関の窓口での個人向けの生命保険商品販売（バンカシュアランス）が今後発展していくことが期待されるとし、地域金融機関の連携や業務提携が検討される場合、保険事業の取組戦略が鍵を握る可能性が高いと指摘している。

　地方の金融機関といえば、日本では地元の銀行や信用金庫、また東京に本店を置く大手金融機関の支店をもっぱらイメージしがちだが、Ⅱ－5「**地方に立地する米英の資産運用会社**」は、米英では地方にこそあえて本拠地を構え、そこから世界の資本市場と顧客を相手にビジネスを展開する資産運用会社が少なくないことを指摘する。知識集約型ビジネスの究極たる資産運用業が、発達したITを活用し、低コストと良好な住・労働環境を求めて地方立地することは日本でも検討の余地があるのではないだろうか。

第Ⅲ部　地域の活性化に資する金融ソリューション

　増田レポートは、経済圏の規模のいかんを問わず大きな成長が見込まれる医療・福祉分野ではあるが、地方公共団体などの財政負担への影響の重大さや、前掲のⅠ－3でもみたように東京でのサービス不足の懸念を指摘した。Ⅲ－1「**ヘルスケアREITの活用による医療・介護施設の供給増大と再編**」は、米国で高齢者向け住宅、介護施設、専門リハビリ施設、病院の経営などで広く活用されているヘルスケアREITを通じた民間資金の活用が、日本の需給ミスマッチの解消や、施設機能の高度化・再編のためにも必須であるとし、

その仕組みと課題・展望について解説している。

Ⅲ－2「**増え続ける空き家の有効活用を考える**」は、昨今急激に増加し、社会問題化しつつある空き家（賃貸用や売却用ではない）の活用や除却を進めるための固定資産税のあり方や、使える空き家を買い取りリフォームして賃貸・再売却するためのファンドとスキームについて論じている。増田レポートでも「若者に魅力ある地域拠点都市」にとって空き家の活用による二地域居住やⅠターン希望者への住宅提供が提言されている。

日本以上に首都への一極集中が激しい英国でも地方公共団体の財政悪化などが大きな問題になっているが、Ⅲ－3「**地域の課題克服に活用されるソーシャル・インパクト・ボンド**」は、地域におけるさまざまな社会的課題の克服プログラムのファイナンス方法として米英で活用事例が増えているソーシャル・インパクト・ボンドについて紹介し、実際に直面する社会的問題の違いをふまえつつも日本での活用を期待する。

地方公共団体そのものの資金調達手段の多様化をいっそう図ることも必須であろう。Ⅲ－4「**地方債としてのレベニュー債と永久債の可能性**」は従来の地方債に加えて、コベナンツなどの仕組みでガバナンスが効きやすいとされ、米国で地方債の中核となっているレベニュー債と、株式発行の概念がない地方公共団体でも償還期限なしの資金調達ができる永久債を、人口減少で財源確保がむずかしくなる可能性がある環境に備えての耐久性ある地方債として提案している。

第Ⅳ部　産業関連の地方創生施策

地域に根ざす中堅・中小企業には安定経営を誇るにもかかわらず、オーナーの高齢化や後継者の問題で事業承継が円滑に進まず、廃業に至る歴史ある企業も少なくないといわれるが、増田レポートが提言する「若者の地方就職」や「中高年の地方への転職」の促進などにかんがみると、そうした事態のいっそうの悪化は防ぎたい。Ⅳ－1「**地域企業の事業承継を円滑化する新たな方策の考察**」は、非上場株式の取引制度や日本版ESOP（Employee Stock

Ownership Plan、従業員持株制度）が、親族外の後継者への株式移転や、後継者以外の関係者による株式の一部保有に資するはずだと論じる。

　地方の雇用確保には、大都市圏、特に東京の企業による立地移転も追求すべきであろう。増田レポートが指摘する「東京一極集中」の改善や「「スキル人材」の再配置」の促進にも直結する。**Ⅳ－2「企業の立地移転を促す法人税改革」**は、地方公共団体による企業誘致策の強化に加え、福井県の西川一誠知事が提唱する「ふるさと企業減税」のような、法人税体系の制度設計に関する地方公共団体独自の工夫が有効だと提案している。

　地域に雇用をもたらすのは日本の企業だけとは限らない。なかでも日本のGDPを抜いて世界第2位の経済大国となった中国企業の対日直接投資が2008年の金融危機以降、大きく増加している。**Ⅳ－3「日本の地方経済からみた中国企業の対日直接投資」**では、中国企業による日本の地方向け直接投資について三つの事例を解説している。中国での規制緩和を受けて、対日直接投資がいっそう増える可能性もある。

　増田レポートがいう「消滅するおそれ」とは、財政運営が行き詰まる可能性とほぼ同義とも考える。直近では2013年7月に米国デトロイト市が財政破綻に陥って注目を集めた。**Ⅳ－4「人口減少から財政破綻に至ったデトロイト市の教訓」**は、産業構造の変化で生じる人口減少や荒廃に対し、迅速に新たな街づくりに取り組まないと、200万人近い人口を誇った都市でさえネガティブ・スパイラルから抜け出せなくなる可能性を分析した。

　日本ではここ数十年は生産年齢人口の減少が続くが、**Ⅳ－5「労働力不足に挑む中国―日本への示唆―」**は、一人っ子政策の影響で生産年齢人口の減少と完全雇用という転換点に至った中国が、経済政策の最優先課題を投入量の拡大から生産性の上昇による経済成長に切り替えたことを解説している。増田レポートは、生産年齢人口の減少に対して、女性や高齢者の活躍促進と海外の高度人材の受入れを提言しているが、加えて、労働力や資本、土地といった生産要素を衰退産業から新産業に急ぎシフトさせる必要性も示唆として得られる。

増田レポートが指摘した東京一極集中という課題の源泉の一つには、大手企業本社の東京集中があるとされる。経済大国であれば大手企業の集中立地は当たり前と思われがちだが、たとえば、ドイツは大手企業が必ずしも一カ所に集中せず、同国内各地に分散して活動していることで知られている。Ⅳ－6「ドイツにおける大手企業の立地分散と州の産業政策」は、各地域による持続的な産業集積を目指した経済政策と大手企業の分散立地との関係について考察する。

　われわれの力不足もあり、増田レポートの提言実現に必要十分なだけの材料の提示に及ぶことはできなかったが、上記の議論が21世紀の日本の活力に直結する地方創生に向けた政策立案・実施に微力ながらも資することができれば、あるいは今後の議論のたたき台の一つになれば幸いである。
（なお、本書は野村資本市場研究所が発行する「野村資本市場クォータリー」2014年秋号と同2015年冬号に掲載した特集の論文に加筆修正して書籍化したものである。）

第Ⅰ部

個人金融資産の動きとライフ・プランニング

Ⅰ-1

相続が引き起こす個人金融資産移動の波

宮本　佐知子

1 「貯める時代」から「取り崩す時代」へ

　人口減少時代に入り、わが国の個人金融資産市場は大きな転換期を迎えている。少子高齢化の進展に伴い、「貯蓄する人」が減少し、「貯蓄を取り崩す人」が増えていく。そのため、人口動態の変化をもとに将来を展望すると、これまでのような個人金融資産残高の増加は見込みにくい。今後は、個人金融資産残高が伸び悩むなかで、その資産がどこへ集まっていくのかに、注目が集まると考えられる。

　筆者は2006年に相続資産の移転に関する論文によって最初に世の中へ問題提起をして以来、個人金融資産市場のなかでの重要テーマとして研究を続けており、地域金融機関を中心にさまざまな立場の方と議論をさせていただいているが、この問題は、わが国が人口増加時代から人口減少・大相続時代に移るなかで、金融機関がとるべき経営戦略を考えるうえで非常に重要な問題であるだけに、最近あらためて注目が集まるようになっていると感じている。

　また近年なされた政策を受けて、将来の相続資産が贈与を通じて前倒しで動き出す可能性が高まっていると考えられる。

　そこで、本稿では人口減少による個人資産市場への影響に係る議論の一環として、あらためて相続の影響について検討する。

2 個人金融資産の地域分布が相続で変わる

(1) 高まる相続の重要性

相続資産市場の規模は、控えめに見積もっても年間約50兆円である。少子高齢化の進展に伴い、多くの個人資産市場が伸び悩むとみられるなかで、相続資産市場は構造的に成長する見通しである（図表Ⅰ.1.1）。そもそも相続というライフ・イベントは、その特性として、まとまった資産の持主を変えていく。そのため、個人資産に対する相続がもたらす影響は、確実に及ぶものである。また、その重要性も、今後はさらに高まっていくと考えられる。その理由として、第一には、資産が高齢者に偏っていることがあげられる。現在、60歳以上の人たちが個人資産の7割を保有するが、この資産が今後、次世代へと移転されていくことになる。第二には、低成長の経済社会では、現役所得の相対的重要性が低下する一方で、相続資産の重要性が高まること、第三には、少子高齢化の進展により、個人が相続を受ける機会や受け取る遺産が増えることがあげられる。

図表Ⅰ.1.1　相続資産市場の見通し

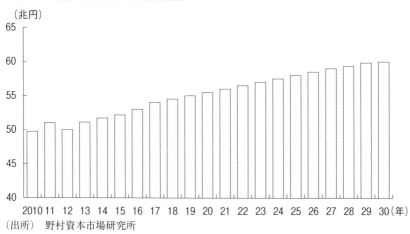

（出所）　野村資本市場研究所

(2) 人口移動の波

このように、個人資産における相続の重要性が高まるなかで、「異なる地域に住む親子間の相続」は、地域別の個人資産に大きく影響すると予想される。地域を超えて移動する人が増えると、親と異なる地域に住む子が増えるため、将来、異なる地域に住む親子間の相続も増えていくからである。戦後のわが国の人口移動を振り返ると、地方圏から大都市圏への移動が中心だが、個人資産の地域分布を変える要因として注目すべきは、人が移動して数十年経過した後に起こる、地方圏に住む親から大都市圏に住む子への相続を通じた資産移動である。図表Ⅰ.1.で地域間の人口移動の推移を確認すると、高度成長期には現在の３倍以上もの人数が毎年、地方圏から大都市圏へと移動しており、その後のオイルショックやバブル期を経て小規模なものとなっ

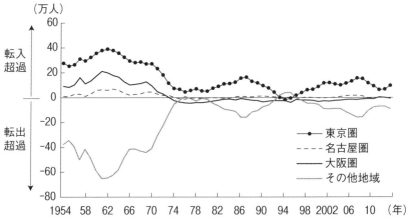

図表Ⅰ.1.2　大都市圏と地方圏との人口移動

(注) 1. 大都市圏とは、東京圏（埼玉県、千葉県、東京都、神奈川県）、名古屋圏（岐阜県、愛知県、三重県）、大阪圏（京都府、大阪府、兵庫県、奈良県）であり、総務省の区分に従った。これ以外の地域を「その他地域」とした。1973年から沖縄県のデータを含む。
2. 数字は各地域における総転入者数と総転出者数の差に相当する純転出入者数、対象は日本人。

(出所) 総務省統計より野村資本市場研究所作成

ていく。ここで注目したいのは、高度成長期に地方圏から大都市圏へ移動した若者がいまや、親から資産を相続する年齢に達していることである。

相続に関する公表データは限られており、遺産とそれを相続する子の所在情報を直接把握することはむずかしい。親子の別居状況に関する調査統計はあるものの、別居地域サンプルがきわめて限られ実態の一部しか反映できず、相続時期の特定や調査後の転居先追跡もできないからである。そのため、本稿では（これまでの拙稿と同様に）、人口や資産等の統計を精査してから、都道府県ごとに起きている人口移動の波と資産移動の波をとらえられるよう推計することで、相続による移転資産額と時期を特定した。

(3) 相続による資産移動の波

2030年までに、相続を通じて地域を移る資産が個人金融資産に及ぼす影響を推計した結果が図表Ⅰ.1.3である。これによると、他県から相続資産が純流入する地域は限られており、逆に、他県へ相続資産が純流出する地域は圧倒的に多い。この推計結果を解釈すると、次のようになろう。

第一に、東京、名古屋、大阪の大都市圏では、相続を通じて資産が純流入すると見込まれ、特に東京圏では流入額もその影響も大きい。ただし純流入額は、東京圏では東京都だけでなく神奈川県、埼玉県、千葉県も多く、名古屋圏では愛知県が多い。大阪圏では、奈良県、兵庫県、京都府は純流出するがその影響は軽微にとどまる一方、近接する滋賀県への純流入額が多いと見込まれる。この背景には、進学や就職等で地方圏から大都市圏へ移った当初は東京や大阪といった都心へ向かったものの、最終的な住まいは都心ではなく郊外に求めた人も多かったことが考えられる。

第二に、上記の大都市圏以外については、地域経済圏の中心県では、純流出であってもその影響は比較的小さい。たとえば、福岡県、宮城県[1]、広島

---

[1] 本稿の試算ではデータの制約のため震災の影響を反映できていないが、宮城県の地域経済圏における相対的な位置づけは震災後にはむしろ高まっているとみられ、ここで示した結論をサポートすると考えられる。

図表Ⅰ.1.3 2015年から2030年までに相続がもたらす
地域個人金融資産の変化

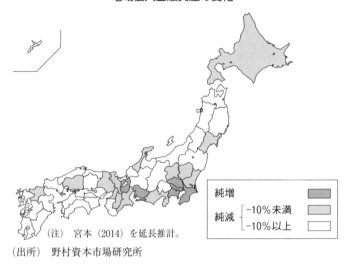

(注) 宮本(2014)を延長推計。
(出所) 野村資本市場研究所

県では、資産が純流出するもののその影響は軽微にとどまる。しかし、その他の地域では、資産純流出の影響が相対的に大きくなっている。

なお、本稿では2015年から2030年までの影響を示している。これは金融機関の中長期計画にも使用されることを念頭に具体的な期間を前提にして分析の精度を高めているためである。簡略的な分析方法では、①一次相続・二次相続の問題、②不動産売却時期の問題、③相続税制など税制変更の影響、など重要な動きを無視することになりかねず、現実的でない試算をするリスクがある。

また、たとえば、相続資産の地域移転を考えたとき、「地方圏の金融機関が東京圏の金融機関と連携する」というストーリーは容易に考えられる。しかし、実際により精度の高いデータを使って「望ましい地域金融機関の連携」を分析すると、さまざまなパターンがみられ、最適解が「東京圏以外との連携」という結論になったパターンも複数あった。このため、多くのデータを使った多面的な分析が重要になる。

3 将来の相続資産が贈与を通じて前倒しで動く

　このような相続を通じた個人資産の動きは今後、政策により加速していくと見込まれる。資産の世代移転は通常、相続を契機に生じるが、それが生じる将来時点まで待たずに、生前贈与を通じて子や孫への資産移転を促す措置が増えているからである。その措置とは、「贈与を後押しする措置」と「相続税を強化する措置」である。

(1) 贈与を後押しする措置

　「贈与を後押しする措置」としては、教育資金の一括贈与に係る非課税措置があげられる。これは、孫や子に対して教育資金をまとめて渡しても贈与税が非課税になるというもので、2013年4月から開始されており、2019年3月末までの贈与に適用される。

　家計側においても、とりわけ子育て世代においては、貯蓄目的の筆頭項目に「子どもの教育資金」があげられるなど、子どもの教育資金を確保することに対する関心やニーズは高い。同措置の利用者も増えており、信託銀行が扱う教育資金贈与信託の実績は、2014年12月末までの契約件数は10万1,866件、金額は6,973億円、1件当りの平均額は685万円である。同商品の取扱いが開始されてから1年半以上が経過しても、四半期ごとの増加ペースは衰えていない。

　金融機関側にとっては、同措置がなければ相続時点まで動かなかったかもしれない祖父母の資金、すなわち、相続時点では他金融機関へ移ってしまったかもしれない資金について、同措置を通じることにより最大1,500万円まで先に獲得できる。同措置に対応する商品の取扱いは、信託銀行やメガバンクのみならず地域金融機関でも多く、2014年末時点では第一地方銀行では92％相当が、第二地方銀行では44％相当が取扱いを開始している。

　「贈与を後押しする措置」は、ほかにもある。2015年1月から、贈与税の税率構造が見直され税率が部分的に引き下げられたほか、相続時精算課税制

度の適用要件が見直され適用年齢が広がった。また、2015年度税制改正大綱では、住宅資金の贈与税の非課税措置が2019年6月末まで延長され、非課税上限額も1,000万円から最大3,000万円へと引き上げられた。さらに、結婚・子育て資金の一括贈与に係る贈与税の非課税措置が新たに創設され、親や祖父母が子や孫に対して結婚や子育て費用目的で贈る資金について、1,000万円を上限に贈与税が非課税になる。

わが国では現在、家計部門の資産が高齢世代に偏在していることから、政策議論は世代間での資産移転を促す制度を厚くすることで、家計の間で相互扶助を図ろうとする方向にある。贈与を利用することにより、祖父母から子や孫へあらかじめ資産を移転させる動きは、今後ますます増加していくと見込まれる。

(2) 相続税を強化する措置

「相続税を強化する措置」については、2015年1月から、相続税の基礎控除額および税率構造が見直され、基礎控除額は引き下げられ、税率は部分的に引き上げられた。影響が特に大きいと見込まれるのは基礎控除額の引下げであり、基礎控除額は改正前の「5,000万円＋1,000万円×法定相続人の数」から、改正後は「3,000万円＋600万円×法定相続人の数」へと引き下げられた。この見直しにより、相続税の課税対象者やその割合は増加すると見込まれる。

加えて、財政状況が厳しく消費税の引上げが2017年に予定されるなかで、政策議論においては、負担の公平感を期すとして、相続税がさらに強化される可能性も考えられる。そのため今後は、相続税の課税対象となる人や、自分も対象になるかもしれないと考える人が、増えていくと予想される。それに伴い、相続税の課税対象資産をあらかじめ縮小し相続税負担を軽減させるためにも、贈与の利用を検討する人が増えていくと予想される。

(3) 金融機関に突きつけられた課題

　このような「贈与を後押しする措置」と「相続税を強化する措置」により、将来の相続資産が、相続が生じる時期まで待たずに、贈与を通じて前倒しで動く可能性が高まっていると考えられる。

　金融機関の経営戦略という観点からは、少子高齢化と人口減少の進行により、個人資産市場の構造変化が着実に進んでいること、それに伴って金融機関のビジネスチャンスも変化していることが重要である。相続による資産移転の問題は、金融機関に対して、「世代」「地域」という視点を浮上させると同時に、「人口動態の変化にしっかり向き合う」というリテールビジネスの本来的な課題に丁寧に取り組む必要性を明確に突きつけている。

Ⅰ-2 米国にみる地域教育資金形成制度の可能性

宮本　佐知子

1　負担が重い大学教育費

　地方創生へ向けた議論が本格化するなかで、地方公共団体においても人口の減少に歯止めをかけるべく、子どもを産み育てやすい環境づくりが急がれている。しかし、これまでのところ、子どもの教育費の手当に関する議論や地域独自の取組みが少ないように思われる。

　教育費は子育て費用の最大の項目であり、家計における教育費負担は、近年一段と重くなっている。世論調査によると、「子育て全体を通じてかかる経済的な負担」のなかで「学校教育費（大学・短大・専門学校など）」が筆頭にあげられている（図表Ⅰ.2.**1**）。この項目は、「子ども・子育て支援策としての経済的支援として望ましい支援」としても筆頭にあげられており、家計側からは子育て支援策として特に、高等教育費のための支援策が求められているといえる。事実、教育費のなかでも費用が最もかさむのは高等教育費であり、大学授業料はデフレ下でも引き上げられてきたため、過去20年間で国立大学は1.4倍、私立大学は1.3倍になっている。

　そもそも、人口減少社会において経済成長力を維持拡大するためには、人材育成による生産性向上が不可欠であり、教育投資は地域活性化にもつながる、将来のための成長投資になると期待されている。しかし、長期にわたる

図表Ⅰ.2. 子育て全体を通じてかかる経済的な負担

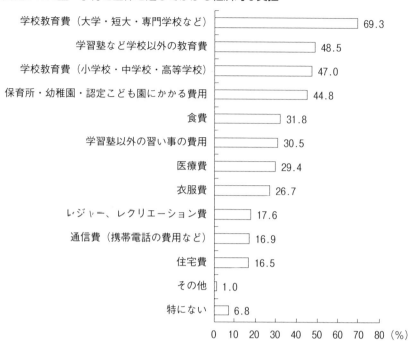

(注) 1．調査実施期間は、2012年10月12日～11月15日。
　　 2．調査対象は、20～59歳のインターネット登録モニター1万人。
(出所)　内閣府政策統括官（共生社会政策担当）「子ども・子育てビジョンに係る点検・評価のための指標調査」報告書（2013年3月）

　経済低迷により、子育て・人材育成支援のための財政上の余裕は、国はもちろん地方公共団体においても限られていよう。
　このような危機、すなわち、長期経済停滞、財政赤字、大学授業料上昇という状況は、実は1970年代から1980年代の米国に重なるものである。

2　1980年代の米国における州政府発の施策

(1)　競争力低下に悩む1970～80年代の米国

　1970年代は、ブレトン・ウッズ体制の終焉や二度のオイルショック、製造業の衰退等により、米国が国際的な影響力を弱めつつあった時期である。自国の地位がもはや絶対的なものではないという危機感を抱いたレーガン政権は、サプライサイド重視の経済政策へと大転換を図り、1983年には米国の産業競争力を回復させるための産業競争力委員会（後の米国競争力評議会）を設置したほか、教育の質を向上させるための報告書の取りまとめを指示した。「危機に立つ国家」[1]と題されたこの報告書では、新たな時代における教育投資の重要性を訴え、教育の内容や水準、時間等に関する改善策を提案し、連邦も州政府も学生に金銭的な援助をすべきだとされた。

　当時の米国では、高等教育費は物価の2倍以上のペースで上昇し続けていたが[2]、財政赤字が拡大するなか、連邦政府による学生支援である連邦奨学金は縮小されつつあった。代わって、連邦教育ローンへの移行が進められていたものの（図表Ⅰ.2.**2**）、ローンは本質的には家計の負担を先送りするものであり、利子補助のある政府ローンの利用資格が得られない中間所得者層も多く、教育費をどのようにまかなうかという問題は多くの家計では残されたままだった。

(2)　ミシガン州政府発の打開策

　そうした状況を打開しようとするアイディアが、ミシガン州政府から出された[3]。1986年1月、当時の州知事ジェームズ・ブランチャードが施政方針

1　Gardner, David P.; and Others, *A Nation at Risk : The Imperative For Educational Reform*, National Commission on Excellence in Education, 1983.
2　たとえば、私立4年制大学の平均年間授業料は、1973年度から1988年度にかけて実質で約1.5倍にふくらんだ。

図表Ⅰ.2. 米国の公的学生援助制度の推移

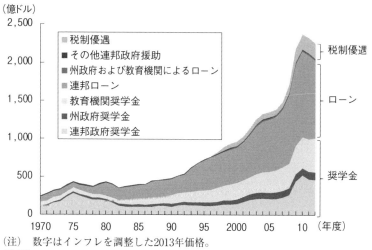

(注) 数字はインフレを調整した2013年価格。
(出所) CollegeBoard "Trends in Student Aid" より野村資本市場研究所作成

演説で、家計が高等教育費に対応するための新制度創設を提案したのである[4]。子どもの親等が今日の水準に応じて大学等の授業料を支払えば、将来子どもが進学する際に授業料が値上りしても支払ずみとみなすという制度である。この年、ブランチャードは2期目の州知事選挙を「Michigan, the Comeback State」をスローガンとし、重点項目の一つに「教育」を掲げて戦い、大差で勝利を収めた。そして施政方針演説で提案したアイデアは、同年末に「ミシガン教育信託法」として成立した[5]。

背景には、州民の間で教育への危機感が高まっていたことがある。それまでミシガン州は、基幹産業である自動車産業が国際競争に苦しんでおり、米国のなかでも特に失業率が高く、優秀な労働者の流出による人口減少が進ん

---

3 当時のミシガン州は、人口やGDP規模では全米第8位であり、今日のわが国では北海道や福岡県と同位に相当する。また、同州は滋賀県の姉妹都市でもある。
4 James. J. Blanchard, Michigan State-of-the-State Address, 1986.
5 Michigan Education Trust Act, Dec 23 1986.

でいた。州財政の赤字は拡大し、教育予算は繰り返し削減されていた。

教育への危機感が高まっていたのはミシガン州だけではない。全米の世論調査では、「連邦予算に余裕があるとすれば、どの分野を最優先すべきか」との問いに対して、1975年は「医療」という回答が18％と最も多かったが、1982年は「公教育」が21％で筆頭にあげられており、教育問題への関心は全米で高まっていた[6]。

ミシガン州で提案された制度の原型となるプログラムが、ペンシルバニア州の私立大学で1985年から開始されていたこともあり[7]、同様の制度を検討・導入する動きはフロリダ州やオハイオ州をはじめ各州に広がり、3年後の1989年には11州が導入するに至った[8]。

当初、制度の連邦税制上の扱いはあいまいだったが、すべての州のプランを非課税にしようとする取組みがフロリダ州とケンタッキー州[9]選出の上院議員らを中心に超党派で進められ、1996年の中小企業保護法（Small Business Protection Act）により内国歳入法529条が成立[10]、同プランは連邦税制上、運用時非課税・引出し時課税となった。以後、本制度は529プランと呼ばれている。

連邦税制上の扱いが明確になったことで、制度導入の動きは全米に広がり、2000年までに30州で導入された。2001年の経済成長および租税軽減調整法（Economic Growth and Tax Relief Reconciliation Act）成立により、引出し時の課税も免除されることになった。こうして運用益が連邦税制上、完全に非課税となったことを受けて、2002年までにはすべての州で529プランが導入されるに至った。

6　Stanly M. Elam, *Gallup Polls of Attitudes Toward Education 1969-1984; A Topical Summary*, Phi Delta Kappa, 1984.
7　ピッツバーグにある Duquesne 大学で開始された。
8　Aims C. McGuinness, Jr., and Christine Paulson, *The 1989 Survey of College Savings and Guaranteed Tuition Programs*, Education Commission of the States, Denver, November 1989.
9　ケンタッキー州は後述する「貯蓄型」を最初に開始した州である。
10　Internal Revenue Code § 529 - Qualified tuition programs.

この税制改正は当初、2010年末までの時限措置とされていたが、2006年の年金保護法（Pension Protection Act）により恒久化された。

3　米国529プランの普及と地域活性化に向けた取組み

(1)　529プランの仕組み

　529プランは、制度面の整備が進むにつれて、仕組みも発展を遂げた。1986年に導入されてから10年間は、高等教育費をあらかじめ払う「前払型」

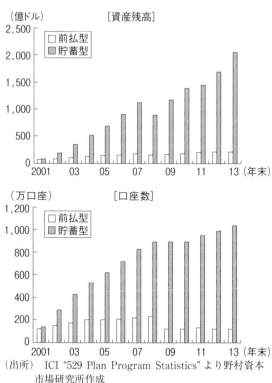

図表Ⅰ.2.3　529プラン資産残高と口座数の推移

（出所）ICI "529 Plan Program Statistics"より野村資本市場研究所作成

Ⅰ-2　米国にみる地域教育資金形成制度の可能性

が中心であったが、税制の整備により高等教育のためにあらかじめ貯蓄をする「貯蓄型」へと発展、もっぱら後者中心に普及が進み現在に至る（図表Ⅰ.2.3）。資産残高をみても、現在では貯蓄型の資産が9割を占め、529プランの主流となっている。それぞれの制度の特徴は、図表Ⅰ.2.4のとおり

図表Ⅰ.2.4　529プラン：前払型と貯蓄型の比較

	前払型	貯蓄型
費用効果	対象校の授業料を今日価格で前払いできる。	授業料をあらかじめ固定する効果はない。
使途	高等教育機関の授業料とそれに係る手数料。 寮費オプションをつけられる／超過分をその他適格費用に使える／すべての適格教育費用を網羅するプランもある。	高等教育機関の授業料、寮費、手数料、教科書代、指定必要備品代。
拠出	受益者年齢や支払ずみの学費年数に応じて、一括または積立で拠出する。	口座への拠出上限が20万ドル以上のプランが多い。
州政府の関与	州政府による保証・支援が付されることが多い。	州政府による保証はない。ほとんどの投資商品が市場リスクの対象となる。元本割れのおそれがある。
受益者の条件	受益者の年齢・学齢制限があることもある。	年齢制限なし。
加入者の条件	ほとんどの州プランは加入時点で加入者または受益者が州居住者であることを要件とする。	居住条件なし。ただし州外居住者はフィナンシャル・アドバイザーやブローカーを通さないと加入できないプランもある。
加入時期	加入時期が限定されている。	いつでも加入できる。

（出所）　FINRA "Smart Saving for College-Better Buy Degrees" より野村資本市場研究所作成

である。

　前払型は、親や祖父母等が加入者となり、子や孫等の受益者のために、今日の水準の大学授業料相当額を州政府基金へ拠出しておけば、その後仮に授業料が値上りしていても、受益者が州立大学へ進学する際には納付ずみと扱われる制度である。受益者が州外の大学へ進学する場合には、州立大学授業料相当額を受け取り、進学先の大学授業料に充当できる。現在、前払型は14州で提供され、新規拠出が可能なのは11州である。

　貯蓄型は、親や祖父母等が加入者となり、子や孫等の受益者のために、州と契約した金融機関に個人口座を開設し、プランのために用意された運用商品のなかから投資先を選択し、拠出した資金を運用する制度である。受益者が進学する時に資金を引き出し、大学授業料等あらかじめ定められた用途に用いられれば、運用益は非課税となる。現在、貯蓄型はほぼすべての州[11]とワシントンD.C.で提供されている。

　利用者側からみると、貯蓄型のほうが柔軟性は高い。前払型では、加入者は州住民に限定されることが多く、受益者の年齢や口座開設の時期が制限されることが多い。これに対し、貯蓄型は、学部だけでなく大学院などを含めた高等教育資金を準備できるうえに、居住制限のないプランが多く、年齢制限もない。また、貯蓄型を提供する州が多い理由として Hurley（2011）[12] は、利用者にとって貯蓄型が前払型よりも高いリターンを得られる可能性を提供していることや、州政府にとって運営が容易で運営費用も安くリスクも低いことをあげている。実際、金融危機後は高等教育費の上昇に見合う運用の見通しが立たないなどの理由から、前払型の取扱いや新規加入を中止する州もある。

　以下では、529プランの主流となっている貯蓄型について、資金拠出、資金運用、資金引出しの各段階における概要を述べる（図表Ⅰ.2.5）。

11　ワシントン州とワイオミング州を除く。
12　Joseph F. Hurley, *The Best Way to Save for College: A Complete Guide to 529 Plans-2011 ed*, JFH Innovative LLC, 2011.

図表Ⅰ.2.5　529プランの概要（貯蓄型）

概　　要	
州政府によって設立される高等教育資金形成制度。 連邦政府と州政府による税制上の優遇措置が付されている。	
拠　　出	
加入者	親・祖父母が中心。第三者も可。所得制限なし。
受益者	子・孫が中心。自分自身のための利用も可。
拠出者	だれでも可。
方法	一括または積立。
初回拠出額	一括は250ドル以上（2回目以降50ドル）、積立は15～25ドル以上／月が多い。
拠出上限額	合計20万～40万ドル。
所得控除	連邦税法上はなし。州税法上は州によってある。
贈与税	受贈者一人当り年間1.4万ドルまで控除可。5年分の前倒し利用も可。
運　　用	
口座所有・管理	加入者。
方法	加入者がプランの品揃え（ポートフォリオ商品）のなかから選択。
スイッチング	年1回。
受益者の変更	親族への変更の場合は、税制優遇維持。
運用益課税	連邦税制上はなし。州税制上はなし。
引出し	
方法	加入者が運営管理業者に引出申請する。
使途	適格用途に限る（高等教育費）。 適格用途外の場合は追加課税。
引出金課税	連邦税制上は非課税。州税制上は非課税。

（出所）　野村資本市場研究所

a 資金拠出

529プランの加入者は親や祖父母が中心だが、第三者も口座を開設できる。開設時には受益者を特定しなければならず、加入者本人の情報に加えて加入者と受益者両方の社会保障番号が必要になる。

資金拠出は加入者以外の者も含めだれでも可能で、拠出方法も一括または積立を選択できる。最低拠出額は、一括であれば初回250ドル・2回目以降50ドル以上、給与天引きや銀行口座からの自動引落しによる積立であれば、毎月15～25ドルからが多い。口座への拠出には上限額が設けられ、受益者一人当り20万～40万ドルの州が多い。ただし、一人の受益者が複数の州で口座を所有できるため、実質的な上限額はきわめて高い。

拠出金の所得・税額控除は、連邦税制上はないが、州では認められるところが多い。また贈与税については、受贈者一人当り年間1.4万ドルの控除枠があり、5年分の控除枠の前倒し利用もできる[13]。

b 資金運用

口座の所有者や管理者は、加入者である。529プランでは、州と契約した金融機関から投資信託を中心とするさまざまな選択肢が提供されている。当初は投資選択肢が限られていたが、2001年以降税制整備が進むにつれて、州ごとに複数の金融機関から商品・サービスが提供されるようになり、商品自体の多様化も進んだ。運用商品の中核は、ライフサイクルファンドと同様の商品である[14]。商品のスイッチングは、年1回認められており、運用益は非課税となる。

c 資金引出し

529プランから資金を引き出す申請は加入者が行う。口座から引き出した資金は、受益者の適格教育費に使わなくてはならない[15]。それ以外に使用す

---

[13] 遺産税については課税対象資産から外される。
[14] 受益者の年齢に応じて、当初は高いリターンをねらい進学時期が近づくにつれて流動性を確保するような商品。
[15] 高等教育機関の授業料・手数料、教科書代、指定必要備品代、寮費等が対象であり、IRSがあらかじめその項目を定めている。

る場合は、通常の課税に加えて、10％のペナルティ税も課される。当初指定した受益者が資金を必要としない場合には、受益者を他の親族や加入者自身へ変更することで、税制上の優遇措置を維持できる。

(2) 州ごとに工夫がなされる529プラン

　529プランは基本的に、州が設立しその運営を監督する。実際の管理・運営や投資管理サービス、記録管理等の機能は、州が選び契約した金融機関が請け負う。資産運用の観点からとらえると、前払型は州政府の公金運用であるのに対し、貯蓄型は州政府と契約した金融機関による利用者に対する運用商品やサービスの提供である。州政府は、州民が投資に不慣れな場合でも適切な商品とサービスを有利なコストで利用できるような金融機関を選択する。また、529プランの普及活動も積極的に行っている。以下では、「貯蓄型」と「前払型」両方を提供し最大の資産残高を誇るバージニア州の制度を概観したうえで、各州の普及へ向けた取組みを紹介する。

a　バージニア州

　バージニア州の529プランは、全米で最大の運用規模を誇り、資産残高は2014年6月末時点で529億ドルである。同州では前払型と貯蓄型両方が提供されており、開始時期は前払型が1996年、貯蓄型が1999年である。同州では4種類のプログラムが提供されている。前払型としてはVirginia 529 prePAID、貯蓄型としては、①販売業者を経由して加入する「仲介型」のCollegeAmerica、②直接加入する「直販型」のVirginia 529 inVEST、③預金型のCollegeWealthがある。同州の529プランが全米最大規模を誇るのは、特に①CollegeAmericaの人気が高く、州内のみならず州外からも利用者が多いためであり、その資産残高は2014年6月末で約476億ドル、口座数は約212万口座である（図表Ⅰ.2.**6**）。

　CollegeAmericaは、バージニア州で2002年から提供されているプログラムである。州の独立機関として設立されたバージニア529がCollegeAmericaを管理する。バージニア529の理事会は、州組織メンバー四人と、州知事が

図表Ⅰ.2.6 529プランのプログラム別の資産残高と口座数ランキング

[資産残高ランキング] (単位:ドル)

順位	州名	プログラム名	資産残高
1	バージニア	CollegeAmerica	47,550,140,410
2	ニューヨーク	New York's 529 College Savings Program Direct Plan	16,010,708,601
3	フロリダ	Florida Prepaid College Plan	10,451,069,450
4	ネバダ	The Vanguard 529 College Savings Plan	10,417,314,037
5	ニューハンプシャー	UNIQUE College Investing Plan	9,687,959,746
6	メイン	NextGen College Investing Plan	8,116,345,074
7	ロードアイランド	CollegeBoundfund	7,862,976,922
8	ユタ	Utah Educational Savings Plan	7,432,978,960
9	カリフォルニア	ScholarShare College Savings Plan	6,022,008,451
10	マサチューセッツ	The U.Fund College Investing Plan	4,827,607,530

[口座数ランキング]

順位	州名	プログラム名	口座数
1	バージニア	CollegeAmerica	2,116,013
2	ニューヨーク	New York's 529 College Savings Program Direct Plan	648,622
3	フロリダ	Florida Prepaid College Plan	537,998
4	ニューハンプシャー	UNIQUE College Investing Plan	391,231
5	オハイオ	BlackRock CollegeAdvantage	352,583
6	ロードアイランド	CollegeBoundfund	320,673
7	メイン	NextGen College Investing Plan	279,178
8	ネバダ	The Vanguard 529 College Savings Plan	255,357
9	カリフォルニア	ScholarShare College Savings Plan	254,591
10	ユタ	Utah Educational Savings Plan	249,015

(注) 2014年6月末時点。
(出所) CSPN "529 Plan Data" より野村資本市場研究所作成

任命した市民四人、州下院が任名した市民二人、州上院が任名した市民一人から構成されている。CollegeAmericaの実際の管理・運営は、州が契約したキャピタル・グループ社が行い、口座管理や投資商品の提供など実務全般を担う。

同プランでは、投資選択肢としてキャピタル・グループ社が運用する投資信託アメリカン・ファンズのシリーズ38本が提供されている。利用者はフィナンシャル・アドバイザー等の販売業者からアドバイスを受けながら投資信託商品を選ぶことになる。

資金拠出は初回250ドル、その後は50ドルから利用できる。口座当りの拠出限度額は35万ドルである。

バージニア州では、州税の優遇措置もある。州住民は、バージニア州529プランへの拠出額を口座当り年間4,000ドルまで州税課税所得から控除でき、それを超える部分は、将来の課税年度に持ち越すことができる。さらに、70歳以上であれば、拠出額総額を当該年度または将来年度に控除することができる。

b 529プランの普及に向けた各州での取組み

各州は利用者拡大のためのさまざまな取組みも行っている。多くの州では、529プランに対して税制優遇を付与している（図表Ⅰ.2.**7**）。州所得税を課す42州のうち、33州とワシントンD.C.は、拠出金について州税の所得控除または税額控除を認めている。このうち、他州のプランへの拠出についても同様の控除を認めている州が6州ある。

また、低中所得者層にも529プランを普及させるため、低中所得者層による貯蓄型への拠出に対してマッチング拠出を行う州が12州ある。

免許更新時や小学校で529プランの案内を配布したり、新生児の親に病院等を通じて資料を提供したり、公的な立場ならではの周知活動も行っている。529プランの仕組みやメリットを伝えるセミナーを実施している州もあり、州民の金融リテラシーの向上にも貢献している。

民間金融機関等と提携したポイント制度を設ける州もある。クレジット・

図表Ⅰ.2.7 各州での529プランの普及に向けた取組み

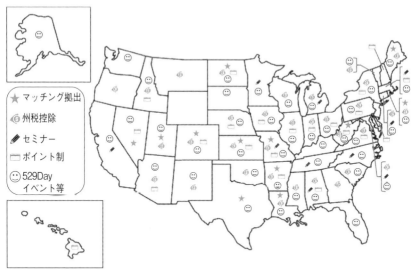

(注) 州税控除は、所得控除または税額控除。
(出所) CSPNおよび各州529プランウェブサイトより野村資本市場研究所作成

カードで本等さまざまな商品を購入するとポイントが付与され、そのポイントに応じて529プラン口座にカード会社から資金が拠出されるというものである。

さらに、5月29日を529Dayと称し、イベントを実施したり、口座拠出金や物品をプレゼントしたり、メディアを使って情報発信をするといった特別な取組みも行っている。

529プラン利用者の急速な拡大には、こうした各州制度運営者の努力も寄与しているとみられる。

c 卒業後を見据えた工夫

州がこのような制度を設ける最終的な目標は、州民の高等教育機関への進学だけではない。高等教育機関への進学は、個人にとってはキャリア形成の、州や社会にとっては人材育成の通過点にすぎず、卒業後の就職まで見据えることも重要である。そうした観点に基づき、529プランのウェブサイトで情

報提供支援を行う州も少なくない。

たとえば、テキサス州のウェブサイト[16]では、州における高卒、学士、修士等の学歴別に就業者数ランキングトップ10の職業を紹介している。また、自分にあう職業や進学先を考えるうえで有益なウェブサイトへのリンク集もある。

ノースカロライナ州のウェブサイト[17]でも、農耕機械製造者からダンスインストラクター、証券アナリストまで多種多様な職業を紹介し、州で人材が不足している看護師と教師については特に詳細なキャリアプラン案内を提供している。また、職業適性診断や履歴書の書き方紹介コーナーもある。さらに、幼い子ども向けにも野球選手や看護師といったわかりやすい仕事にとどまらず、心理カウンセラーや会計士など多様な職業を紹介するサイトが設けられている。

ウェブサイト以外に、スマートフォン向けアプリも充実している。複数の州と提携しているユープロミス社では、6歳以下の幼児用、7〜12歳の小学生用、13〜18歳の中高生用と3種類のアプリを用意し、学習段階に応じて職業や教育資金を考えるヒントを提供している。

(3) 州が529プランに取り組む意義

529プランの運営に係る経費は小さくないと考えられるが、それでも州政府が熱心に取り組む理由として、Hurley（2011）[18]は、教育は重要・不可欠な機能であるとの信念を州政府がもっており、教育資金形成制度を設けることによって、州民が無理な負債を負わずに大学学位を取得できると考えていることをあげる。また、政治的に教育支援制度は有権者受けしやすいという事情もある。そして、長期的にみれば、高等教育を受けた州民が増えることで生産性が上がり、将来の州税収の増加につながるとの期待もある。

16　Every Chance, Every Texan.
17　College Foundation of North Carolina.
18　同注12。

全州の財務担当者からなる組織CSPN（College Savings Plans Network）は、529プランの事例は国民によりよい教育の機会を与える経済的な解決策として州が創設した革新的な制度であり、官民連携の事例としても輝かしい成功例であると述べている。

4　わが国の地方公共団体での取組みへ向けて

(1)　わが国の地方公共団体でも取り組みやすい貯蓄型

　翻って、わが国の地方公共団体で529プランのような制度を検討する場合、どのようなかたちになるのだろうか。米国におけるプラン発展の流れや、現実的な運営のしやすさから考えると、貯蓄型のほうが取り組みやすいと考えられる。すなわち、子や孫が将来必要とする教育資金を、親や祖父母が金融機関の口座であらかじめ積み立てる際、地方公共団体が税制上の優遇措置を付与し、資金形成を支援するという設計である。利用者の観点からは、わかりやすくシンプルな設計が望まれていよう。

　税制上の優遇措置については、都道府県であれば、教育資金口座での利子・配当や譲渡所得に課される5％の税金を減税あるいは非課税とすることが検討できよう。運用益への課税権限をもたない市町村であれば、教育資金口座への拠出額を住民税（都道府県4％、市町村6％）から所得控除あるいは税額控除することが検討できよう。加えて、米国事例を参考にするならば、地方公共団体が、親の年収が一定以下の場合に、一定金額を口座へ支給する、あるいは親が口座へ拠出する資金に対して一定割合上乗せするといった工夫も考えられよう。また、大学卒業後を見据えた人材育成の観点から、地元大学への進学や地元での就職を条件にする交付金なども考えられよう。

　この制度を通じて貯蓄された資金が教育費に充てられたことを確認するには、制度の利用しやすさの観点から、口座のある金融機関から教育機関へ学費として直接振り込むことや、学生証による在籍証明をもって教育費の必要

性をみなし処理すること等が考えられよう。

　このような政策措置を地方公共団体が導入する場合、運営や利用対象者拡大が、比較的少額の費用から可能になることもこの措置の魅力である。

(2) 卒業後へ向けた取組み

　制度の導入にあたっては、子育て支援のみに終わらせず、地域経済の活性化へとつなげるために、地元での進学や就職への目配りもまた重要であろう。もちろん、進学や就職は本人の自由意思が尊重されるべきであり、将来の可能性を広げるさまざまな機会が奪われることは望ましくない。しかし、地元での進学や就職を希望しているにもかかわらず、情報の欠落等により意思決定がゆがめられてしまうことは避けなくてはならない。

　2015年度から、地方に就職する学生の奨学金返済を減免する制度が始まるという[19]。地方公共団体とその地域の産業界が共同で学費支援のための基金を設け、そこに特別交付税が上乗せされ、日本学生支援機構から奨学金を借りていた学生で地元に就職した者の奨学金返済を基金が肩代わりする制度となる見込みである。こうした取組みは、教育費支援と地元就職支援という性質を兼ね備えている。しかし、基金の規模によっては、支援を受けられる学生が限られる可能性がある。同制度を補完し、支援の裾野をさらに広げ、各地方で底上げを図ることもまた重要である。その一つの方策として、家計の努力を後押しする地域教育資金形成制度は検討に値するのではないか。

　大事なポイントは、以下の3点であろう。

① 大学進学時の流出を防ぐために地元大学への進学意欲を高めること
② 就職時の流出を防ぐために、地元での就職意欲を高めること
③ 大学進学で流出した若年層を就職時に呼び戻すために、Uターン就職の意欲を高めること

　そもそも、これらは地方公共団体だけではなく、その地域の大学や企業に

19　まち・ひと・しごと創生本部「まち・ひと・しごと創生総合戦略付属文書　アクションプラン（個別施策工程表）」（2014年12月27日閣議決定）。

もかかわる課題である。しかし、現在はそれぞれの取組みが別々に行われていることもあり、学生が自らウェブサイト等を検索・閲覧してはじめて情報を入手できる場合も少なくないと思われる。

　そこで、たとえば、地方公共団体が地域教育資金形成制度の登録者に対し、希望に応じて効率的に情報を提供することも考えられよう。登録した利用者の子どもの年齢に応じて、①については、地域が必要としている職業人材や、そのための教育プログラムを提供している地元大学を紹介する、②や特に③については、地元企業でのインターンシップ情報や就職説明会を紹介することができるのではないか。

　また、③については、他地域の大学へ進学しても、地元に戻り就職する意欲を高めるような工夫も大切である。東京在住者対象の今後の移住に関する意向調査では、男女とも10・20代で移住する予定または検討したいと回答した人の割合が46.7％と比較的高く、その理由として特に男性は「就職」が最も多い答えである[20]。仮に大学進学で地元から出ても、就職は地元に戻るよいきっかけになるのではないだろうか。

　人の流出に伴う資産流出への対応は、多くの地域金融機関でも関心が高い。地域の金融機関も含めた企業も連携し、地方公共団体、大学、地域全体で人を育てる仕組みをつくっていくことが望まれよう。

(3) 現実的な人材育成策に

　近年のわが国では教育格差・進学格差も開いている（図表Ⅰ.2.8）。小児医療費の無料化や学童保育、保育所の拡充など子育て前半の支援を図る取組みは多いが、教育支援の拡充により「教育県」「教育市」を標榜する地方公共団体は限られているように思われる。

　折しも、2013年4月1日より導入された教育資金の一括贈与に係る贈与税非課税措置が反響を呼んでいることは、教育資金を手当する施策へのニーズ

---

[20] まち・ひと・しごと創生会議（第1回）資料2「東京在住者の今後の移住に関する意向調査」の結果概要。

図表Ⅰ.2.8 47都道府県の大学・短大への進学率と過去5年間の変化

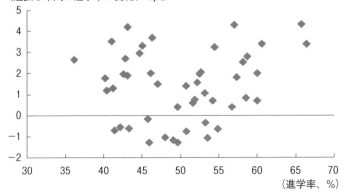

(注) 2007年から2012年の5年間の変化。
(出所) 総務省「日本の統計」より野村資本市場研究所作成

図表Ⅰ.2.9 世代別の貯蓄目的

(単位：％)

		病気や不時の災害への備え	子どもの教育資金	子どもの結婚資金	住宅の取得または増改築などの資金	老後の生活資金	耐久消費財の購入資金	旅行、レジャーの資金	納税資金	遺産として子孫に残す	特に目的はないが、金融資産を保有していれば安心	その他
世帯主の年令別	20歳代	45.3	75.0	9.4	35.9	28.1	29.7	21.9	1.6	0.0	17.2	3.1
	30	48.3	67.7	6.5	28.4	36.2	17.7	16.3	5.1	3.4	21.6	5.3
	40	55.5	66.5	4.5	14.0	51.1	18.2	11.9	3.0	1.9	18.0	4.4
	50	61.5	26.7	15.2	14.5	73.7	14.5	8.8	4.4	4.2	19.4	4.0
	60	73.2	3.4	6.6	9.0	83.3	12.3	14.9	7.8	10.3	20.4	4.0
	70歳以上	74.4	2.0	2.5	7.2	74.5	6.9	8.3	5.8	11.7	28.9	5.1

(注)1. 貯蓄を有する二人以上世帯への調査結果であり、三つまでの複数回答。
2. 各世代で回答が最も多かったものに網掛けをしている。
(出所) 金融広報中央委員会「家計の金融行動に関する世論調査」(2013年) より野村資本市場研究所作成

を裏付けていよう。ただし、同制度により1,500万円までの非課税枠を利用できる人は、一括贈与できる十分な資産をもつ人が中心になっているとみられる。したがって、529プランのように、親・祖父母等が協力して資金を少額から育てるための制度は、より多くの家計から注目・利用されると考えられる。実際、「こどもの教育資金」は子育て世代の貯蓄目的の筆頭項目でもある（図表Ⅰ.2.9）。

　529プランのような教育資金形成を支援する制度の導入は、わが国の地方公共団体にとって、特に財政が厳しいなか、子育て・人材育成支援を図る現実的な解決策として、検討に値するのではないだろうか。

（調査協力：荒井　友里恵）

I-3

一極集中・少子高齢化が進む
東京都民のライフ・プランニング

野村　亜紀子

1 東京も人口減少期へ

　2014年5月8日に日本創成会議・人口減少問題検討分科会より公表された「ストップ少子化・地方元気戦略」では、大都市、とりわけ東京圏への人口集中と地方の人口急減・消滅という予測が示された。地方の人口消滅により地方からの流入がなくなると、都市部（東京圏）も近い将来本格的な人口減少期に入る。結果として、都市部でも深刻な医療・介護サービス不足が発生するおそれが高く、地元でのサービス基盤の整備とともに、地方への高齢者の住替え支援等も必要であることなどが指摘された。

　本稿では、上記のように、地方とはやや事情を異にしつつも相応の課題を抱える東京都の在住者について、その家計の特徴を取得可能なデータに基づき確認する。それらをふまえ、東京都民の長期的なライフ・プランニングにおけるポイントを考察する。

2 東京都民の家計の特徴

　まず、東京都に関する平均値に基づき、「平均的な東京都民（現役世代）」の想定を試みる。その際、本稿では、現役世代の収入・支出および貯蓄・負

債のデータとして、「二人以上の勤労者世帯」を使用した。当該世帯は現役世代の相当部分を占めると思われるが、単身世帯や自営業者等が含まれないことには留意が必要である[1]。

人口動態面をみると、平均年齢は男性42.5歳、女性45.0歳で、全国平均よりも若干若く、現役世代の人口分布が大きくなっている（図表Ⅰ.3.1）。これは、いわゆる現役世代が東京に純流入していることに起因する。15～64歳の、地方から東京都への純流入は、2013年は7.7万人だった。

しばしば指摘されるように、東京都の出生率は全国よりも低い。2012年の合計特殊出生率は、全国が1.41に対し東京都は1.09だった。東京都民の婚姻率は低くないが、平均初婚年齢が全国平均に比べ1歳程度高い。低出生率の背景にはさまざまな理由があると思われるが、世帯の形態という観点からは、未婚のままの男女の単身世帯が多いというより、結婚・出産の高齢化が一因となっているように思われる。

次に、収入・支出の状況をみると（図表Ⅰ.3.1）、実収入（税金・社会保険料込みのグロス収入）、実収入以外の受取り（預貯金の引出しや借入れによる入金など）ともに、東京都のほうが全国平均より高かった。可処分所得（実収入から税金・社会保険料等を差し引いた、いわゆる手取り収入）も同様だった。高収入であることは、所定内給与が全国平均29.6万円に対し東京都は36.5万円となっていることからもうかがわれた[2]。

支出についても、実支出（消費支出、税金・社会保険料の支払等からなる支出）、消費支出（いわゆる生活費）、実支出以外の支払（預貯金の預入れ、住宅ローン返済など）のいずれも東京都のほうが多かった。支出項目のなかでは、住居関連の支出が、東京は全国の1.8倍にのぼった。次いで、教育費が1.4倍だった。東京の物価が高いことは、消費者物価指数が、全国が100に対し東京は

---

[1] 勤労者世帯とは、「世帯主が会社、官公庁、学校、工場、商店などに勤めている世帯」と定義され、会社役員や自営業者は含まれない。収入・支出および貯蓄・負債のデータ・ソースとして、本稿では基本的に、「家計調査」の2013年データを用いている。
[2] 「平成25年賃金構造基本統計調査」より。

図表 I .3. 1　東京都民の特徴

	東京都 a	全国 b	差異（a − b）
人口動態			
平均年齢（歳）			
男性	42.5	43.4	△0.93
女性	45.0	46.4	△1.37
平均余命（歳）			
男性	79.82	79.59	0.23
女性	86.39	86.35	0.04
婚姻率（1,000人につき）	6.9	5.3	1.60
離婚率（1,000人につき）	1.96	1.87	0.09
平均初婚年齢・夫（歳）	31.6	30.4	1.20
平均初婚年齢・妻（歳）	29.7	28.6	1.10
合計特殊出生率	1.09	1.41	△0.32
現役世代の1カ月の収入・支出（円）			
実収入	577,752	523,589	54,163
可処分所得	463,827	426,132	37,695
実収入以外の受取り	454,756	410,234	44,522
収入計	1,032,508	933,823	98,685
実支出	481,536	416,626	64,910
消費支出	367,611	319,170	48,441
実支出以外の支払	566,670	523,178	43,492
支出計	1,048,206	939,804	108,402
収入−支出（繰越金）	△15,698	△5,981	△9,717
可処分所得−消費支出（黒字）	96,215	106,962	△10,747

(注)　「収入−支出」のマイナスは、手持ち現金の減少を意味する。
(出所)　「日本の統計」、「平成22年都道府県別生命表の概況」、「人口動態統計年報」、「人口統計資料集2014」、「家計調査」（2013年）（二人以上・勤労者世帯）より野村資本市場研究所作成

図表 I.3.2 現役世代の貯蓄・負債の状況（2013年）

（単位：万円、%）

	東京都		全国	
	金額	資産配分	金額	資産配分
貯蓄	1,446	100	1,244	100
預貯金	867	60	745	60
有価証券	172	12	116	9
保険	323	22	320	26
その他	85	6	63	5
負債	1,012	−	740	−
住宅・土地のための負債	874	−	687	−
貯蓄−負債	434	−	504	−

（出所）「家計調査」(2013年)（二人以上・勤労者世帯）より野村資本市場研究所作成

106であることにも表れており[3]、1カ月の家賃は、全国平均5.4万円に対し東京都は7.7万円だった[4]。また、東京都民の高校から大学等への進学率は65.3%と全国平均の53.2%よりも高く、その分、教育費もかかっているものと思われる。

収入と支出、あるいは可処分所得と消費支出の差額をみると、必ずしも東京都のほうが全国平均より高いわけではなかった。可処分所得と消費支出の差額である、家計の黒字額は、2013年、東京都の9.6万円に対し全国は10.7万円だった。過去数年をみても、東京都のほうが大きい年もあれば、逆の年もあった。

最後に、勤労者世帯の貯蓄・負債をみると、貯蓄・負債ともに全国平均より東京都のほうが高かった（図表 I.3.2）。東京都と全国の、負債額の差異272万円は、主に住宅・土地のための負債に起因した。すなわち、東京都民の住宅・土地関連負債は全国平均より187万円高かった。東京都と全国の、貯蓄額（資産額）の差異は202万円だった。資産配分を比較すると、東京都・

---

[3] 「平成25年平均消費者物価地域差指数」より。
[4] 2008年データ。「住宅・土地統計調査」より。

全国ともに60％が預貯金だったが、有価証券は東京都が12％、全国は9％だった。2009年「全国消費実態調査」には金融資産の保有世帯の比率が掲載されている。預貯金の保有比率に、東京都と全国の間で大きな差異はなかったが、有価証券の保有比率は、全国の23.1％に対し東京都は32.2％となっていた。東京都民のほうが有価証券への配分比率および保有比率が高いことがうかがわれた。

　以上を要約すると、東京都民の平均像（現役世代）は、全国平均に比して、平均初婚年齢は高めで子どもは平均一人（合計特殊出生率が1.09）、収入が多いが支出も多い。住宅ローンが大きいが、住宅・土地保有者についてはローン返済を完了すれば資産価値は期待できる。金融資産が大きく有価証券比率が若干高い、といったものであるといえた。

3　東京都民のライフ・プランニング：老後の展望

　上述のような東京都民が、いずれ引退して無職高齢者に転ずることになる。平均年齢40歳代前半は、いわゆる団塊ジュニアとも重なり相応の人数となる。彼らは20数年後の引退に向けて、どのようなライフ・プランニングを行えばよいのだろうか。

　まず、現在の東京都の高齢者世帯の状況をみると、実収入、そのうちの社会保障給付、実収入以外の受取り、実支出・実支出以外の支払のいずれも東京都が全国平均より高かった（図表Ⅰ.3.3）。社会保障給付の差異は4,073円だが、実収入以外の受取り（資産の取崩し等）は、東京都民のほうが全国平均より9万円近く大きかった。また、実支出の差異8.2万円は、大部分が消費支出（生活費）の差異7.3万円で説明可能となっている。東京都が生活費のかかる場所であり、高齢者は現役時代に蓄えた資産で公的年金等を補いつつ生活していることがうかがわれる。

　結論を先取りするなら、現在の東京都民の平均像が約20年後に引退する時、現在の高齢者世帯と同様な状況を期待するのはむずかしいと考えられる。

図表Ⅰ.3.3　高齢者無職世帯の状況（2013年）

	東京都 a	全国 b	差異（a − b）
1カ月の収入・支出（円）			
実収入	191,400	180,808	10,592
社会保障給付	162,473	158,400	4,073
実収入以外の受取り	345,619	255,805	89,814
収入計	537,019	436,613	100,406
実支出	316,300	234,504	81,796
消費支出	283,337	210,660	72,677
実支出以外の支払	231,957	210,381	21,576
支出計	548,257	444,885	103,372
収入−支出（繰越金）	△11,238	△8,272	△2,966
社会保障給付−消費支出	△120,864	△52,260	△68,604
純貯蓄（千円）			
65〜69歳	18,934	18,629	305
70〜74歳	17,694	19,107	△1,413
75歳以上	23,587	19,719	3,868

（注）1．全国は無職世帯（総世帯）の世帯主60歳以上。東京都は無職世帯の世帯主65歳以上。
　　　2．「収入−支出」のマイナスは、手持ち現金の減少を意味する。
（出所）「家計調査」(2013年)、「都民のくらしむき」(2013年)より野村資本市場研究所作成

　第一に、老後の生活の原資として欠かせない公的年金給付が、今後、実質的に減少し続ける。2004年公的年金改革により導入された「マクロ経済スライド」と呼ばれる給付抑制措置が、2015年度から発動されるためである。マクロ経済スライドは、消費者物価や賃金の上昇に比べて、公的年金給付額の引上げを低く抑える措置である。調整は一定の期間後に終了するが、長期にわたる給付抑制の影響は決して小さくない。

　第二に、医療・介護が大きな問題として立ちはだかる。一般に75歳を超えると要介護者が増加するといわれるが、子どもの数が少ない東京都民のなかでは、自分の子どもなど家族に頼ることができる高齢者が、地方に比べ少な

いと考えられる。東京都はすでに独居の高齢者比率も高く、施設を含む、家族以外の介護の体制が重要となる。しかし、日本の社会保障政策の方向性として、東京都に限らず、医療・介護給付は合理化・効率化の推進が不可避といえる。厚生労働省の推計によると、2012年度から2025年度にかけて年率5.9％のハイペースで増加するのは75歳以上の後期高齢者医療給付と介護給付であり、これらをいかに抑制するかが、日本の医療・介護制度の持続可能性を確保するうえできわめて重要な課題となっている[5]。医療・介護の給付の合理化・効率化は、実質的には病院・施設における医療・介護から在宅へのシフトを意味するものと考えられる。

住み慣れた地域での在宅ケアを望むのであれば、東京都民は、人件費、物価、住居費が高いという東京の特性をふまえたうえで、高齢期の医療・介護に備え、多額の資金を用意する必要性が高まる。高齢者向け施設の一例として、サービス付高齢者向け住宅（サ高住）があげられるが[6]、サ高住は、地方に行くに従い低額になる傾向があると指摘されている。東京都23区が属する「１級地」が月額約13.2万円であるのに対し、たとえば北海道札幌市や福岡県北九州市などの属する「６級地」は8.9万円という具合である[7]。

4 東京都民のライフ・プランニング：自助努力の備え

上記のような老後の展望にかんがみて、東京都民はどのようなかたちで備えればよいだろうか。以下で、資産形成の拡充による老後の生活資金の確保、高齢期の就労の検討、引退後の東京都から地方への移住の検討、という方策をあげる。

---

5 財政制度等審議会財政制度分科会における財務省主計局資料（2014年10月８日）。
6 バリアフリー構造等を有し、介護・医療と連携し高齢者を支援するサービスを提供する住宅。国土交通省と厚生労働省の共管で、都道府県に登録される。2011年の制度改正で、高齢者単身・夫婦世帯が安心して居住できる住まいを提供するべく創設された。
7 「サービス付き高齢者向け住宅等の実態に関する調査研究」（2013年３月、高齢者住宅財団）。

(1) 老後に備えた資産形成の拡充

　まず、公的年金の縮小や多額の医療・介護費用が予見されるのであれば、自助努力の資産形成を通じて、より多くの生活資金を事前に確保しておくことが考えられる。東京都民は他地域に比べ高収入ということは、税制優遇を伴う制度の有効性が相対的に高いということもできる。また、前述のとおり現役世代の有価証券保有は全国平均よりも資産配分比率・保有比率ともに高く、分散投資による資産形成促進の余地が大きいとも考えられる。

　国民の資産形成を支援する制度はいくつかあるが、個人の自助努力の色彩が強いものとしては、確定拠出年金（DC）や少額投資非課税制度（NISA）があげられる。DC は、拠出時・運用時非課税の税制措置を伴う年金制度で、個人勘定に掛金を拠出し、個人があらかじめ用意された運用商品メニューのなかから投資先を決定する。NISA は、口座開設から5年間は、株式・株式投資信託の配当・分配金および譲渡益非課税という税制優遇を伴う。このような制度が、東京都民の資産形成にあたり、まずは活用すべきものとしてあげられる。

　あるいは、全国平均に比べ高い住宅・土地の資産価値を活用することも考えられる。図表 I.3.3 のとおり、東京都民は、必ずしも引退時点の純貯蓄が全国に比して大きいとは限らないが、ローン返済後の住宅・土地資産の価値は、他地域よりも大きいことが期待できる[8]。住宅地の1㎡当り平均価格（2014年）は、東京都31.7万円に対し、次に高い神奈川ですら17.18万円、最も低い秋田は1.47万円だった。

　立命館大学の大垣尚司教授は、定年・引退後の一般的な家計を「アセットリッチ・キャッシュプアー」と表現し、流動性確保策として、生命保険の担

---

[8] ただし、東京都民の住宅保有比率は、全国に比して低いことは念頭に置く必要がある。「住宅・土地統計調査」（2008年）によると、東京都は持家世帯率が全国の60.9％に対し44.5％だった。「家計調査」（2013年）でも、全国平均76.5％に対し東京都は64.3％だった。

保資産化、住替えと持家の賃貸によるキャッシュ獲得等を提案する[9]。東京都は、この状況が他地域に比べ際立っているともいえる。

(2) **高齢期の就労**

次に、高齢期にも就労を継続することが考えられる。すでに、東京都では、より多くの高齢者が、65歳以降も働き続けている。65歳以上人口の労働力率（労働市場への参加の意思をもつ人の比率）は、全国平均20.5％に対し東京都が25.1％、就業率（実際に就労している人の比率）も、全国平均20.1％に対し東京都が24.3％となっている[10]。比較的健康面の課題も少ない高齢期の前半に就労を継続することで、総合的に、より豊かな老後を追求することが考えられる。

(3) **東京都から地方への移住**

さらに、引退後の他地域への移住を検討することが考えられる。前述のとおり、東京都は現役世代（15～64歳）の純流入を記録しているが、より詳細にみると、50歳代以降、地方への純流出が始まっており、60歳代以降もこの傾向は維持される。東京都と地方の生活費、医療・介護費用等の開きを考えれば、東京都民は引退後に地方に移住することにより、もろもろの費用節減が期待できる。

地方公共団体レベルで東京都から地方への移住を支援する動きもみられる。2014年12月、東京都杉並区と静岡県南伊豆町は、南伊豆町内に特別養護老人ホームを共同で整備することに基本合意した。現行の介護保険制度では、地方公共団体の圏域外の特養整備が想定されておらず、杉並区民が入所することで地元に負担が発生すること等の課題があったが、国が法改正の検討に乗り出したことなどにより、合意書締結に至った[11]。制度面での後押しが実

---

9 大垣尚司「定年・引退後の家計と金融サービス」『金融ジャーナル』（2014年5月）を参照。
10 「労働力調査」（2013年）および「東京の労働力」（2013年）。

現すれば、地方への移住は、東京都民にとって有力な選択肢となる可能性を有する。

(4) 重要性を増すライフ・プランニング

上記はいずれも、現役時代・引退後に、どのような人生を望むのかという人生観に基づく選択肢である。近年、これらを総合的にとらえ、人生における資金の収支を把握し、資産形成の目的を定め、この目的に応じた積立・運用戦略等を考えることの重要性が意識されるようになっている。人生計画の策定という意味で「ライフ・プランニング」と呼ばれる。ライフ・プランニングは、全国民が実施すべきであるといっても過言ではないが、より入念な資産形成や、就労期間の延長・地方移住といった幅広い検討を行うことが求められうる東京都民にとっては、とりわけ重要と考えられる。

ただ、ライフ・プランニングは個々人で実践するのはむずかしい面もあり、専門家による支援を得ることが望ましい。その点、東京都は、証券会社、銀行といった金融機関の店舗が他の地域との人口比でも数多く存在しており、相対的に専門家へのアクセスを得やすいとも考えられる[12]。

東京都民はこのような地の利も生かしつつ、DC、NISAといった制度を適宜活用し、ライフ・プランニングに基づく自助努力の資産形成を実践する必要性が高まっていると考えられる。

---

11 杉並区広報課「全国初の自治体間連携 南伊豆町に特別養護老人ホームの整備を合意！」（2014年12月11日）。
12 東京都には全人口の10％が在住しているが、証券会社は営業所数ベースで26％が東京都にある（日本証券業協会「会員の都道府県別営業所数等一覧」2014年12月時点）。また、東京都に本店がある銀行の店舗数が、全銀行の国内店舗数に占める割合は19％、当該店舗の職員数が全国の職員数に占める割合は37％となっている（全国銀行協会「全国銀行財務諸表分析」2013年度）。

第Ⅱ部

地域金融機関の
ビジネスモデル改革

Ⅱ–1

地域銀行の再編の背景と論点

小立　敬

1　期待高まる再編による地域活性化

　アベノミクスの「第3の矢」(成長戦略)の重要な政策テーマとして地方創生が掲げられ、地方経済の再生や構造改革に重点が置かれつつある。地方創生が重要な政策課題となるなかで、地方経済を支える地域金融機関にも政策上の役割が期待されている。第3の矢としての「日本再興戦略」は2014年6月に改訂版が策定され、地域活性化と中堅・中小企業、小規模事業者の革新(イノベーション)という課題が掲げられた。それと同時に地域経済の構造改革を図る観点から、地域金融機関が目利き能力やコンサルティング機能を発揮し、専門的な人材を活用しつつ、中堅・中小企業や小規模事業者にきめ細かい支援を行うことが重要であるとしている[1]。

　また、自民党・日本経済再生本部が2014年5月に公表した「日本再生ビジョン」では、地域金融強化を通じた地方活性化が掲げられており、地域金融機関に大きな役割が期待されている[2]。企業再生、新規の起業、海外進出支援といった新たな役割を担うことを地域金融機関の課題とするとともに、企業再生や産業再生に相応するリスク許容度を確保する観点から従来以上にリス

1　首相官邸「『日本再興戦略』改訂2014―未来への挑戦―」(2014年6月24日)。
2　自由民主党・日本経済再生本部「日本再生ビジョン」(2014年5月23日)。

クをとるための資本の厚みと資本形成につながる収益の向上を求めている。そのうえで、日本再生ビジョンは、「各地域金融機関が自らの適切な経営判断の中で、他の金融機関との業務面での連携はもとより、地域金融機関が再編を検討していくことも有力な選択肢のひとつと思われる」として、地域金融機関の再編に言及している。

一方、監督当局である金融庁の地域金融機関に対する姿勢については、非公開の会合であることから正確な事実関係は確認できないが、2013年暮れや2014年初めの金融庁と地方銀行頭取との意見交換会において、金融庁幹部が各地域の将来の市場規模をもとにした各金融機関の将来的な収益構造の分析を示し、地域銀行に再編を促したとする報道が数多く存在する[3]。

自民党や金融庁が地域金融機関に再編を促すなかで、2014年11月には横浜銀行と東日本銀行、肥後銀行と鹿児島銀行が相次いで経営統合に向けて協議を進めていくことを明らかにしたことから、地域金融機関の再編に一段と大きな注目が集まりつつある。本章では、全国地方銀行協会加盟行（以下、「地方銀行」という）と第二地方銀行協会加盟行（以下、「地方銀行Ⅱ」という）を対象に注目を集める地域銀行の再編に関する議論の背景や関係する論点について整理を図る。

2 地域銀行の収益構造と収益力

(1) 貸出金利息に依存する収益構造

地域銀行の現状を確認するために、まずはその収益構造に焦点を当てる。地方銀行と地方銀行Ⅱの損益計算書を業態ごとに集計し、経常収益・費用（特

---

[3] たとえば、「金融庁長官が"最後通牒" 地方銀行、再編検討に待ったなし」『週刊ダイヤモンド』（2014年2月10日）を参照。当該記事によると、2014年1月の地方銀行頭取との意見交換会において畑中金融庁長官（当時）が「経営統合などを経営課題として考えてほしい」と語ったとされている。

図表Ⅱ.1.1　地域銀行の収益構造（2013年度）

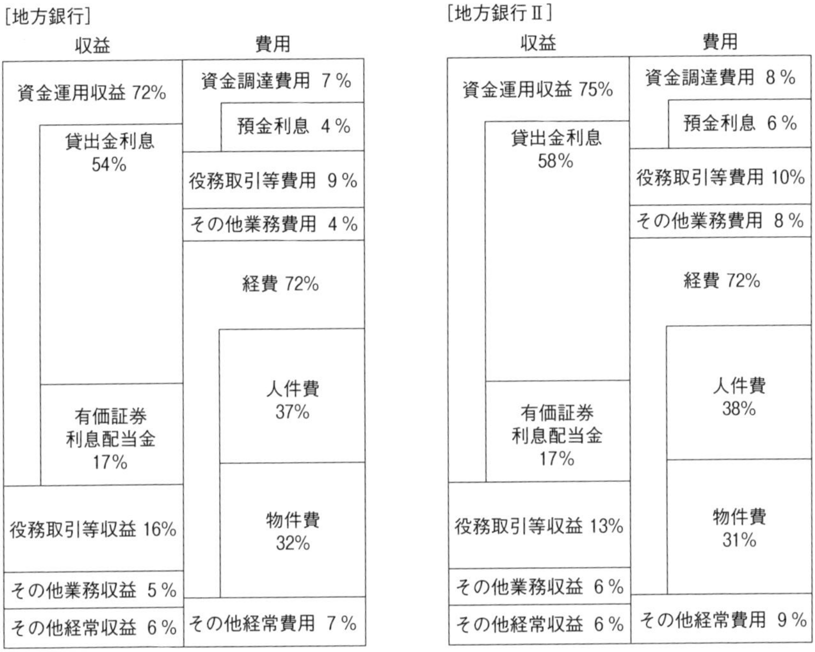

[地方銀行]

収益	費用
資金運用収益 72%	資金調達費用 7%
貸出金利息 54%	預金利息 4%
	役務取引等費用 9%
	その他業務費用 4%
	経費 72%
有価証券利息配当金 17%	人件費 37%
役務取引等収益 16%	物件費 32%
その他業務収益 5%	
その他経常収益 6%	その他経常費用 7%

[地方銀行Ⅱ]

収益	費用
資金運用収益 75%	資金調達費用 8%
貸出金利息 58%	預金利息 6%
	役務取引等費用 10%
	その他業務費用 8%
	経費 72%
有価証券利息配当金 17%	人件費 38%
役務取引等収益 13%	物件費 31%
その他業務収益 6%	
その他経常収益 6%	その他経常費用 9%

（出所）　全国銀行協会「全国銀行財務諸表分析」より野村資本市場研究所作成

別利益・損失は含まれていない）の構成比を示したものが図表Ⅱ.1.1である。貸出金利息による収入が地方銀行では経常収益の54％、地方銀行Ⅱでは58％を占めていることがわかる。有価証券の利息や配当金からの収益は、いずれも17％となっており、貸出金利息とあわせた資金運用収益でみると、経常収益に占める割合は地方銀行で72％、地方銀行Ⅱで75％にのぼっている。

　近年、地域銀行は収益源の多様化を図るため、投資信託や保険商品の窓販を含む手数料収入（非金利収入）の強化を図ってきた。もっとも、為替手数料や窓販手数料を含む役務取引等収益の経常収益に占める割合は、10年前に比べると増加してはいるものの、収益構造を変えるまでには至っていない。海外業務収益の強化など収益源を多様化している大手銀行に対して、地方銀行や地方銀行Ⅱは引き続き貸出金利息に依存する収益構造である。

(2) 懸念されるトップラインの低下

次に、各業態の収益状況を確認する。2013年度決算では、地方銀行で7,800億円、地方銀行Ⅱで2,500億円という大幅な当期利益を計上し、好決算となった（図表Ⅱ.1.2）。好決算になった要因として、アベノミクスのもと、株式

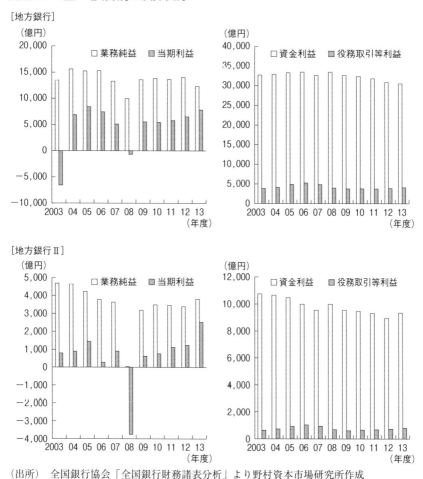

図表Ⅱ.1.2　地域銀行の決算状況

（出所）　全国銀行協会「全国銀行財務諸表分析」より野村資本市場研究所作成

の売却益が増加したこと、不良債権処理費用が減少したことがあげられる。

ボトムライン（当期利益）は各業態で高い水準を記録してはいるものの、トップラインの低下という憂慮すべき状況にある。地域銀行の主な収益源である貸出金利息を含む資金利益（＝資金運用収益－資金調達費用）が趨勢的に減少しており、地方銀行では過去10年のピークと比べると約10％の減少、地方銀行Ⅱではピーク比で約15％も減少している。役務取引等利益に関してもいずれもピークから約20％減少している。

その背景として、資金運用面では、最近10年間は地方銀行、地方銀行Ⅱともに貸出金の残高を伸ばしている一方で、市場金利の低下から貸出金利回りや有価証券利回りを含む資金運用利回りが下がり続けていることがあげられる。過去の相対的に高い金利の貸出金が返済され、新規の貸出金は相対的に低い金利で実行されるため、貸出金利回りは自然と下がることになる。一方、資金調達に関しては、2013年度の預金債券等利回り（預金利息を含む）は地方銀行で0.06％、地方銀行Ⅱで0.09％であり、引下げ余地はほとんどない。その結果、地方銀行、地方銀行Ⅱともに資金利益が減っており、業務純益は減少している。2013年度の業務純益は10年間のピーク時と比べると約20％も減少しており、地域銀行のコアな収益力の低下が明らかである。

日銀の金融政策は2013年4月以降、量的・質的金融緩和に踏み出しており、当面の間は超低金利環境が続く可能性が高い。このような金利環境のもとでは、地域銀行が主な収益源とする資金運用収益の増加は見込めず、資金運用収益の低下が続くことになる。役務取引等利益の引上げや経費の抑制によって収益の減少を補うこともできるが、減少額をカバーして業務純益を維持、改善することはかなりむずかしいと考えられる。地域銀行は、現行の金融政策のもと、トップラインのダウンサイド・リスクにさらされている。

今後の高齢化の影響も懸念される。企業倒産件数はアベノミクスのもとで減少しているが、休廃業・解散の件数はむしろ増加している[4]。今後、高齢化の進展に伴って事業承継が困難な中小企業の廃業が増加すればトップラインの維持がますます困難になり、仮に倒産件数が増えるような状況になれば、

不良債権処理費用がかさむことでボトムラインの維持も相当にむずかしくなる可能性がある。

(3) 地域の人口減少に伴う懸念

　国立社会保障・人口問題研究所は2013年12月、2010年の国勢調査に基づいて2010～40年の都道府県別の将来推計人口を明らかにした[5]。都道府県別の総人口は2005～10年にかけてすでに38道府県で減少している。今後、2015～20年の間に沖縄県を除く46都道府県で人口が減少し、2020～25年の間に沖縄県の人口が減少に転じて全都道府県で人口が減少する見通しが示されている。

　2010年の総人口を100とした場合に、2025年時点と2040年時点の都道府県の将来推計人口を指数化したものが図表Ⅱ.1.3である。2025年時点では2010年の人口の10％以上に相当する人口が減少する県が17県、2040年時点では2010年の人口の20％以上に相当する人口が減少するところが26道県にのぼる。いまから10年後、25年後というさほど遠くない時期に人口が大きく減少する都道府県が現れることになる。

　地域銀行は一般に地域密着型金融のビジネスモデルを追求し、本店が所在する都道府県に営業基盤を置いている。都道府県の将来の人口が減少するということは、将来的に営業基盤が弱体化することにつながる。地域銀行は、短期的には超低金利環境のもとでトップラインのダウンサイド・リスクに対応することが求められているが、都道府県の将来推計人口は営業基盤の弱体化というより深刻な経営課題を地域銀行に投げかけている。

4　東京商工リサーチの「2013年休廃業・解散企業動向調査」によると、2013年の休廃業・解散件数は約2.9万件と過去10年で最多を記録し、倒産件数の2.6倍になっている。また、同社の「2014年全国社長の年齢調査」によると、全国の社長の平均年齢は60.6歳で、社長の五人に一人が70代以上になっており、事業承継が大きな課題であることが示唆される。

5　国立社会保障・人口問題研究所「日本の地域別将来推計人口―平成22(2010)～52(2040)年―」人口問題研究資料第330号（2013年12月25日）。

図表Ⅱ.1.3 都道府県別の総人口の将来予測

都道府県	2025年	2040年	都道府県	2025年	2040年
全国	94.2	83.8	三重県	92.4	81.3
北海道	90.1	76.1	滋賀県	99.1	92.8
青森県	84.6	67.9	京都府	94.8	84.4
岩手県	85.7	70.5	大阪府	94.9	84.1
宮城県	94.1	84.0	兵庫県	94.3	83.6
秋田県	82.2	64.4	奈良県	91.4	78.3
山形県	86.0	71.5	和歌山県	86.7	71.8
福島県	87.7	73.2	鳥取県	88.3	74.9
茨城県	93.1	81.6	島根県	86.7	72.6
栃木県	93.0	81.9	岡山県	93.1	82.8
群馬県	92.5	81.2	広島県	94.0	83.6
埼玉県	97.2	87.6	山口県	87.9	73.7
千葉県	96.3	86.2	徳島県	87.4	72.7
東京都	100.1	93.5	香川県	90.4	77.6
神奈川県	99.6	92.2	愛媛県	88.7	75.1
新潟県	89.0	75.4	高知県	85.6	70.2
富山県	90.2	77.0	福岡県	95.7	86.3
石川県	93.7	83.3	佐賀県	91.2	80.0
福井県	90.7	78.5	長崎県	87.6	73.5
山梨県	89.9	77.2	熊本県	91.7	80.7
長野県	90.0	77.5	大分県	91.4	79.8
岐阜県	91.7	79.8	宮崎県	91.1	79.3
静岡県	92.4	80.6	鹿児島県	89.2	77.0
愛知県	99.2	92.5	沖縄県	101.5	98.3

(注) 2010年の都道府県別の総人口を100として指数化したもの。
(出所) 国立社会保障・人口問題研究所「日本の地域別将来推計人口」より野村資本市場研究所作成

3 過去の地域銀行の再編と政策インセンティブ

(1) これまでの再編の特徴

　戦前に確立された一県一行主義は、1968年に成立した合併転換法[6]によって撤廃されることになったが、一県一行主義の名残もあって地方銀行の数は現在でも64行と当時からほとんど変化がない。一方、相互銀行法に基づくかつての相互銀行は、合併転換法の認可のもと、1989年から普通銀行（地方銀行Ⅱ）に転換した。1998年の銀行法改正で銀行持株会社が解禁されたことで、地方銀行Ⅱを中心に地域銀行の再編の動きが加速し、地方銀行Ⅱの数は現在41行にまで減っている（図表Ⅱ.1.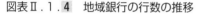4）。

　平成元（1989）年以降に行われた地域銀行の再編をまとめたものが図表Ⅱ.1.5である。これを同一県内の地域銀行同士の再編、近隣県の地域銀行

図表Ⅱ.1.4　地域銀行の行数の推移

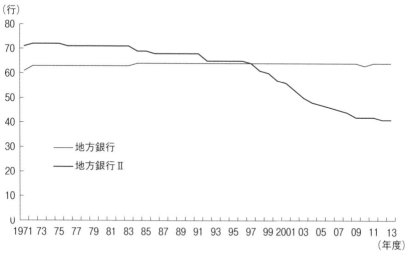

(出所)　預金保険機構「平成25年度預金保険機構年報」より野村資本市場研究所作成

6　金融機関の合併及び転換に関する法律（昭和43年6月1日法律第八十六号）。

図表Ⅱ.1.5 地域銀行の再編事例（平成元（1989）年以降）

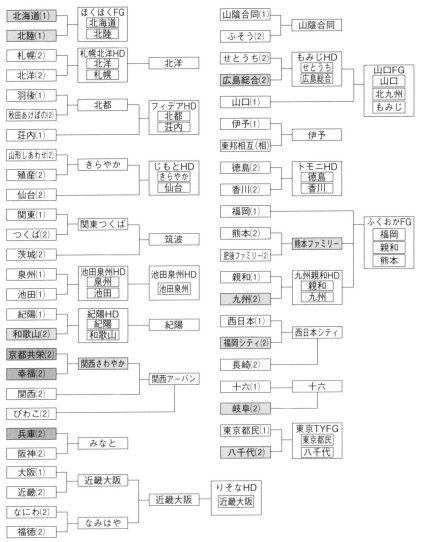

(注)1. ▢は金融安定化法、早期健全化法に基づく資本増強行。
   2. ▇は経営破綻した銀行。
   3. ⑴は地方銀行、⑵は地方銀行Ⅱ、(相)は相互銀行を表す。
(出所) 全国銀行協会「銀行の提携・合併リスト」より野村資本市場研究所作成

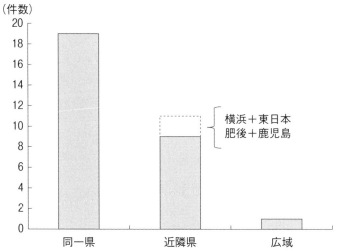

図表Ⅱ.1.6　地域銀行の再編パターン

（注）　再編のパターンについては、「同一県」とは同じ都道府県に本店を置く地域銀行同士の再編、「近隣県」とは東北、北陸、関東、中部、近畿、中国、四国、九州の同一地域内に本店を置く地域銀行同士の再編、「広域」とは地域をまたがった再編を表すものとしている。
（出所）　全国銀行協会「銀行の提携・合併リスト」等より野村資本市場研究所作成

同士の再編、地域銀行の広域再編という三つのケースに整理すると、同一県内の再編が最も多く、次に近隣県の再編が続く（図表Ⅱ.1.6）。地域を越えた広域再編は北海道銀行と北陸銀行のみである。また、再編の方式として、同一県内の地域銀行の再編の場合には、よりシナジー効果が期待できる銀行の合併が行われる傾向があるのに対して、県をまたがる地域銀行の再編の場合には、持株会社方式が選択される傾向がある。その理由は、各県で親しまれてきた銀行のブランドを残すことにねらいがあると考えられる。

　歴史を振り返ってみると、バブル崩壊に伴って多額の不良債権が発生し、その処理コストがかさんだことで地域銀行の経営体力は全体的に低下した。北海道拓殖銀行、山一證券の破綻を受けて、政府は自己資本が十分ではない金融機関を対象に1998年3月に金融安定化法[7]に基づく資本増強を実施し、

1999年3月以降は早期健全化法[8]のもとで資本増強を実施した。これらの法律に基づく資本増強は、一部の地域銀行に対しても行われている[9]。

平成元年以降の地域銀行の再編をあらためて眺めてみると、経営破綻した銀行や金融安定化法、早期健全化法に基づく資本増強行が地域銀行の再編にかかわっていることがわかる。かつては経営体力のない資本増強行を相対的に経営体力のある地域銀行が救済するような再編が行われ、また破綻銀行の破綻処理の出口としての再編も行われた。

(2) 再編を促す政策インセンティブ

政府は金融機関の再編を促す政策をすでに講じてきている。まず、不良債権問題を背景にくすぶる金融システム不安に対応するため、経営基盤強化の観点から金融機関の再編を促す組織再編法[10]を2002年に成立させた。同法は対象金融機関に公的資金による資本増強を行う仕組みを定めており、資本増強という制度的なインセンティブを与えることで金融機関の再編を促すことがねらいであった。もっとも、資本増強の実績としては関東つくば銀行（当時）の1件にとどまっている。

また、2005年のペイオフ解禁を前に金融システムの安定を維持する観点から、地域経済における信用供与の円滑化を図る金融機能強化法[11]が2004年に成立した。同法は、金融機関の再編を含む金融機能強化を図る地域金融機関を対象とする資本増強制度を定めた法律である。従来の制度との違いは、健全行にも予備的な資本増強ができることである。2006年に紀陽銀行が和歌山

---

7 金融機能の安定化のための緊急措置に関する法律（平成10年2月18日法律第5号）。
8 金融機能の早期健全化のための緊急措置に関する法律（平成10年10月22日法律第143号）。
9 金融安定化法の資本増強は、横浜銀行、北陸銀行、足利銀行に対して行われ、早期健全化法の資本増強は、横浜銀行、足利銀行、北陸銀行、北海道銀行、琉球銀行、広島総合銀行、熊本ファミリー銀行、千葉興業銀行、八千代銀行、関西さわやか銀行、東日本銀行、岐阜銀行、福岡シティ銀行、和歌山銀行、九州銀行に対して実施された。
10 金融機関等の組織再編成の促進に関する特別措置法（平成14年12月18日法律第192号）。
11 金融機能の強化のための特別措置に関する法律（平成16年6月18日法律第128号）。

銀行を吸収合併する際に紀陽銀行に資本増強が行われた[12]。その後、同法は2008年に改正され、金融機関の制度の利用を促すべく対象金融機関の経営強化計画の目標が未達成であった場合にも一律の経営責任を求めないこととなった[13]。その結果、複数の地域銀行が同法に基づく資本増強を受けている。

　金融機能強化法は、金融機関が再編を行う際に資本増強を行う仕組みを手当しているが、地域銀行が再編を行う目的で資本増強を利用した例はこれまでのところ紀陽銀行のみである。不良債権問題を克服し金融システムが安定化するなかで地域銀行は自己資本比率を改善させており、資本増強によって金融機関の再編を促すという政策はもはやインセンティブとしての効果を失っているように思われる。

4　現在の再編の議論とその論点

(1)　これまでの議論との相違

　地域銀行の再編については、オーバー・バンキングとの関係から従来より議論が行われ、政府も再編を促す資本増強という措置を講じてきたが、従来と現在の議論とでは大きな違いがある。従来の議論では、金融システムの安定化や信用供与の円滑化を図るため、地域銀行の足元の収益力や自己資本比率の回復に焦点が当てられていたが、現在の議論の根底には、将来の人口減少に伴う地域銀行の営業基盤の弱体化に対する懸念がある。

　地域銀行の2013年度決算は当期利益が高い水準を記録しており、アベノミクスのもとで直ちに経営体力が損なわれる状況に陥る可能性はあまり高くないように思われる。その一方で、多くの都道府県で人口はすでに減少しある

12　紀陽銀行と和歌山銀行は、金融機能強化法に規定する金融組織再編成として合併を行っている。
13　旧法は、経営強化計画のなかで目標として定める自己資本比率を下回った場合に、経営責任や株主責任の明確化を要求し、また、抜本的な組織再編を伴わない場合の目標未達に対して経営責任を求める仕組みとなっていた。

いは人口減少が目前に迫っている。地域銀行にとっては自行の営業基盤の将来像を評価し必要な対策を講じることが重要である。

　金融庁が地方銀行との意見交換会で提示した将来の金融機関の収益構造の分析は、各地域の人口動態を前提に推計されたものであると報じられており、金融庁も人口減少という将来直面しうる事態を前に地域銀行に課題の解決を迫っているように思われる。事実、金融庁が2014年9月に公表した「平成26事務年度　金融モニタリング基本方針」では、「高齢化の進展や生産年齢人口の減少に伴い各地域において貸出市場の縮小が予測される中、主要営業基盤である地域の経済・産業の中長期的な見通しや課題の認識、自らが短期的・中長期的に地域経済の活性化に向けて果たしていく役割・機能や経営計画・事業計画の目標の検証等を通じて、短期のみならず、5～10年後を見据えた中長期的にも持続可能性の高い経営戦略を策定・実行していくことが重要である」と述べられている[14]。金融庁は、地域銀行に各地域の将来の人口減少をふまえて中長期的に持続可能な経営戦略の策定・実行を求めている。もっとも、地域銀行がどのような中長期の戦略を立てるべきかについては、金融モニタリング基本方針は具体的な指示を行っておらず、地域銀行の経営の自主性に任されている。

(2)　中長期的な戦略の方向性

　中長期的な経営戦略の策定にあたっては、戦略の方向づけを認識する必要があると考えられる。地域銀行の戦略の方向性に関してはさまざまな整理があるが、たとえば、①地域深堀、②地域活性化、③地域拡大、④商品拡大という四つの方向性に分類できる[15]。

　地域深堀とは既存のフランチャイズ・バリューをさらに強化する戦略である。地域における預金シェアの向上、既往貸出先のシェアアップや貸出件数

---

[14]　金融庁「平成26事務年度　金融モニタリング基本方針（監督・検査基本方針）」（2014年9月）。
[15]　稲垣智彦「地域銀行の収益課題と対策」『金融ジャーナル』（2009年9月）。

の増加が含まれる。成長産業として期待される農業や医療・介護の分野で新規事業を開拓することもこの戦略に相当する。次に、地域活性化とは地域の産業再生や経済の活性化を図る戦略である。日本再興戦略等は地域銀行に地域活性化における貢献を期待しており、地域銀行は地域の産業構造を理解し、ソリューションを提供できる能力が従来以上に求められるだろう。

一方、地域拡大とは営業基盤の拡大を図る戦略である。たとえば、県外進出を行う際には進出先の地元の銀行との競合を避けるためにターゲットや戦略を明確にする必要があるだろう。そして、商品拡大とは地域銀行が伝統的な銀行業以外の商品サービスを顧客に提供しようとする戦略である。投資信託や保険の窓販にとどまらず、証券ビジネス、カード、消費者金融などに進出する選択肢が考えられる。また、地域銀行のネットワークを活用したビジネス・マッチングなど新たなビジネスのあり方を探る動きもある[16]。

経営戦略の選択肢としての地域銀行の再編についても何を目的とするかという戦略の方向性を確認する必要がある。同一県内の銀行同士の再編は地域深堀を図り、地域活性化に寄与しようとするものとなる。従来の再編は同一県内の地域銀行同士の再編が中心であった。一方、近隣県の銀行同士の再編は営業エリアを他県に拡大する地域拡大を図るものである。2014年11月に公表された横浜銀行と東日本銀行、肥後銀行と鹿児島銀行の経営統合はいずれも近隣県の銀行同士の再編である。今後、こうした近隣県の地域銀行同士の再編が増えていくことが考えられる。さらに、人口減少は地域でばらつきがあることを考えると地域拡大の戦略として地域をまたがった銀行同士の経営統合も選択肢となっていくかもしれない。

また、中長期的な戦略には多様な選択肢があるなかで、異なる業種との統合の可能性も存在する。たとえば、地域銀行による証券子会社の設立があげられる（図表Ⅱ.1.7）。金融モニタリング基本方針では資産運用の高度化に

---

[16] 2014年1月に地域再生や活性化の観点から、北海道銀行、七十七銀行、千葉銀行、八十二銀行、静岡銀行、京都銀行、広島銀行、伊予銀行、福岡銀行の9行が情報やネットワークの相互活用を図る「地域再生・活性化ネットワーク」を立ち上げている。

図表Ⅱ.1.7　地域銀行が設立した証券子会社等

銀行	証券子会社等	設立年	設立経緯
常陽銀行	常陽証券	2007	銀行の全額出資で設立
千葉銀行	ちばぎん証券	1998	中央証券をグループ会社化（2011年、株式交換により完全子会社）
横浜銀行	浜銀TT証券	2008	東海東京証券の県内業務を会社分割により承継（出資比率60%）
静岡銀行	静銀ティーエム証券	2000	東京三菱銀行等との共同出資で設立
	マネックスグループ	2014	資本業務提携として約20%を出資（持分法適用会社）
第四銀行	新潟証券	2006	新潟証券の株式取得によりグループ会社化
八十二銀行	八十二証券	2006	アルプス証券を子会社化
百五銀行	百五証券	2009	銀行の全額出資で設立
池田泉州銀行	池田泉州TT証券	2013	東海東京証券の近畿地区の業務を会社分割により承継（出資比率60%）
中国銀行	中銀証券	2009	津山証券を子会社化
広島銀行	ひろぎんウツミ屋証券	2008	ウツミ屋証券のリテール業務を会社分割により承継
山口FG	ワイエム証券	2007	東海東京証券の山口・広島県内業務を会社分割により承継（出資比率60%）
伊予銀行	いよぎん証券	2012	銀行の全額出資で設立
福岡銀行	ふくおか証券	2004	前田証券をグループ会社化（2012年、株式交換により完全子会社化）
西日本シティ銀行	西日本シティTT証券	2010	東海東京証券の県内業務を会社分割により承継（出資比率60%）

（出所）　各社ウェブサイト等より野村資本市場研究所作成

も焦点が当てられており、今後、個人の資産形成やリスクマネーの提供における地域銀行の役割もより期待される。

5 営業基盤分析に立脚した経営戦略見直しが課題に

　2013年の暮れから2014年の初めにかけて、地域銀行の再編をめぐる金融庁の言動が数多く報道されたことで、地域銀行の再編に注目が集まることとなり、2014年11月には横浜銀行と東日本銀行、肥後銀行と鹿児島銀行の経営統合に向けた協議が明らかになるなど具体的な動きも現れてきた。もっとも、金融庁の考えを咀嚼してみると地域銀行の再編自体が目的ではないようにも思われる。金融庁のねらいは、都道府県の将来の人口減少から生じる経営基盤の弱体化について、現段階から地域銀行と問題意識を共有することにあるのではないだろうか。

　ブルームバーグが地域銀行を対象に2014年4月に実施した調査では、他行との経営統合を選択肢として考えているかという質問に対して否定的な回答が約8割にのぼったという[17]。当期利益が過去と比べて高水準を記録するなかで経営の変革を求められることに対して当局と地域銀行との間で温度差があるのかもしれない。

　もっとも、将来の人口減少は蓋然性の高い事象である。人口減少をふまえて自らの営業基盤や経営体力を評価し、その維持・強化を図るための施策を検討することは地域銀行にとって当然の課題であろう。地域銀行には、現時点で直ちに再編という答えを出すかどうかではなく、将来的な経営のサスティナビリティの確保の観点から、都道府県の将来の人口減少を前提として、中長期的な営業基盤や経営体力をフォワードルッキングに分析・評価を行ったうえで、現在のビジネスモデルのレビューと、中長期的な経営戦略の検討という課題が投げかけられているように思われる。

17　ブルームバーグが実施した調査では上場85行・グループのうち32行から回答があり（回答率37％）、経営統合を将来の選択肢としているかについて「いいえ」と回答した銀行は19行、「はい」と回答した銀行は5行であった（「地銀の8割「経営統合考えず」金融庁は再編促す―独自調査」ブルームバーグ、2014年4月25日）。

Ⅱ-2 米国における地銀M&Aの展開

淵田 康之

1 地銀再編の必然性

　米国においては、州際業務の規制や州内における支店設置の規制があった影響で、小規模の銀行が多数存在していた。しかし1980〜90年代にかけて、これらの規制が緩和、撤廃される過程で、地域を超えた銀行間の競争がようやく本格化し、M&Aを通じた銀行再編が活発化した（図表Ⅱ.2.1）。この勢いはITバブル崩壊によりいったんそがれたが、2000年代半ば以降、住宅バブルとその崩壊の過程で、再び増勢に転じている。特にリーマン・ショック後は、ウェルズ・ファーゴのワコビア買収のような救済型の大型合併も実現するなど、米銀再編はいまも進展中である。

　ITの発達やコンプライアンス負担の増大等により、銀行業において規模の経済が働きやすくなっていることが、銀行のM&Aの活発化の原動力となっている。また金融危機が、銀行再編をいっそう促した面もある。今日、リーマン・ショックから6年以上経つが、危機から順調に立ち直った銀行と、そうでない銀行との二極化が明確に生じている。この結果、いま、米国では、好調な銀行が主導するかたちで、M&Aによるさらなる業界再編の機運が盛り上がりつつあるところである[1]。

　一部の大手地銀を除けば、いまだ特定の州や地域に支店網が偏っている銀

図表Ⅱ.2.1 米国商業銀行における M&A 件数の推移

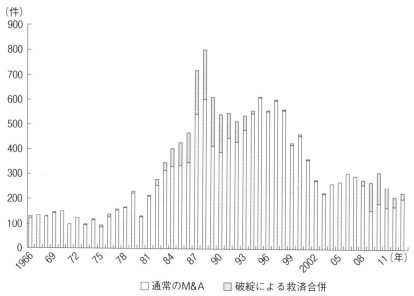

□ 通常のM&A　■ 破綻による救済合併

行が米国にはあまりに多い。特定の地域に営業範囲を集中することが、ビジネスとして最適であるからそうなっているというよりも、あくまで先述の立地規制の名残や、設立経緯の結果として、特定の地域に店舗が集中しているにすぎない。各行は、この状況を変えようとしているのである。

地銀といっても多くはNYSEやナスダック上場企業であり、特定の地域に自らの成長機会を制約されることは正当化できない以上、全米を見渡し有力市場を虎視眈々とねらうのが当然である。他行を買収し、必要とあれば名前も変更するし、本社も移転する。つまり銀行再編は、営利企業である地銀の当然の行動として生じているのである。

図表Ⅱ.2.2に示すとおり、2003年末時点の米地銀の預金ランキング上位10行は、2014年3月に至る約10年の間に、その半分が消滅した。一方、競争

1　淵田康之「変貌する米国銀行業界」『野村資本市場クォータリー』（2014年夏号）参照。

図表Ⅱ.2.2 米国の主要地銀―過去10年の変化―

(単位：百万ドル)

	2003年末		その後の変化		2014年3月	
	名称	預金残高			名称	預金残高
1	ウェルズ・ファーゴ	247,527		1	ウェルズ・ファーゴ	1,095,028
2	ワコビア	224,451	ウェルズ・ファーゴにより救済合併(2008年)	2	USバンコープ	260,612
3	バンクワン	164,621	JPモルガンと合併(2004年)	3	PNC	222,547
4	フリートボストン	137,764	バンクオブアメリカと合併(2004年)	4	サントラスト	132,968
5	ワシントンミューチュアル	119,591	JPモルガンにより救済合併(2008年)	5	BB&T	127,476
6	USバンコープ	119,052		6	フィフス・サード	97,096
7	サントラスト	81,190		7	リージョンズ	93,533
8	ナショナルシティ	63,930	PNCにより救済合併(2008年)	8	M&T	68,699
9	BB&T	59,350		9	キーコープ	67,356
10	フィフス・サード	57,082		10	コメリカ	53,878

(注) マネーセンターバンク、信託・カストディやカードビジネス主体の銀行、証券会社系の銀行、外資系を除く。網掛け部分は、他行との合併等により現存しない銀行。
(出所) American Banker

に生き残った地銀は、大小のM&Aを通じて特定の都市や州を越えて銀行業務を展開する存在となっている。

2008年にワコビアを買収してトップとなったウェルズ・ファーゴは、地銀トップというよりいまやメガバンクの一角を占め、時価総額では2014年12月時点で270億ドルと世界最大の銀行である。第2位のUSバンコープも、25州に店舗を展開しており、もはや地銀というよりも、準メガバンクと呼ぶべき存在である。そもそも「地銀」や「リージョナル・バンク」といった呼称自体が、過去の立地規制時代の名残ともいえ、本来は不適切である。地銀第3位であるPNCのCEOは、「マスコミはわれわれをリージョナル・バンクとかスーパー・リージョナル・バンクとか呼ぶが、それは汚らわしいレッテルだ。われわれは、メインストリーム・バンクだ」と述べている[2]。

2 米銀における M&A を通じた広域展開の教訓

(1) 成長地域への進出

　M&A が企業価値を高めるために行われる以上、米銀は単に近隣の銀行と合併するのではなく、有力市場を取り込むことを重視する。特に中小規模ないし低成長市場を地盤とし、近隣にも有望な市場がない銀行の場合、遠くの成長市場の銀行を買収するという、いわば「飛び地」戦略によって、形勢の逆転を目指すのである。

　ミネアポリスという内陸の中規模都市を地盤としたノーウェストの場合、東部への進出も選択肢としてあったが、人口増加率が高いという理由で、1998年に、西部のウェルズ・ファーゴの買収を選んだ。当時の予想で、米国の人口増加の25％は、カリフォルニア州で生じるとされ、またテキサスやロッキー山脈周辺の諸州を含めると、50％を占めるとされていた。また可処分所得の伸びも、ウェルズ・ファーゴがカバーする諸州が、全米トップクラスとの分析もあった。

　ノーウェストは、本社をウェルズ・ファーゴの本社所在地であるサンフランシスコに移し、銀行名もウェルズ・ファーゴに変更した。ノーウェストのコバチェビッチ CEO（新ウェルズ・ファーゴの CEO に就任）は、ミネアポリスから離れることは、このディールで最もむずかしい意思決定であったと述べている。しかし金融サービス業者として成長するうえでは、高い成長が期待されるカリフォルニアを拠点とすることが重要と判断したとしている。彼は、「カリフォルニア州内の預金が540億ドル。ミネソタ州内の預金は130億ドルである。顧客が最も集中している場所に本社を置くのが理にかなっている」とも述べている[3]。

2　"What PNC's Demchak really thinks about D.C. Policy Issues, M&A", *American Banker*, April 10, 2014.
3　1998年6月8日の同社プレスリリース。

2008年には、ウェルズ・ファーゴは、ノースカロライナ州を本拠とするワコビアを買収し、東部市場における地歩も固め、メガバンクの一角を占めるに至ったのである。

　米地銀第10位のコメリカは、ミシガン州デトロイトを創業の地とする銀行であるが、自動車産業の斜陽で低成長に陥る地元市場に自らの成長を制約されるのではなく、1980年代以降、フロリダ、テキサス、カリフォルニアの銀行を買収し、大型で成長性のある市場に足場を築いていった。さらに同行は、2007年に本社をデトロイトからダラスに移している。図表Ⅱ.2.3にみるように、デトロイトの人口減少は著しく、すでに2000年時点でダラスに抜かれている。

　本社移転を報じる当時のプレスリリースでは、同行はダラスにすでに大きなプレゼンスがあり、ダラスを中心とするほうが、同行のすべての市場へのアクセスが向上すると述べられている。また、コメリカの収益の相当部分が、

図表Ⅱ.2.3　デトロイトとダラスの人口推移

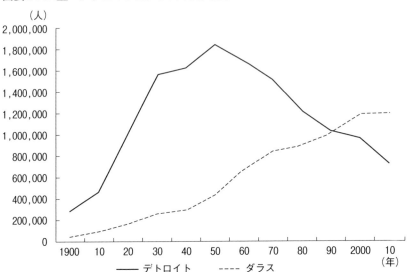

（出所）　US Censusデータより野村資本市場研究所作成

テキサス、アリゾナ、カリフォルニア、そしてフロリダで計上されているとされ、これらの地域に追加的なリソースを投入することが、コメリカの成長の加速につながること、ダラス、ヒューストン、オースティンといった活発かつ多様な経済活動が行われる地域は、有能な人材を確保するうえでも有利であるとされている。

一方、USバンコープ（本社はミネアポリス）のように、あえて地方都市から本社を動かさないケースもある。ただ同行の場合も、M&A等を通じて成長地域に拠点を確保し、そこでの業務を拡大していったのである。

(2) 組織と名称の選択

広域化の過程では、当初は持株会社の傘下に各地の銀行が独立性の高いかたちで位置づけられた局面もあるが、これを過渡的な姿とし、傘下の銀行が一つの銀行に統合されていくケースが一般的である。ウェルズ・ファーゴも、ノーウェスト時代の初期は、独立した銀行の連携の仕組みにすぎなかったが、その後、持株会社を通じた集権的な業務展開に移行し、1990年代にかけては、傘下の銀行間の業務統合を進展させた。

USバンコープも、ウィスコンシン・バンクシェアーズ時代の初期は、買収先の銀行の行員や取締役をそのまま維持するかたちをとったが、1930年代の金融危機後は、経営合理化を優先し、持株会社傘下の銀行の支店化や経理処理の統合を進展させた。

M&Aやこうした持株会社傘下の銀行の統合の過程では、当然、銀行やその持株会社の名称も変化していく。この名称の選択においても、米国の地銀が、地元だけにこだわらず、広く市場を見渡して、収益機会を追求しようという姿勢が現れている。

ノーウェストは、もともとノースウェスタン・ナショナル・バンク・イン・ミネアポリスを中心とする銀行グループ、ノースウェスタン・バンコーポレーションであったが、1983年にノーウェストという地域色を薄めた名称を採用するに至った経緯がある。

そして先述のとおり、ノーウェストは1998年にウェルズ・ファーゴを買収した際、自らの看板を捨てることを選択した。これは、西部開拓時代から全米に普及したウェルズ・ファーゴ（創業者二人の名に由来）というブランドを利用するほうが、広域展開をしていくうえで好都合と考えたからである。

地銀第2位のUSバンコープの母体の一つであるウィスコンシン・バンクシェアーズも、1989年、州を越えた業務を行うこと、そして多様な金融業務を行うことを示す意味で、ウィスコンシンという地名やバンクという言葉を名称から外し、ファースターと名乗ることを選択したのであった。そして同行が2001年にUSバンコープを買収した際には、全米を視野に入れた銀行にふさわしく、USバンコープという名称を選んだのである。

コメリカも、1849年にデトロイト・セイビングズ・ファンド・インスティチュートとして設立されたが、州外に進出していく過程で、持株会社の名称をコメリカ・バンク・デトロイトとし、さらにはデトロイトの名称も外してコメリカと改称している。

このような例は、枚挙に暇がない。図表II.2.4にみるように、米国においては、地域の名称を冠した銀行グループは、減少の一途をたどっており、

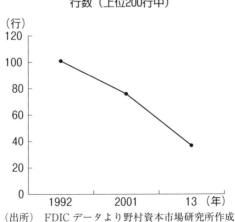

図表II.2.4　銀行名に地名が入っている銀行数（上位200行中）

（出所）FDICデータより野村資本市場研究所作成

いまやむしろ少数派となっている。

(3) 地域を越えたM&Aの影響

　ノーウェストの例に示されるように、他の地域の銀行を買収していく過程において、あるいは他の地域の銀行に買収されることによって、地元の銀行の本社が他の地域に移転することも珍しくない。銀行が地元の経済活動に大きな影響をもつことから、本社移転は地元の反発を呼ぶことも多い。しかし都市ごとに、あるいは州ごとに、その都市や州と発展をともにする地元の銀行が存在してきた時代は過去のものとなり、多くの銀行は経済合理性のもとに本社所在地を選択するようになっている。

　一方、地元の有力企業も、地元の経済圏のみに縛られない業務展開を目指し、その過程で取引銀行を変更することもあれば、銀行のみならず証券市場を活用することもある。もちろん地元企業の本社が他の都市に移転することもある。

　こうして必ずしも地元にとらわれない成長を目指す、地元の銀行、地元の企業が登場していくことが、結局、地域の活力にもつながっていくといえよう。

　一つ確認できるのは、地元の銀行が州外の銀行を買収する、あるいは州外の銀行によって買収される、さらにはそれによって本社が地元から移転してしまうようなことがあっても、必ずしも同行のもともとの地盤でのプレゼンスが低下するわけではないということである。

　図表Ⅱ.2.5は、各州の預金シェア上位3行を示したものであるが、ミネソタ州をみると、同州のミネアポリスに本拠を構え続けているUSバンコープは、シェアが第2位であり、第1位はウェルズ・ファーゴ、すなわち本社をミネアポリスからサンフランシスコに移した旧ノーウェストである。

　この図表から明らかなように、そもそも多くの州において、必ずしも州の主要銀行が地元銀行という姿になっていない。上位行が外資系ということも珍しくない。上位3行がすべて州外の銀行となっている州は、22州にも及ぶ。

図表Ⅱ.2.5　各州の預金シェア上位3行

(単位：%)

	州名 (略称)	第1位 行名	第1位 本社	第1位 シェア	第2位 行名	第2位 本社	第2位 シェア	第3位 行名	第3位 本社	第3位 シェア
北東部・東部	メイン (ME)	トロント・ドミニオン	(カナダ)	45.3	キーコープ	OH	7.9	バンゴール	ME	5.6
	ニューハンプシャー (NH)	シティズンズ	(英国)	24.1	トロント・ドミニオン	(カナダ)	20.0	BOA	NC	15.4
	バーモント (VT)	ピープルズ・ユナイテッド	CT	22.7	トロント・ドミニオン	(カナダ)	21.4	マーチャンツ	VT	11.1
	マサチューセッツ (MA)	ステート・ストリート	MA	30.3	BOA	NC	17.8	ピープルズ・ユナイテッド	CT	8.0
	コネチカット (CT)	BOA	NC	25.7	ウェブスター	CT	11.7	ピープルズ・ユナイテッド	CT	11.5
	ニューヨーク (NY)	JPM	NY	35.7	BONY	NY	10.0	シティ	NY	6.2
	ニュージャージー (NJ)	BOA	NC	15.7	WF	CA	12.1	トロント・ドミニオン	(カナダ)	11.8
	ロードアイランド (RI)	シティズンズ	(英国)	36.1	BOA	NC	28.1	ワシントン・トラスト	RI	9.3
	ペンシルベニア (PA)	PNC	PA	23.7	WF	CA	10.3	シティズンズ	(英国)	7.5
	ワシントン D.C. (DC)	BOA	NC	20.1	WF	CA	19.0	PNC	PA	12.3
	デラウェア (DE)	BOA	NC	26.7	キャピタルワン	VA	21.5	トロント・ドミニオン	(カナダ)	15.8
東部・南部	メリーランド (MD)	BOA	CA	21.1	M&T	NY	14.5	PNC	PA	9.9
	バージニア (VA)	キャピタルワン	VA	20.1	Eトレード	NY	13.8	WF	CA	13.0
	ウェストバージニア (WV)	BB&T	NC	16.5	ユナイテッド	WV	11.7	ウェスバンコ	WV	8.6
	ノースカロライナ (NC)	BOA	NC	44.7	WF	CA	17.6	BB&T	NC	16.1
	サウスカロライナ (SC)	WF	CA	19.8	BOA	NC	13.7	BB&T	NC	10.4
	ジョージア (GA)	サントラスト	GA	20.5	WF	CA	16.3	BOA	NC	13.9
	アラバマ (AL)	リージョンズ	AL	25.7	コンパス (BBVA)	(スペイン)	12.7	WF	CA	9.8
	ケンタッキー (KY)	PNC	PA	9.6	フィフス・サード	OH	7.5	JPM	NY	7.2
	テネシー (TN)	リージョンズ	AL	14.2	ファーストホライズン	TN	12.7	サントラスト	GA	10.0
	ミシシッピー (MS)	トラストマーク	MS	14.4	リージョンズ	AL	13.8	バンコープ・サウス	MS	10.4
	ルイジアナ (LA)	キャピタルワン	VA	19.5	JPM	NY	17.6	ハンコック	MS	9.3
	フロリダ (FL)	BOA	NC	18.5	WF	CA	15.4	サントラスト	GA	9.5
	オハイオ (OH)	フィフス・サード	OH	14.7	USバンコープ	MN	13.5	ハンチントン	OH	12.0
	ミシガン (MI)	JPM	NY	20.9	コメリカ	TX	14.6	PNC	PA	8.8

	州	1位銀行	本社	シェア	2位銀行	本社	シェア	3位銀行	本社	シェア
中西部・南部	インディアナ (IA)	JPM	NY	14.8	PNC	PA	9.6	フィフス・サード	OH	7.1
	イリノイ (IL)	JPM	NY	20.1	BMOハリス	(カナダ)	9.7	BOA	NC	6.8
	ウィスコンシン(WI)	USバンコープ	MN	21.5	BMOハリス	(カナダ)	13.6	アソシエイテッド	WI	9.0
	ミネソタ (MN)	WF	CA	50.4	USバンコープ	MN	23.2	TCF	MN	2.2
	アイオワ (IA)	WF	CA	9.3	USバンコープ	MN	7.3	BTC	IA	3.4
	ミズーリ (MO)	USバンコープ	MN	11.5	スコットトレード	MO	11.4	コマース	MO	8.6
	カンザス (KS)	BOA	NC	7.8	キャピトル・フェデラル	KS	7.2	コマース	MO	5.3
	アーカンソー (AR)	アーベスト	AR	12.3	リージョンズ	AL	7.5	ホーム・バンクシェア	AR	6.5
	オクラホマ (OK)	BOK	OK	13.8	バンクファースト	OK	7.3	ミッドファースト	OK	5.9
	テキサス (TX)	JPM	NY	22.8	WF	CA	12.9	BOA	NC	12.2
西部・その他	ノースダコタ (ND)	WF	CA	9.8	ステート・バンクシェア	ND	7.4	USバンコープ	MN	6.6
	サウスダコタ (SD)	シティ	NY	65.8	WF	CA	29.5	アイシュッスバンク	CA	0.3
	ネブラスカ (NE)	ローリンソュェン	NE	17.2	WF	CA	10.4	ミューチャル・オブ・オマハ	NE	6.6
	モンタナ (MT)	グレーシャー	MT	15.1	ファースト・インターステート	MT	14.9	WF	CA	12.5
	ワイオミング(WY)	WF	CA	17.2	ファースト・インターステート	MT	16.9	グレーシャー	MT	6.9
	アイダホ (ID)	WF	CA	23.8	USバンコープ	MN	17.8	キーコープ	OH	6.9
	コロラド (CO)	WF	CA	25.5	ファーストバンク	CO	11.0	USバンコープ	MN	9.9
	ユタ (UT)	モルガン・スタンレー	NY	21.5	ゴールドマン	NY	14.4	アライ	MI	12.6
	アリゾナ (AZ)	WF	CA	26.4	JPM	NY	26.0	BOA	NC	18.2
	ニューメキシコ(NM)	WF	CA	27.5	BOA	NC	11.9	USバンコープ	MN	4.8
	ネバダ (NV)	WF	CA	11.5	BOA	NC	8.0	シティ	NY	2.8
	カリフォルニア (CA)	BOA	NC	25.1	WF	CA	19.9	JPM	NY	8.6
	オレゴン (OR)	USバンコープ	MN	20.9	WF	CA	16.5	BOA	NC	14.7
	ワシントン (WA)	BOA	NC	20.7	WF	CA	11.9	USバンコープ	MN	10.5
	アラスカ (AK)	WF	CA	51.5	ファーストナショナル	AK	19.9	ノースリム	AK	10.6
	ハワイ (HI)	ENPパリバ	(仏)	35.6	バンクオブハワイ	HI	32.8	アメリカン・セイビングス	HI	12.5

(注) 1. 各州内の金融機関店舗への預金量シェア。2014年6月末時点。
2. 網掛け部分は、当該州に本社を置く銀行。シティズンスは、2014年9月にIPOを実施。本社はRI。
(出所) FDICデータより野村資本市場研究所作成

これら州にはテキサス州のほか、ワシントン州やアリゾナ州など人口増加率の高い大型の州も含まれる。このことから、地元銀行の有無が、必ずしも地元経済の衰勢を決定づけるわけではないということも確認できよう。

(4) 非銀行業務への進出

　以上みてきたように、米国の地銀の多くは、もはや単なる一地方の銀行とはいえない存在となっているわけであるが、同時に、単なる銀行でもなくなっている。米銀は銀行業のみにとらわれることなく、銀行以外のビジネスを含めたM&Aを展開していった。銀行が銀行業のみに従事していたのはグラス・スティーガル法をはじめとする規制があったためにすぎず、こうした業務規制が緩和されるにつれ、新たな収益機会を求め、証券業をはじめとする業務に進出していくのは当然だったのである。

　競争の活発化や超低金利の持続といった環境下、非銀行ビジネスを収益の柱にできているかどうかが、昨今、ますます重要となっている。図表Ⅱ.2.**6**に示すとおり、米国の主要地銀は、いずれも収益の柱となる非銀行業務をもっている。

　ウェルズ・ファーゴは、今日、収入の半分近くを非金利収入で確保しているが、その中核は証券ビジネスである。今日、ウェルズ・ファーゴは、フィナンシャル・アドバイザーの数で、全米第3位のリテール証券会社に位置づけられている。

　USバンコープの場合、ペイメント・ビジネスの寄与が大きい。100%子会社であるELAVONは、クレジット・カード事務処理会社として全米第4位であるのみならず、欧州や中南米でも業務展開するグローバル企業である。

　地銀第3位のPNCは、いまや世界的資産運用会社となったブラックロックの親会社だった。ブラックロックは、PNCの傘下となり、PNCの販売ネットワークを活用することを通じて、投資信託ビジネスを拡大させ、成長していった。1999年、ブラックロックが公開した際には、PNCに多額の利益をもたらしたほか、金融危機時などにもブラックロック株の売却益はPNCの

図表Ⅱ.2.6　米地銀の主要な非銀行ビジネス

銀行名	主要な非銀行ビジネス	経　緯
ウェルズ・ファーゴ	リテール証券業務全米第3位。	買収先のワコビアがプルデンシャル証券と合弁、AGエドワーズを買収。
USバンコープ	全米第4位のクレジット・カード事務処理会社ELAVONを保有。	2001年、NOVA Information Systemを買収。
PNC	世界最大の資産運用会社ブラックロックを22%保有。	1995年に買収。1999年にNYSE上場。
BB&T	保険ブローカー業務世界第6位。	1995年より保険ブローカーを次々と買収。
サントラスト	投資銀行業（従来は引受け中心。最近はM&Aアドバイスにも注力）。	2001年にRobinson Humphreyを買収。
フィフス・サード	全米第3位のクレジット・カード事務処理会社Vantivを25%保有。	1971年に設立。2012年にNYSE上場。

（出所）　各社資料より野村資本市場研究所作成

　収益を下支えた。PNCは、現時点でもブラックロックの22%を保有し、その収益は同社の重要な柱となっている。

　地銀第4位のBB&Tは、保険販売業務を収益の重要な柱としている。同行は、1920年代から保険販売業務を行ってきたが、1995年以降、これを業務の柱とする決断をし、有力な保険ブローカーを次々と買収していった。今日、BB&T傘下のBB&T保険は、全米第6位の保険ブローカーに位置づけられるに至っている。

　サントラストにおいては、投資銀行業務からの収入のウェイトが上昇中である。またフィフス・サードは、全米第3位のクレジット・カード事務処理会社を保有している。

これら米国の地銀グループが買収した非銀行業者は、必ずしも地銀の地元の業者ではなく、また必ずしも一地方の業者でもない。地銀は、自らにとってベストと考えられる相手を全米から選択している。そして、その業者も、地銀の営業圏にとらわれて活動するのではなく、地銀が拠点をもたない地域にも多数展開し、全米はもとよりグローバルな舞台でも有力な業者である場合もあるのである。

　いかに企業価値を高めるか、という観点に立つことにより、このような戦略が当然のごとく選択されているのである。

(5)　株式市場重視の姿勢

　以上、米国の地銀M&Aの歴史から汲み取れるいくつかの注目点を指摘したが、米地銀の各種の判断の底流にある基本的な発想として、上場企業として市場に評価される行動をしなければならないという意識がある点が、最も重視されるべきポイントであろう。

　市場に評価される経営を展開するうえで、鍵となるのは、コーポレート・ガバナンスとマネジメントのあり方である。企業価値向上をミッションとする取締役会が存在し、その取締役会が最適な経営者を、外部人材を含めた人材プールから採用する。こうしてリクルートされる経営者は、メガバンクの幹部であったり、他の地銀の幹部であったりする。新経営者は、自らのイニシアチブで新たなマネジメント・チームを組織する。チームの主要メンバーは、新経営者がその手腕を信頼する外部の経験豊富なマネジャーであることも多い。彼らが真に有能な経営者であり、マネジメント・チームであれば、既存の組織の旧弊を見出し、抜本的な改革を断行するが、改革の選択肢にはM&Aが当然のごとく含まれるわけである。

　M&Aの局面では、ガバナンスはなおさら重要である。1996年、ウェルズ・ファーゴが、ロサンゼルスのファースト・インター・ステートに対して、敵対的買収を実施したケースをみてみよう。

　被買収側のファースト・インター・ステートにおいては、買収者が敵対的

かどうかではなく、株主にとってどちらの提案が有利かどうかという観点からの判断が迫られた。実は経営陣は、ホワイト・ナイトによる救済を選好していたのであるが、買収価格が十分有利なものであれば、これを受け入れるべきと主張し、敵対的買収を実現させる役割を外部取締役が果たしている。また買収側のウェルズ・ファーゴも、自社の株主に対してこの買収がいかに優れた戦略であるかを示すプレゼンテーションを行い、支持を勝ち得ていった。

　株式市場重視といっても、短期的な株価上昇のみが重視されているのではない。USバンコープの母体の一つであるファースターが、ミズーリ州最大の銀行を買収した際は、同行の株価は3割も下落した。同行は、直前にスターバンクのファースター買収により新ファースターとなったばかりであり、立て続けの大型買収に対してアナリストからの批判も多かったのである。しかし、この買収が成功であったことは、やがてアナリストも認めるところとなる。

　重要なことは米地銀がM&Aをしてきたことではなく、株式市場を意識した経営をしてきたことである。そのうえでは、M&Aがあえて選択されない場合も当然ある。USバンコープの母体の一つであるスターバンクがフィフス・サードからTOBを受けた際は、大幅なプレミアムがついた条件だったにもかかわらず、取締役会はこれを拒否した。そのうえで、合理化を断行し、翌期の収益を向上させるとともに、有能な経営者を他行から招き、さらなる改革を断行した。これにより、収益の大幅アップ、2割の増配も実現させたことで、大手機関投資家からも、同行の経営は強く支持されることとなった。

　つまり、長期的な企業価値の向上という観点からの戦略的な意思決定を行える取締役と経営者の存在が重要なのである。長期的な企業価値の向上とは、株主だけではなく、顧客や従業員を含むステーク・ホルダー全体にとっての価値向上を伴うものである。

　いうまでもなく、長期的な企業価値の向上に向けたガバナンスが機能して

いれば、予定調和のための合併行同士の持回り人事といった世界は生じようがない。

こうして改革に成功した地銀トップや、マネジメント・メンバーが、その後、メガバンクを含む他の大手金融機関に取締役や経営幹部として招聘されることも、しばしば生じている。まさに銀行経営のプロの市場が機能しているわけである。

3 わが国への示唆

(1) 日本再興戦略と自民党の日本再生ビジョンの要請

米国では、立地規制緩和とともに、銀行が自主的に営業地域を最適化すべくM&Aを展開してきたわけであるが、わが国ではもともと立地規制がないにもかかわらず、地銀は県境を強く意識した経営を行ってきた。業務規制も大幅に緩和されたが、地域にこだわり、地場の証券会社を傘下に置くような地銀が多い。昨今、政治や行政がこうした状況を問題視しており、地銀の再編・統合を促そうという動きもみられる。

2014年6月24日に発表された「『日本再興戦略』改訂2014—未来への挑戦—」においては、日本企業の中長期的な収益性・生産性を高め、その果実を広く国民に等しく及ぼすためには、まずコーポレート・ガバナンスの強化が必要としている。

そして、政策保有株式の保有目的の具体的な記載・説明が確保されるよう取組みを進めるとされているほか、特に上場銀行、上場銀行持株会社について、できる限り複数の独立社外取締役の導入など、一般企業よりも厳格なコーポレート・ガバナンスを求めている。

また、「地域の企業の事業活動が広域化していること等を踏まえ、地域金融機関が、今後の企業の本業支援や産業の再生支援等に必要な機能や態勢及び経営体力の強化を図っていくよう促していく」との記述もみられる。

これらの記述のベースになっているのは、2014年5月23日に発表された自民党の「日本再生ビジョン」である。そこでは、銀行のコーポレート・ガバナンスの強化の必要性と、地域金融機関の強化の必要性が、より明確に主張されている。

　まず「強い健全企業による日本再生」の観点から、一般企業を含めたコーポレート・ガバナンスの強化が提唱されているが、以下の理由から、銀行に関しては、より厳格なコーポレート・ガバナンスが重要とされている。

・銀行は借り手企業の「指南役」として、コーポレート・ガバナンスの模範たるべき存在である。
・銀行は預金者保護のために、税金投入をも想定した預金保険制度により守られている社会的存在である。
・銀行は反社会的勢力との対峙など、単なる株式会社の場合と比べ、上乗せして社会的責任を負う存在である。
・銀行は債権者あるいは取引先としての立場との利益相反を避けるためにも、銀行による政策保有株式の縮小を目指すべきである。

　また「地域金融強化を通じた地域経済活性化」の観点からも、銀行のコーポレート・ガバナンス強化が要請されている。すなわち、間接金融のウェイトが大きいわが国では、銀行の融資姿勢が企業経営に与える影響が大きいとし[4]、問題企業の存続を許容しがちであった金融から脱し、企業再生や起業支援、企業の海外進出支援を重視すべきであるが、これらのニーズに十分応えられるだけの機能・態勢、経営体力が備わっているか懸念があると指摘している。

　そして、この背景には「一県一行主義」の名残などもあって、多くの銀行が県境内を主要営業範囲としながら低金利下での競争を行い、収益力が十分でない状況があるとしている。

4　この点は、2013年5月の自民党「日本再生ビジョン（中間提言）」で強調されている。企業の新陳代謝が低い背景として金融機関の消極的な与信姿勢があると指摘し、株式持合いの解消、銀行の株式保有制限の強化、地域金融機関の再編促進を提唱している。

図表Ⅱ.2.7　自民党ビジョンにおける銀行改革の位置づけ

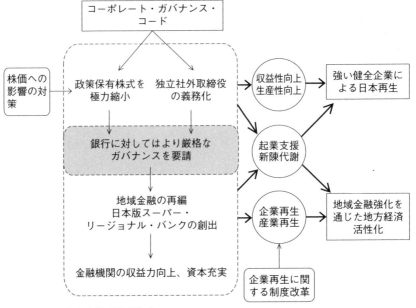

（出所）　野村資本市場研究所作成

このため、「日本版スーパー・リージョナル・バンク（仮称）のような形を模索することも重要な選択肢の一つとして地域の状況等に応じて真剣に検討されるべき」としている。さらに、「地域金融機関の株主にとっても、再編から得られるメリットは大きいと見られるにも拘わらず、いまだ地域金融機関自身が再編に大きく動き出さないのは、各金融機関のコーポレート・ガバナンスが十分利いていないため」であると指摘している。

以上の自民党の主張をまとめると、図表Ⅱ.2.7のようになろう。

(2) 地域とともに滅びないために

行政からの問題提起もある。2013年9月に発表された金融庁の金融モニタリング基本方針において、地域金融機関に関する検証項目の一つとして、「営業基盤である地域経済の中長期的な見通し（人口動態、国内市場の成熟化、企

業の海外進出の進展等）とそれを踏まえた経営戦略、経営課題についての経営陣の認識」が掲げられた。

　図表Ⅱ.2.8からも示唆されるとおり、わが国においては他の主要先進国（米国を除く）に比べて、大手銀行の集中度が小さく、多くの中小金融機関が存在しており、オーバー・バンキング状態にあるとも評されてきた。

　こうしたなかで、人口減少が進展しており、特にその程度は一部の地方においては、きわめて大きなものとなりうることが「日本創成会議・人口減少問題検討分科会報告書」（2014年5月）で指摘されたわけである。

　これらのことから、地域金融機関の営業基盤の中長期的な見通しをふまえた経営戦略を考える場合、M&A等を通じた広域展開が当然、選択肢となると考えられる。

　もっとも、地域の人口減少や、地元企業の海外進出等の活発化は、これまですでに進みつつあり、行政に問われるまでもなく、多くの地銀経営者は、それをふまえた経営戦略を展開してきたはずである。

　しかし実際には、地銀等のM&Aを通じた広域化はきわめて限定的にしか生じていない。持株会社を設立し、複数の地銀等がその傘下に入るというかたちの統合が実現したケースも散見されるが、傘下の銀行の独立性が高く、米国でいえば、1980年代までの状況にとどまっているといわざるをえない。

　また成長地域への進出というよりも、近隣の銀行が再編するという形態が多い。非銀行業務への進出も、地元業者を傘下に置くといった対応が目立ち、地域にとらわれずに企業価値の最大化につながる相手を探す事例は少ない。

　自民党の日本再生ビジョンは、コーポレート・ガバナンスの強化を通じ、地銀等が積極的に広域展開を視野に入れた行動をすることを求めているが、コーポレート・ガバナンスといった場合、株主だけではなく、他のステーク・ホルダーの利害も重視すべきであることが、特にわが国では強調されることが多い。

　この点は、理解できる面もあるが、営業基盤である地域の深刻な人口減少という局面においては、主として地域の住民や企業で構成されるステーク・

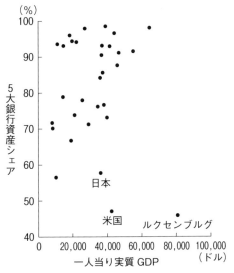

図表Ⅱ.2.8　一人当り実質GDPと5大銀行資産シェア

（注）　2011年時点。対象はOECD加盟国。ただしデータの制約により、アイスランド、エストニア、チリを除く。
（出所）　World Bankデータより野村資本市場研究所作成

ホルダーの利害に過度に配慮すると、中長期的な経営のサスティナビリティを損なうおそれがあるという点に注意すべきである。

　株主以外のステーク・ホルダー、すなわち預金者、融資先、その他の取引先、そして従業員が、ほとんど地元の人間や企業である場合、パイが縮小するなかで、彼らは既得権維持のために保守的傾向を強めかねないからである。

　地元の銀行がリスクをとって他の地域に進出しようとしても、地元の預金者や融資先、その他の取引先、そして地元出身の従業員にとって、そのメリットは不透明であろう。むしろリソースが地元以外に割かれることを懸念し、反対する姿勢を示すかもしれない。当然、本社の移転などは、あってはならないことであろう。

　しかしこれらの関係者ばかりを向いた経営を展開していけば、地銀は結局、地域とともに縮小していきかねない。地域経済と銀行が共倒れしてしまって

は、すべてのステーク・ホルダーにとって不幸である。このような環境のもとにおいて重視すべきは、変革への抵抗勢力とならないステーク・ホルダーであり、その代表は投資リターンを重視する本来の株主であろう。そして株式市場における評価が、経営の妥当性を示す重要なバロメーターとなるのではないであろうか。

　その意味で、株式市場を重視したコーポレート・ガバナンスが機能するなかで、地域を越えた銀行のM&Aが展開されてきた米国の状況を、わが国としても参考にしてしかるべきであろう。

II-3

地域経済を支える協同組合金融機関の改革
―フランスのクレディ・アグリコルの事例―

神山　哲也

1　日本の系統金融が抱える課題

　日本では、地域活性化の一環で農林漁業の成長産業化が重要な政策課題となっており、それを金融面で支える系統組織による金融事業のあり方が問われている。まず、1996年に制定された農林中央金庫及び特定農水産業協同組合等による信用事業の再編及び強化に関する法律（再生強化法）[1]では、農林中央金庫が農林水産業の協同組合に対して、信用事業の再編・強化を図るために必要な指導や基本方針の策定を行うことができることなどが定められた。再生強化法を受け、2002年には農林中央金庫によりJAバンク基本方針が策定され、JA（農協）・JA信連・農林中央金庫の貯金事業を中心に一体的事業運営を図り、破綻未然防止システムを導入するJAバンクシステムが創設された。そのなかで、JA・JA信連の資金運用の安全・効率化を図るべく、JAにあっては3分の2、信連にあっては2分の1を下限に余裕金を系統内上部団体に預け入れることも盛り込まれた。また、再生強化法に基づき、2005年の宮城信用農業協同組合連合会を皮切りに、千葉県、群馬県、青森県、

---

[1] 当時の名称は、農林中央金庫と信用農業組合連合会との合併等に関する法律。2002年の改正は、農林中央金庫による指導対象を漁協や信用漁業協同組合連合会への拡大等に主眼を置いたもの。

福島県などの信用農業協同組合連合会が農林中央金庫と統合している。

さらに、2014年6月24日に閣議決定された「『日本再興戦略』改訂2014―未来への挑戦―」では、「新たな成長エンジンと地域の支え手となる産業の育成」の一環として、「攻めの農林漁業の展開」が掲げられ、その土台となった内閣府の規制改革会議が2014年6月13日に取りまとめた「規制改革に関する第2次答申〜加速する規制改革〜」においても、農業分野における規制改革が掲げられている。そこであげられた規制改革項目の一つである「農業協同組合の見直し」では、①単位農協の信用事業に関して、農林中央金庫または信用農業協同組合連合会に信用事業を譲渡し、単位農協に農林中央金庫または信用農業協同組合連合会の支店を置くか、または単位農協が代理店として報酬を得て金融サービスを提供する方式の活用推進を図ること、②農林中央金庫・信用農業協同組合連合会・全国共済農業協同組合連合会について、経済界・他業態金融機関との連携を容易にする観点から、金融行政との調整を経たうえで、農協出資の株式会社（株式は譲渡制限をかけるなどの工夫が必要）に転換することを可能とする方向で検討すること、が盛り込まれた。

このように、日本の系統組織における金融事業の見直しは、方向性としては、農林中央金庫を中心とした一体的事業運営を標榜しているといえるが、農林中央金庫と統合するJA信連は依然少数派にとどまっており、また、資金運用も、JA信連やJAとで担われている部分が残っている。金融機関としてみれば、資金運用の統合といった一体的事業運営が効率化をもたらすことは相違ないものの、JAバンクの場合、協同組合組織を前提とした地域の農林水産業の支援という特性もあり、必ずしも通常の金融機関における合理化の原理が妥当するわけではなく、むずかしいバランスが求められる。

海外では、フランスが協同組合組織による金融事業の盛んな国として知られている。フランスの銀行業界は、BNPパリバ、クレディ・アグリコル、ソシエテ・ジェネラル、グループBPCE、クレディ・ミュチュエルなど大手7グループに集約されており（日本は94行）、そのうち、クレディ・アグリコル、グループBPCE、クレディ・ミュチュエルが協同組合組織となっている。

すなわち、協同組合組織を中心に金融再編が進んだことがフランス金融システムの一つの特徴といえる。そこで、日本の系統組織における金融事業のあり方を考えるにあたり、一体運営に向けたガバナンス体制を整備し、株式会社化・上場を経て M&A 戦略を展開したフランス協同組合金融最大手のクレディ・アグリコルについて、その組織や金融サービス、改革の経緯をみていくこととする。

2 クレディ・アグリコルの概要

　クレディ・アグリコルは、1894年に設立された農業系統組織の銀行であり、資産規模で世界第8位・フランス第1位の規模を誇る。グループ全体で15万人の従業員を擁し（うち半数弱が国外）、4,900万の顧客を有する（いずれも2013年末時点）。ユーロネクスト・パリに上場し、CAC40構成銘柄となっている。

　クレディ・アグリコルのビジネスラインは、①39の地域金庫による国内リテール・バンキング、②旧クレディ・リヨネによる国内リテール・バンキング、③海外リテール・バンキング、④資産運用と保険、⑤専門金融サービス（消費者金融やリース等）、⑥コーポレート＆インベストメント・バンキング（CIB）、に分かれている。2013年度の純利益41.3億ユーロ（コーポレート・センターの16.3億ユーロの赤字除く）に占める各ビジネスラインの割合は、①25.7%、②14.5%、③1.2%、④37.8%、⑤2.0%、⑥18.8% となっている。なお、④資産運用と保険等の中核は保険会社のクレディ・アグリコル・アシュアランスで同区分の64.5%を占め、次いでソシエテ・ジェネラルとの合弁運用会社アムンディが同20.8%を占める。このように、クレディ・アグリコルは、リテール・バンキング業務と保険業務を中核とする、いわゆるバンカシュアランス・グループとなっている。

　証券業務は、ホールセールについてはクレディ・アグリコル CIB が担い、リテールについては、プロダクト組成はアムンディ（資産運用）およびクレ

ディ・アグリコル・アシュアランス（保険）が担ったうえで、ディストリビューションは各地域金庫およびLCL、富裕層向けのCAプライベート・バンキングなどが担う体制となっている。アムンディは2014年6月末時点で運用資産残高8,214億ユーロと、欧州最大級の運用会社となっている。運用資産の45%がグループ保険会社の資産となっており、それに呼応してフィクスト・インカム資産が7割を占めている。アムンディの観点からすると、運用資産に占める地域金庫とLCLといったグループ会社にソシエテ・ジェネラルなどの業務提携先を加えた割合は22%にとどまる。一方、地域金庫が扱う投資信託は、筆者が把握している限りではアムンディのみとなっており、実際、クレディ・アグリコルが地域金庫に対し、アムンディのファンドのみを扱うよう求めたことも報じられている[2]。

3 クレディ・アグリコルの組織構造

　クレディ・アグリコルの組織構造は図表Ⅱ.3.1のとおりである。その最大の特徴は、地区金庫、地域金庫、全国金庫の三層構造になっている点である。地区金庫は、かつては融資等の金融業も担っていたが、徐々に上部組織である地域金庫による金融業の比重が高くなり、1984年銀行法（現通貨金融法典）で中央機構と地域金庫のみに銀行認可が与えられたことに伴い、金融業を完全に停止している[3]。現在の地区金庫は、組合員およびその出資の管理を担う協同組合組織となっている。組合員740万人は、クレディ・アグリコルの顧客基盤となる。また、組合員は地区金庫の理事（無報酬）を選任し、理事は地域金庫の総会で理事を選任する。地区金庫の理事は地元の名士であり、地域金庫による融資審査にかかわるほか、地元の融資案件を地域金庫に紹介することもある。

　全国に39ある地域金庫も協同組合組織であり、フルサービスの地域金融機

2　"Moves away from open architecture" *Financial Times*, January 15, 2012.
3　また、日本の系統組織でいうところの経済事業も行わない。

図表Ⅱ.3.1 クレディ・アグリコルの保有構造

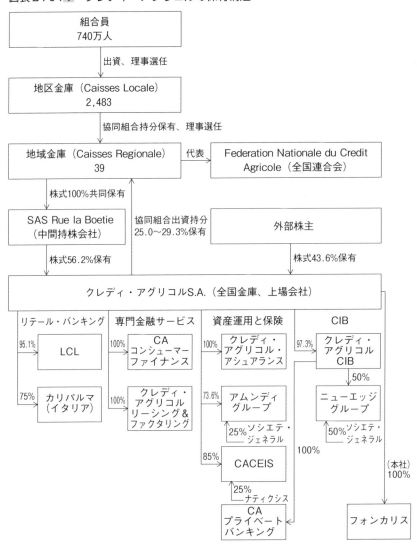

（注） 2013年末時点。ニューエッジの持分50%はソシエテ・ジェネラルに売却。子会社は抜粋。
（出所） クレディ・アグリコル2013年アニュアル・レポートより野村資本市場研究所作成

関として、預金[4]、融資、保険、投資商品などの金融商品・サービスを、個人、農林漁業者、中小企業、地方政府に提供する。各々の名称は、Caisse Regionale de XX（XX（地名）の地域金庫）などとなっている。合計で7,018の支店、2,100万の顧客を有する。地域金庫は、財務基盤の強化・地域重複の解消を図るべく、これまで統合を繰り返してきており、1988年当時94あったところ、2001年の上場時には48となり、現在では39にまで減少している。

地域金庫は、中間持株会社 SAS Rue la Boetie を通して、上場会社である全国金庫のクレディ・アグリコル S.A.[5]を56.2%保有する。また、クレディ・アグリコル S.A. の取締役会の過半を地域金庫の代表者が占める。他方、クレディ・アグリコル S.A. は、個々の地域金庫の協同組合出資持分を25～29.3%保有し、また、クレディ・アグリコル S.A. で認識される地域金庫の収益は25%となっている[6]。地域金庫の協同組合出資持分には議決権が付されていないため、クレディ・アグリコル S.A. が地域金庫に影響力を及ぼすべく、各地域金庫に対して1相互持分（mutual shares）を保有し、クレディ・アグリコル S.A. 自身が各地域金庫の組合員となっている。こうした持合い構造は、クレディ・アグリコル S.A. が2001年に上場した際にクレディ・アグリコル S.A. および各地域金庫の間で締結された覚書に定められている。また、各地域金庫のSAS Rue la Boetie に対する持分には譲渡制限が付されており、地域金庫のネットワーク外に売却できないこととなっている。

全国金庫であり通貨金融法典上の中央機構たるクレディ・アグリコル S.A. は、株式会社としてユーロネクスト・パリ市場に上場している。グループにおけるクレディ・アグリコル S.A. の役割は、①地域金庫ネットワークの一貫性と円滑な運営を確保し、当局に対してグループを代表すること、②グループ内における財務の一体性を確保すること、③グループ戦略を立案し、

4　国内個人預金シェアは39金庫の合計で23.2%（2013年9月時点）。
5　S.A. は Societe Anonyme の略で株式会社を指す。
6　協同組合出資持分は Certificats cooperatives d'associes および Certificats cooperatives d'investissement の形態をとる。なお、Caisse Regionale de Corse のみ100%保有となっており、同行の収益についてはクレディ・アグリコル S.A.で100%認識される。

国内外における子会社からなる各ビジネスラインの戦略の一貫性を確保すること、となっている。すなわち、クレディ・アグリコルS.A.自体は、いわば本社機能を担っており、フロント業務は、たとえば、バンキングは各地域金庫およびLCL、投資銀行はクレディ・アグリコルCIB、保険はクレディ・アグリコル・アシュアランス、というように、各子会社が担っている。なお、クレディ・アグリコルS.A.の最大株主は56.2%保有するSAS Rue la Boetieであるが、合計で43.6%保有する外部株主もおり、内訳は機関投資家28.9%、個人投資家10.4%、従業員4.3%となっている[7]。

また、クレディ・アグリコルS.A.は、地域金庫に対する検査・監査および処分権限も有する。これは、1984年銀行法により、協同組合金融機関における中央機構が規定され、中央機構が系統組織に対して実地検査を行い、法令違反等があった場合に処分・命令を下す権限が付与されたことによる。中央機構は、フランス健全性監督機構（Autorite de Controle Prudentiel）に対して検査および処分・命令結果を報告する義務を負う。クレディ・アグリコルでは、クレディ・アグリコルS.A.が中央機構に当たり、クレディ・アグリコルS.A.にあるグループ統制・監査部門[8]が地域金庫に対して定期的に実地検査を行う。

なお、クレディ・アグリコル全国連合会は、地域金庫がグループの戦略や長期計画等を議論する組織である。そのうえで、クレディ・アグリコルS.A.が商品・サービスごとの戦略を策定する仕組みとなっている。また、全国連合会は、対外的に地域金庫を代表する組織であり、地域金庫の理事に対する研修や人事管理に係るサービスの提供も行う。

---

7 2013年の株主総会決議で授権された自社株買いプログラムによる金庫株が0.2%。
8 2013年末時点で職員数815人。

4 農業従事者向け地域金融機関から グローバル金融コングロマリットへの変貌

　クレディ・アグリコルの歴史は、農業従事者向けに特化した公的性格の強い信用機関から民間のグローバル金融コングロマリットへ変貌してきた歴史ともいえる。そのなかでも、とりわけ重要なのが、1990年代までの対象顧客の拡大、2000年代初めの株式会社化・上場とM&Aによる事業拡大である。

(1) 対象顧客の拡大

　1990年代までは、制度面の手当を中心に対象顧客の拡大が図られてきた。設立当初のクレディ・アグリコルは、協同組合組織による農業従事者への公的資金供給を目的としていたことから、組合員・利用者になれるのは農業従事者に制度上限定されていた。組合員の要件は1900年代半ばから徐々に緩和され、まず、農業従事者から農村居住者に拡大され、農村の規模要件も緩和されていった。さらに、農村以外の居住者でも組合員として認めることができるようになり、組合員以外の利用者も顧客とすることができるようになった。これらの動きは、戦後の資金不足を受け、フランス政府が国民の住宅取得などでクレディ・アグリコルの資金供給を活用しようとしたことによる。1991年には大企業向けの融資も解禁され、これをもってクレディ・アグリコルの「普通の銀行化（Normalization）」プロセスは完了したとされる。現在では、農業従事者でなくとも組合員になることができ、また、組合員でなくとも利用者になることができる。

　実際、農業関連以外の利用は増加している。たとえば、2006年の新規融資では、住宅ローンで389億ユーロ（前年比11.2%増）、消費者ローンで57億ユーロ（同8.4%増）、地方公共団体で41億ユーロ（同24.5%増）、企業向けで80億ユーロ（同13.9%増）、農家向けで110億ユーロ（同4.2%増）となっており、農業従事者向けの金融機関としての性質が薄れてきていることがうかがわれる。他方、農家以外の利用者の増加と国内農家の減少とが相まって、利用者に対

する組合員の比率は低下している（2013年末で利用者数2,100万人に対して組合員数740万人）。そこで、クレディ・アグリコルは、出資金のベースを拡大すると同時に、ロイヤリティの高い顧客層を開拓するべく、利用者に組合員になることを勧めており、2016年までに組合員数を1,000万人に引き上げることを目標として設定している。また、近年では、地域金庫における富裕層ビジネスも強化されており、地域金庫全体で2,900人の富裕層担当者による傘下運用会社アムンディの投資商品の提供などを通じて、2013年末には富裕層市場におけるシェアを18％にまで伸ばしている[9]。

クレディ・アグリコルの地域金庫は、金融危機時においても、業績を維持したとされている。たとえば、2008年3月の決算では、むしろ顧客増からビジネスが拡大したことが報告されている。これは、地域金庫のビジネスがリテール中心であることによるものと評されており[10]、協同組合金融機関の危機時における強みを示す事例といえよう。

(2) 株式会社化・上場とM&Aによる事業拡大

クレディ・アグリコルの株式会社化・上場とM&Aは、フランス銀行業界における民営化・再編を背景とする。フランスにおいても、他の先進国同様、1980〜90年代にかけて政府系企業の民営化が進んだ。銀行業界では、1987年にパリバおよびソシエテ・ジェネラル、1993年にバンク・ナショナル・デ・パリ（BNP）が民営化され、そのうち、パリバとBNPは2000年に統合しBNPパリバとなった。1998年にはクレディ・インダストリエル・エ・コマーシエル（CIC）、1999年にクレディ・リヨネが民営化されたが、この両社については、ドミニク・ストラス・カーン経済・財政・産業担当大臣（当時）が、銀行の意思決定をフランス国内にとどめることで国内雇用を保護する意向を示したことから、国内の協同組合金融機関に株式を保有させる方向となった。

---

9 クレディ・アグリコル2013年アニュアル・レポート（原典は市場調査会社Ipsosの銀行顧客バロメーター調査）。
10 "Credit Agricole regional banks defy market crisis" *Les Echos*, March 4, 2008.

CICについては、民営化に伴い、資産規模でフランス第5位のクレディ・ミュチュエルが67%取得し、その後持分比率を93%まで引き上げた。他方、クレディ・リヨネについては、パリ取引所に上場すると同時に、機関投資家6社に32.38%を割り当て、2年間の取引禁止条項が付された。6社は、クレディ・アグリコル、AGF（仏保険）、アクサ（仏保険）、コメルツ銀行（独銀行）、BBVA（スペイン銀行）、バンカ・インテーサ（イタリア銀行）であり、そのなかでもクレディ・アグリコルは10%と最大の割当比率となった。

　2001年7月にクレディ・リヨネ株式の取引禁止期間が終了すると、クレディ・リヨネをめぐる争奪戦が生じた。争ったのは、上場時に政府からクレディ・リヨネ株式を割り当てられたクレディ・アグリコルとコメルツ銀行に加え、後の政府保有分の取得や市場での買増しでクレディ・リヨネ株式の持分比率を高めていたBNPパリバであった[11]。そのなかでクレディ・アグリコルは、国内の地域に根差した協同組合金融機関であり、政府から最大の割当てを取得するなど、当初からクレディ・リヨネ買収において本命視されていた。クレディ・アグリコルにとっても、従来は農村地域に強みをもっていたところ、パリやリヨンなどの都市部に支店網を拡大できるため、クレディ・リヨネの買収は魅力的だった。しかし、クレディ・アグリコルは協同組合金融機関であることから、自社株を買収対価にできない、買収費用を柔軟に調達できない、という課題に直面していた。そこで、クレディ・リヨネを主眼に、将来的な事業拡大に備え、株式会社化・上場することとなった。

　株式会社化・上場にあたっては、各地の名士である地区金庫の代表者の反発があった。当時の中央機構であったクレディ・アグリコル全国金庫（CNCA）を90%保有する彼らとしては、CNCAの株式会社化・上場によって、クレディ・アグリコル全体に対する外部株主の影響力が増し、自らの影響力が低下することを懸念していた[12]。最終的には、CNCA経営幹部と地区金庫の

11　BNPパリバは2003年1月末時点で16.3%まで取得していた。
12　"Credit Agricole Set to Dive Into Sector Shakeup Via IPO" *Dow Jones Newswires*, July 5, 2001.

代表者の折衝の結果、①上場エンティティの過半は引き続き地域金庫を介して地区金庫・組合員が保有すること、②上場エンティティの地域金庫保有比率を25%程度にとどめることにより、外部株主の地域金庫への影響力を限定すること、で折合いがついた。上場エンティティはCNCAを再編したクレディ・アグリコルS.A.となり、2001年12月にパリ取引所に上場した。なお、地域金庫のクレディ・アグリコルS.A.に対する保有比率は上場直後で70%だったが、その後徐々に減少させていくことが予定されており、現在では56.2%となっている。

(3) 株式会社化・上場とM&Aに対する評価

クレディ・アグリコルは、上場にあたって、浮動株比率を当初30%に限定すると同時に、自らもつ広範なリテール・ネットワークの顧客を株主構成の中核に据えることとした。これにより、株主構成の安定化を図ると同時に、需給をひっ迫させ、株価が上昇することを期待した。なお、30%の浮動株の上場後の株主構成は、9%が従業員に割り当てられ、残りの60%が個人投資家、40%が機関投資家となった[13]。

こうしたクレディ・アグリコルの戦略に関して、機関投資家からは当時、その複雑性に伴うディスカウントなどのマイナス面を指摘する声も聞かれた。たとえば、①流動性が低くなり、機関投資家が投資できる機会が少なくなる、②地域金庫との持合い構造によりグループ内キャッシュフローが外部からみえにくくなる、③地域金庫の影響力を維持したことで株主利益が蔑ろにされる、④収益の中核を占めるリテール・バンキングへの外部株主のエクスポージャーが25%に制限される、⑤M&Aリスクがある、といったものである[14]。

当時、機関投資家の間で懸念されていたクレディ・アグリコルのM&Aリスクは、クレディ・リヨネの買収、それに伴う株主にとっての保有株式の

---

13 クレディ・アグリコルによると、個人投資家の申込倍率は3.2倍、機関投資家は16.8倍だったという。

価値毀損であった。実際、クレディ・アグリコルは最終的に、1株56ユーロ（2/3現金、1/3株式交換）という条件で2003年3月に公表したTOBを成立させ、クレディ・リヨネを買収することに成功したものの、買収価格をめぐっては、高すぎであり、株主価値を毀損するものと批判された[15]。

格付会社のムーディーズも、両行の規模や複雑性などから統合のエグゼキューションに困難が予想されるとして、クレディ・アグリコルS.A.の長期シニア債と財務健全性の格付けをAa1/A−からAa2/B+に引き下げており、その際、買収価格が高いことにより株主価値の毀損と財務の柔軟性の低下が生じていると指摘している。また、学術論文でも、上場後のクレディ・アグリコルにおいて、ほとんどの取締役がクレディ・アグリコル地域金庫の代表者であったため、株主価値を最大化するインセンティブが働かず、他の同様の案件と比べても、クレディ・アグリコルがクレディ・リヨネの買収に際して過度なプレミアムを支払った、とするものがある[16]。

(4) **上場およびクレディ・リヨネ買収後の戦略の変遷**

クレディ・アグリコルの経営戦略は、金融危機の前後で大きく分かれる。クレディ・リヨネ買収から金融危機にかけては、国外リテール事業を強化しており、ギリシャでエンポリキ銀行を買収し、イタリアでカリパルマ銀行およびフリュールアドリア銀行を買収したほか、バンカ・インテーサ（当時）の202支店を買収している。買収した国外銀行は、クレディ・アグリコルS.A.の直下に置くことにより、国内バンキングに集中する地域金庫との棲分けが図られている。また、ホールセール証券では、旧クレディ・リヨネ傘

---

14 "Credit Agricole Designs IPO to Start Low, Finish High" *The Wall Street Journal*, December 11, 2001、"Investors may shun Credit Agricole IPO" *Financial News*, December 2, 2001、"Credit Agricole stock seen dear despite star debut" *Reuters*, December 14, 2001など。
15 "Credit Agricole Chmn Defends Merger Price for Lyonnais" *Dow Jones Newswires*, February 27, 2003.
16 Frederic Lobez and Alain Schatt "Excessive takeover premiums paid by acquiring banks controlled by mutual banks: The case of Credit Agricole-Credit Lyonais" 2011.

下のCLSAを通じてアジア事業を拡大した。このような、アジアにおけるホールセール証券事業の拡大および欧州周辺国における商業銀行業務の拡大は、金融危機前の収益向上を受け、より成長の見込まれる地域へリスクをとって進出する余力が生まれたことを背景としており、クレディ・アグリコルに限らず、他の欧銀の多くでもみられた。また、クレディ・アグリコルの国外リテール・バンキングの強化については、国内農業部門における同行のシェアが頭打ちになっていることも背景として考えられる。クレディ・アグリコルは、農家向けの融資等では85％、農家の個人口座では75％のシェアを誇る一方[17]、フランス国内の農家は近年、減少傾向にある。そこで、国内リテール・バンキングでは農家以外の顧客を開拓するべく、オンライン・バンキングの強化やLCLによる都市部顧客の開拓を推進する一方、国外でさらなるリテール顧客層の開拓に打って出たものとみることができよう。

　金融危機以降は、自己資本規制やレバレッジ規制に対応するべく、選択と集中の観点から、国外事業のリストラ策の推進を余儀なくされることとなった。リテール・バンキング事業では、金融危機で国外銀行子会社が多額の損失を計上したこともあり、2009年にエンポリキ銀行のリストラ策を公表し、2013年には売却している。また、スペインのバンキンテルの持分も2013年に売却している。ホールセール証券事業のCIBも、金融危機後は縮小傾向にある。2008年にはCIBのリフォーカス＆デベロップメント計画が策定され、対顧客ビジネスを強化する一方、①ストラクチャード・クレジットなどリスク・プロファイルに合致しない資本市場業務からの撤退、②リスク管理に係る予算増、③コスト削減、④資本利用における選択と集中の強化、が実施された。2011年12月には、欧州ソブリン危機および自己資本規制等の強化をふまえ、アジャストメント計画が策定され、短期債務を中心とした500億ユーロのデレバレッジ（翌年達成）、エクイティ・デリバティブやコモディティ・トレーディングからの撤退等が公表された。さらに、2013年にはCLSAを、

---

[17] クレディ・アグリコル2013年アニュアル・レポート（原典は現地マーケティング会社Adequationが2012年に行った調査）。

2014年にはブローカレッジのニューエッジを売却している。

　もっとも、クレディ・アグリコルのこうした施策に対する市場の評価は必ずしも芳しいものではない。上場直後こそ、クレディ・アグリコルの株価は競合他社を上回ったものの、その後1年ほどで同水準に落ち着き、以後、競合他社と同様の推移をたどっている。この背景としては、クレディ・アグリコルが欧銀全般にみられる戦略を採用してきたこと、すなわち、金融危機に向けて国外業務・投資銀行業務を強化し、金融危機後は海外からの国内回帰、投資銀行業務の縮小に舵を切ったことがあげられる。そのなかでクレディ・アグリコルの株価がやや後塵を拝するパフォーマンスを示している理由としては、上記のように収益の柱である地域金庫の収益が25％しか外部株主に還元されず、外部株主が地域金庫に対してガバナンスを効かせることができない分のディスカウントに加え、クレディ・アグリコルのリストラ策が不十分と評価された可能性が指摘できよう。実際、2011年12月のアジャストメント計画公表後の1年ほどは、競合他社の株価パフォーマンスを下回っている。

5　グループ内の財務連携

(1)　クレディ・アグリコルS.A.への預金等の集約

　クレディ・アグリコルでは、地域金庫が集めた資金をクレディ・アグリコルS.A.に集約することで、リスク管理が図られている。具体的には、まず、各地域金庫が集める当座預金等の短期資金は、各地域金庫が融資の原資として用い、余剰分がクレディ・アグリコルS.A.に移管される。次に、非課税の貯蓄商品リフレAや定期預金などの長期資金は、クレディ・アグリコルS.A.にいったん集約されたうえで、各地域金庫に融資のかたちで戻される。クレディ・アグリコルS.A.が創設・上場された2001年末以降、クレディ・アグリコルS.A.から地域金庫へ融資として戻される割合は50％となっており、融資の金利・満期は地域金庫からクレディ・アグリコルS.A.に移管さ

れた資金と合致するよう設定されている。融資として戻される資金の運用方法については各地域金庫に委ねられており、制限はない。

地域金庫による大口融資については、グループ内の信用保証会社フォンカリスに保証を申請しなければならず、フォンカリスは、申請を承認する場合、大口融資の一部を保証する[18]。また、クレディ・アグリコルS.A.のリスク管理部門は地域金庫の信用リスクを確認し、必要に応じて是正措置を求めるなどする。こうした仕組みを通じて、クレディ・アグリコルは、グループとして信用リスクを評価・管理している。

クレディ・アグリコルS.A.が集約する資金は、その大部分がソブリン債、その他債券で運用されており、2013年末時点では、クレディ・アグリコルS.A.が保有するポートフォリオ証券651.6億ユーロのうち、223.1億ユーロがソブリン債、378.3億ユーロが社債その他フィクスト・インカム証券となっている。地域金庫へ戻される分を除く資金の運用から得られた収益については、2004年初以降、市場金利とモデルを用いて算出された割合で、地域金庫とクレディ・アグリコルS.A.との間で分けられることとなっている[19]。なお、クレディ・アグリコルは、上場会社のクレディ・アグリコルS.A.単体ではなくクレディ・アグリコル・グループとして、グローバルにシステム上重要な銀行に認定されており、バケット2行として1.5％の資本サーチャージが2016年1月から段階的に課されることとなっている。レバレッジ規制への対応もあわせると、今後、運用ポートフォリオの圧縮などの対応を迫られる可能性もあろう。

(2) スイッチ・メカニズム

クレディ・アグリコルは、自己資本規制およびレバレッジ規制への対応策

---

18 大口融資の基準は、各地域金庫とフォンカリスとの合意に基づき決定される。また、フォンカリスは申請を拒否することもできる。その場合、地域金庫にとって大口融資を単独で実行することは困難になるが、複数の地域金庫がシンジケート・ローンを組むこともある。
19 クレディ・アグリコルS.A.は、地域金庫の外国為替取引も集約して行っている。

として、クレディ・アグリコルS.A.と地域金庫との間でスイッチ・メカニズムと呼ばれる仕組みを2011年12月に構築している。クレディ・アグリコルS.A.は、規制資本の算定にあたって、地域金庫への協同組合出資持分をエクイティとして計上し、290%もしくは370%のリスク・ウェイトをかけている。スイッチ・メカニズムのもと、協同組合出資持分の価値が下落した場合、地域金庫は最大147億ユーロまでクレディ・アグリコルS.A.を支援することとなっている[20]。クレディ・アグリコルはスイッチ・メカニズムについて、グループ・レベルでみればニュートラルであるが、クレディ・アグリコルS.A.として、地域金庫の保証分だけ所要自己資本を低減することができるとしている。

6　日本の農協改革への示唆

　クレディ・アグリコルの近年の歩みは、農林漁業者向けの政策金融機関からグローバル金融コングロマリットへと変貌を遂げるにあたり、一体的事業運営を維持しつつ、いわゆる市場原理と農林漁業者を中心とする組合員とのバランスをいかにとるかを模索してきた歴史といえよう。ガバナンス体制については、上場によって従来の組合員・顧客に加え、外部株主たる機関投資家からのガバナンスも働くことになるなか、上場会社の地域金庫への保有分を25%に抑えることにより、地域金庫がそうした株主からある程度距離を保てる仕組みにしている。また、資金管理についても、地域金庫の裁量で運用することができる部分も残している。その一方で、地域金庫を除くクレディ・アグリコルS.A.傘下のオペレーションでは国外展開やビジネスラインの拡大を図っている。このように、地域金庫以外の部分でグローバル金融コングロマリットの路線を追求しつつ、地域金庫については、従来の仕組みを極力維持することを基本戦略としてきたといえよう。他方、こうした仕組

20　クレディ・アグリコルS.A.に地域金庫がもつ当座預金において、価値下落時にクレディ・アグリコルS.A.が引き出し、価値が回復した後に払い戻す仕組みになっている。

みは、市場からは必ずしも高く評価されているわけではないようである。その理由としては、外部株主が地域金庫に対してガバナンスを効かせることができず、また、その収益の一部しか外部株主に還元されないことがあげられる。

　日本の農業系統組織は、フランスのそれとは歴史や仕組みが異なるものの、政府が打ち出している農協改革の方向性は、クレディ・アグリコルが標榜してきたものと近似しているとみることもできる。そのなかで、クレディ・アグリコルの試行錯誤は、日本においても参考になるところがあろう。

Ⅱ-4

地方金融機関の連携と保険サービスの提供

井上　武

1　少子高齢化とともに変化する保険へのニーズ

　日本では少子高齢化が進展していくなかで、公的年金や医療制度など社会保障制度の改革も進められる方向にある。そうしたなか、年金や医療、介護など、自助努力による老後の準備が今後もますます重要となってきている。また、高齢化に伴って増加する相続や事業承継によって、計画的かつ円滑な世代間の資産移転へのニーズも高まっている。

　金融の分野では、既存の商品や新たな商品・サービスの開発によって、こうしたニーズの変化に応えていくことが課題となっている。生命保険業界もそのなかの一つであり、医療保険や年金など生前給付型の商品や相続・資産承継にあわせた保険商品の販売などを強化する方向にある。

　これらの商品の販売においては、契約者の将来キャッシュフローや資産状況の把握などがこれまで以上に重要となる。このため、販売担当者は保険の専門家であるだけでなく金融の知識を持ち合わせた総合的な金融コンサルティングの能力が求められるようになってきている。

　生命保険会社の営業員数は1990年代後半に大型の経営破綻が相次いだことや、景気低迷を受け保険市場が縮小したことから、ここ20年の間でほぼ半減する状況となっている。また、営業基盤となる機関数の減少率は金融セクター

のなかでも最も高くなっている（図表Ⅱ.4.1参照）。営業員の全体的な高齢化も指摘されるなか、特に近年では人口の減少率の高い地域ほど営業員数が大きく減少する状況となっている（図表Ⅱ.4.2参照）。

　生命保険商品に対する新たな期待が高まるなかで、特に地方においては、ニーズの変化に対応できる高度な人材をどのように確保するかが保険業界にとっての重要な課題となっている。

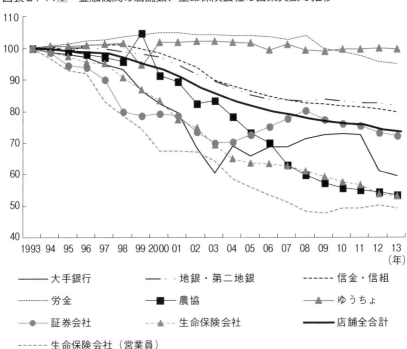

図表Ⅱ.4.1　金融機関の店舗数、生命保険会社の営業員数の推移

（注）1．1993年を100として指数化。証券以外は各年の3月末の値。証券は12月末の値。
　　　2．店舗数は本・支店およびその他営業所の合計。農協は貯金業務を営む本所・事務所の合計。ゆうちょは郵便局で銀行代理業務を営む営業所または事業所数と郵便局が再委託している営業所または事務所数を含む。生命保険会社は支社数、機関数（支部、営業所レベル）の合計。
（出所）　金融ジャーナル「金融マップ」、日本証券業協会「会員の都道府県別営業所数一覧」、保険研究所「インシュアランス統計号」より野村資本市場研究所作成

図表Ⅱ.4.2 保険会社営業員数と人口増減の関係

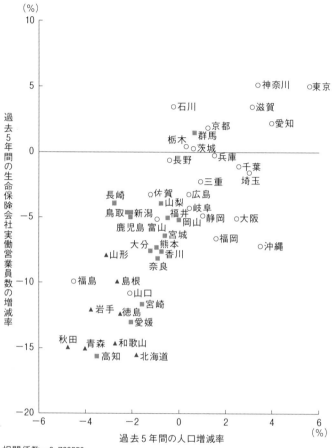

相関係数＝0.760550

(注) 1. 営業員数は2008年3月末～13年3月末にかけての増減率。人口は2008年10月1日～13年10月1日にかけての増減率。
2. ▲は日本創成会議・人口減少問題検討分科会「ストップ少子化・地方元気戦略」（2014年5月8日）において、都市部への人口移動が収束しない前提で、20～39歳女性の数が2040年までに半分以下となる地方公共団体の数の割合が70％以上となる都道府県。■は同50％以上70％未満の都道府県。○は同50％未満。福島県については同数値は不明。
(出所) 保険研究所「インシュアランス統計号」、総務省「人口推計」より野村資本市場研究所作成

2 地方銀行によるバンカシュアランスへの期待

　地方において人材の候補として期待されるのが、地方銀行や第二地銀、信用金庫、信用組合、農協、ゆうちょ銀行といった地方金融機関の職員である。新たなニーズに必要となる金融知識を豊富に有し、さらに顧客の資産状況についてもメイン・バンクとして一定の情報をもっているからである。

　銀行の窓口で個人向けの生命保険商品の販売、いわゆるバンカシュアランスが日本において本格的に開始されたのは2005年12月[1]からである。このため、消費者が金融機関の窓口で保険を購入することが普及したのはここ10年の出来事のようにとらえられがちである。しかし、農協やゆうちょ銀行を含めると、実は日本では従来からバンカシュアランスがかなり浸透している状況にあるともいえる。

　個人保険の保有契約件数でみると、ほとんどの都道府県において、郵便局で販売されるかんぽおよび農協で販売されるJA共済の合計のシェアが2～3割に達している。預貯金におけるゆうちょ銀行と農協の合計のシェアとほぼ同じような状況ともいえよう（図表Ⅱ.4.3参照）。したがって、特にかんぽやJA共済のシェアが高い地方の消費者にとっては、金融機関の担当者から保険を購入するということ自体には、それほどの抵抗がないものと想像される。実際にかんぽやJA共済による個人保険や個人年金の販売シェアが高い地域ほど貯蓄に占める保険の割合が高いという関係もみられ、保険商品が地方において重要な貯蓄手段の一つとなっていることがうかがえる（図表Ⅱ.4.4）。

　一方で、これまで地方においてバンカシュアランスを展開してきたかんぽ

1　銀行による保険販売の解禁は2001年4月からで、当初は団体信用生命保険、長期火災保険、住宅関連債務返済支援保険、海外旅行傷害保険に限定されていたが、徐々に取扱商品の種類が緩和されていった。2002年10月には個人年金保険、財形保険、年金払積立傷害保険、財形傷害保険、2005年12月には一時払終身保険、一時払養老保険、積立火災保険、積立傷害保険およびその他貯蓄型の商品について解禁され、2007年12月に全面解禁された。

図表Ⅱ.4.3 農協と郵便局が預貯金と個人保険に占めるシェア

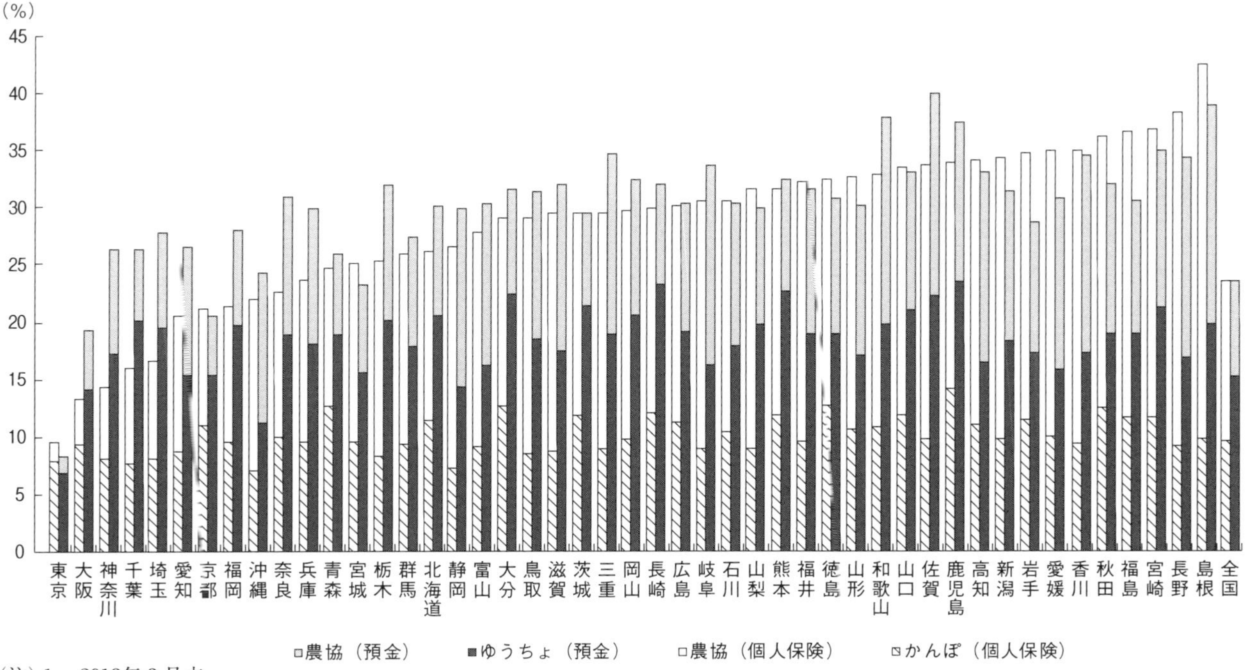

(注) 1. 2013年3月末。
2. 個人保険は保有契約金額によるシェア。かんぽには旧簡易保険の契約も含まれる。
(出所) 金融ジャーナル「金融マップ2014年版」、保険研究所「インシュアランス統計号」より野村資本市場研究所作成

Ⅱ-4 地方金融機関の連携と保険サービスの提供

図表Ⅱ.4.4　貯蓄に占める生命保険の割合とかんぽおよびJA共済のシェアとの関係

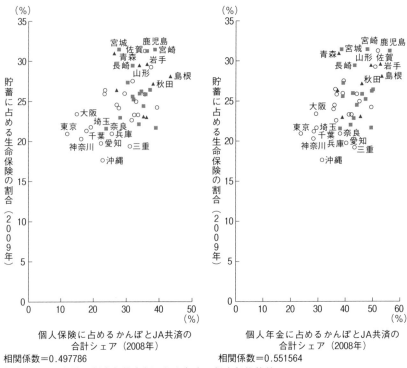

(注) 1. 個人保険は保有契約金額、個人年金は保有契約件数。
　　 2. 貯蓄に占める生命保険の割合は、二人以上世帯の数値で2009年11月末の値。
　　 3. ▲、■、○の違いについては図表Ⅱ.4.2の注を参照。
(出所) 総務省「平成21年全国消費実態調査」、保険研究所「インシュアランス統計号」より野村資本市場研究所作成

およびJA共済が、今後、高齢化とともに地方において急速に変化していく消費者の保険ニーズに十分に応えられるかどうかはわからない。

　かんぽには、現状では契約金額や商品種類に制限があり、JA共済は営業拠点である店舗が急速に減少してきている状況にある。個人保険と年金の保有契約件数をみると、かんぽは両商品ともここ10年で大幅な減少となっており、JA共済は足元では伸びてはいるものの、地方銀行や信用金庫の窓販を活用している民間保険会社との差が開いている（図表Ⅱ.4.5参照）。

図表Ⅱ.4.5　個人保険、個人年金の保有契約件数の推移

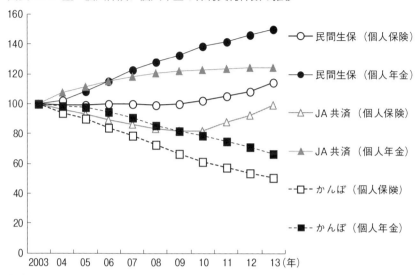

（注）　2003年を100として指数化。かんぽには旧簡易保険の契約も含まれる。
（出所）　保険研究所「インシュアランス統計号」より野村資本市場研究所作成

　こうしたなか、預金や貸出などの金融サービスにおいて地方で最大のシェアを握っている地方銀行が、顧客ニーズに沿った真のバンカシュアランスを本格的に提供していくことの意義は大きいものと思われる。

　現在、銀行による保険の窓口販売の中心となっているのは、変額年金や定額年金、さらに一時払終身保険である。定額年金では生命保険会社全体の販売の2割、変額年金では9割弱を占め、終身保険を含む死亡保険でも1割弱を占めるようになっている（図表Ⅱ.4.6参照）。銀行が提供する貯蓄商品との親和性が高い商品から徐々に浸透し、今後、銀行の行員の保険に対する知識の向上とともに、さまざまなニーズにあわせた保険商品の販売も増加していくことが期待される。

　一方で、銀行によってより本格的な保険サービスが地方部で展開されるためには、保険業法改正時に、銀行の業務上の立場等を利用した圧力販売を排除するために導入された保険販売制限の見直しも検討が必要になるだろう。

図表Ⅱ.4.6 銀行による保険の窓口販売が商品ごとの新契約件数全体に占める割合
(単位：％)

	2006年	07	08	09	10
死亡保険	0.5	0.4	1.1	3.7	8.0
養老保険等	0.0	0.0	0.1	1.1	3.0
定額年金	22.3	14.2	19.0	22.4	23.9
変額年金	78.6	78.3	83.1	86.2	88.4
医療保険等	0.0	0.1	1.9	2.2	2.0

(注) 個人保険、個人年金の新契約件数で転換を含んだ数値。
(出所) 金融庁「銀行等による保険募集に関するモニタリング結果」より野村資本市場研究所作成

　現在、銀行の保険の窓販に対しては、自行およびグループ会社等の役職員に対して販売できない「構成員契約規制」と、貸出などで付合いのある小規模な事業法人の役職員に対して販売が制限される「事業性融資の貸出先法人への募集制限」、という二つの販売先に関する制限がかけられている。販売先以外の制限としては、融資の申込みの段階で保険を販売できない「タイミング規制」、融資担当者が担当先に保険を販売できない「融資担当者分離規制」がある。

　構成員契約規制におけるグループ会社等の定義は、資本関係だけでなく、人的関係や設立経緯、取引関係など非常に幅広く設定されている。地方金融機関は地域経済において重要な役割を担っており、地域におけるネットワークも複雑で広範囲に及ぶ。また、地方金融機関の融資先には小規模な事業者も多い。

　現在販売の主流となっている個人年金や一時払終身保険、医療保険などは販売制限の対象外であるが、相続や資産承継などより複雑なニーズに対して、金融と保険を融合したサービスを展開していくうえでは販売制限が大きな制約となりうる。販売制限の当初の目的である銀行による圧力販売はもちろん排除されなければならないが、一律の販売先制限ではなく、既存の金融

ADR制度（金融分野における裁判外紛争解決制度）を活用するなど、より柔軟な制度への移行が望まれる。

3 欧州では銀行グループが保険事業を保有

　銀行による保険販売は、世界的にみても決して珍しいものではなく、特に、銀行による保険業務を認めるユニバーサル・バンク制度を採用してきた欧州においては、販売ルートの半分以上が銀行という国も多い（図表Ⅱ.4.**7**参照）。また、アジアにおいても中国や韓国、台湾やマレーシア、シンガポールなどで銀行窓販が進展している。

　そうしたバンカシュアランスが浸透している国においては、金融グループの内部に保険会社を抱え、自ら保険引受事業を行うケースも多い。また、貯蓄銀行や信用金庫といった地方の金融機関がグループを形成し、グループに商品を提供する保険子会社を共同で保有するケースもみられる。たとえば、世界のバンカシュアランスの順位[2]で第1位にランクされるフランスの金融グループのクレディ・アグリコルは、39の地域金庫によって保有される全国機関であり、その傘下に生命保険会社のPredica、損害保険会社のPacifica、信用保険会社のCACIを抱え、7,000を超える支店に保険を提供している。3社をあわせた保険料収入は、欧州の保険会社グループのなかで第9位の規模で、フランスではアクサ、CNPに次ぐ第3位である。

　このほかにも、フランスの19の庶民銀行（Banque Populare）と17の貯蓄銀行（Caisses d'Epargne）に保有されるBPCEグループ[3]、ドイツの貯蓄銀行423行がグループとなっている貯蓄銀行グループ、同じくドイツの1,078の信用組合に保有されるDZバンク・グループ、オランダの129の農林系金融機

2　2012年、保険料収入ベース。
3　子会社のほかにCaisses d'Epargneは保険料収入で欧州第8位、フランス第2位のCNPからも保険商品の供給を受けている。CNPはフランスの郵便貯金銀行（La Banque Postale）にも保険商品を供給しており、Ciasees d'Epargneと郵便貯金銀行が共同でCNPに対して36.3％を出資している。

図表Ⅱ.4.7　欧州における生命保険のチャネルごとの販売シェア
（2011年保険料収入ベース）

(単位：%)

	直販	代理人	ブローカー	バンカシュアランス	その他
ポルトガル	3.8	17.3	1.2	77.5	0.2
トルコ	10.5	13.7	0.6	75.2	0.0
イタリア	9.5	16.4	1.0	73.1	0.0
スペイン	6.8	13.1	8.4	69.0	2.7
フランス	17.0	7.0	12.0	61.0	3.0
オーストリア	23.2	4.0	16.7	51.7	4.4
ベルギー	17.5	5.6	32.3	44.0	0.7
マルタ	1.3	63.0	3.2	32.5	0.0
ポーランド	34.6	25.8	1.9	30.0	7.7
ルクセンブルグ	11.4	60.0	3.7	25.0	0.0
ドイツ	3.4	49.8	24.4	19.8	2.6
クロアチア	39.4	34.3	2.5	19.3	4.5
スウェーデン	17.0	5.0	31.0	14.0	33.0
ルーマニア	10.6	55.0	20.8	13.6	0.0
スロベニア	4.4	78.8	9.5	7.3	0.0

(注)　2011年。スペインとルーマニアは2010年。ドイツ、スウェーデンは新契約。
(出所)　欧州保険協会より野村資本市場研究所作成

関に保有されるラボバンク・グループなどがグループ傘下にサービスを提供する保険会社を抱えている。日本において、全国の農協が全国共済農業協同組合連合会（JA共済）の共済を取り扱い、郵便局がかんぽ生命の保険を取り扱うのと類似した形態だともいえよう。

4　効率的、効果的な保険サービスの提供へ向けて

　現在、窓販解禁以降に保険の取扱いを開始した銀行や信用金庫は、複数の生命保険会社から商品を供給されるかたちで保険を販売している。保険を販

売することで手数料を収入として得ており、低金利の環境下、預貸業務の収入が低迷するなかで、重要な収益源にもなっている。

複数の会社の商品を取り扱うことで、消費者のニーズに最も適した商品を選択して提供できるというメリットがある一方で、商品の設計や販売後のアフターケアの多くを他の機関に依存する状況となる。このことから、自らコントロールがきかないかたちで不測のリスクを被ることもありうる。たとえば、2000年代半ばに変額年金がブームとなった際には、その後、株価の低迷によって最低保証リスクに直面した保険会社が相次いで販売を停止したり、市場から撤退したりする動きが出て、商品を販売した預金者からの問合せなどへの対応が必要となった。

先述したように、今後、日本においては、総合的な金融コンサルティング・サービスの一環として保険や年金商品が重要な役割を果たすことが予想されるため、保険の販売において、銀行の窓販が主流となっていく可能性は高い。短期間のうちに、年金保険の販売の8割を銀行が担う状況となっていることにもその潮流が現れているといえよう。

こうしたなか、自らの顧客にあわせた商品設計の柔軟性を確保し、また、保険の引受けから得られる収益を享受するために、金融機関が自ら保険会社を保有し保険事業に乗り出すという選択肢も考えられよう。保険事業は規模の経済が働くビジネスであり、地方の金融機関が行う際には、欧州の例のように広域にわたる連携を利用することも効率的である。

現在、地域経済の活性化を目的に、地方銀行の連携や再編についてさまざまな議論が展開されている。これまで発表された業務提携の内容は、顧客企業の相互の紹介を通じたM&Aやビジネス・マッチング、さらにそれらに付随した金融サービスの提供といった、どちらかというと銀行の投融資ビジネスが中心となっているが、保険サービスなど金融の一部のファンクションを共有化し、効率的に地方において総合金融サービスを展開していくという連携の姿もありうるのではなかろうか。

また、現在、農協改革の一環として、農協が提供してきた信用事業および

共済事業の改革も議論されている。そのなかでは、他業態との連携を容易にするために系統上位機関を株式会社化することも検討されている[4]。さらに、地方にユニバーサル展開するゆうちょ銀行およびその親会社である日本郵政の上場準備も着々と進められている。地方の金融機関は、高齢化の進展などによって事業の効率化が必要となる一方で、地方経済の活性化へ向けたよりいっそうの貢献が求められている。フランスのCaisses d'Epargneと郵便貯金銀行のように、互いのネットワークを生かすために業態を超えた連携を行うということも今後の検討に値するのではなかろうか。

---

[4] 規制改革会議「規制改革に関する第2答申〜加速する規制改革〜」(2014年6月13日) 60頁を参照。

II−5

地方に立地する米英の資産運用会社

神山　哲也・岡田　功太・和田　敬二朗

1　金融センターに立地する必要性

　先進国ないし大国には大抵、金融センターと位置づけられる都市がある。たとえば、首都機能と経済の中心地が別個になっている国では、米国のニューヨークや中国の上海、ドイツのフランクフルトなどがあり、首都機能と経済の中心地が同じ国では、日本の東京や英国のロンドンなどがある。当然のことながら、それらの国々の主要な銀行や証券会社、証券取引所などは金融センターに立地している（それゆえに金融センターとなるわけである）。

　しかし、米国や英国に目を転じると、必ずしも金融センターに立地していない金融の業態もある。資産運用業である。もちろん、米国や英国でも、金融センターに立地する資産運用会社は多い。特に、ヘッジファンドのように短期の市場情報を利用する資産運用会社においては、ほとんどの場合、金融センターに立地している。しかし、それ以外では、最大手クラスの資産運用会社も含め、地方に立地しているケースが多くみられる。

　資産運用業の基本的なビジネスモデルは、日々刻々の価格動向に反応して手数料を稼ぐ「狩猟型」というよりも、種を植えて長期的に成長を待つ「農耕型」ともいえるものであり、特にインターネットを通じた通信手段が発展し、物理的移動の利便性も増している現代社会では、あえて高いコストを負

担して金融センターに立地する必要性は必ずしも高くはないということなのかもしれない。

そこで以下では、米国と英国における資産運用会社の地方立地の事例について俯瞰してみたい。

2 米　　国

(1) 4分の3はNY以外に立地

米国の金融センターは、金融業界がマンハッタンのダウンタウンにある「ウォール街」と通称されることからもわかるように、ニューヨーク市（ニューヨーク州）である。市場時価総額が世界最大のニューヨーク証券取引所をはじめ、ゴールドマン・サックス、モルガン・スタンレー、シティバンク、JPモルガン・チェースなどの大手金融機関、ドイツ銀行やUBSなどの外資系金融機関は軒並みニューヨークに立地している。

他方、資産運用会社については、それ以外に立地していることが多い。もちろん、運用資産総額（以下、「AUM」という）第1位のブラックロックのほか、大手金融機関系のJPモルガン・アセット・マネジメントやゴールドマン・サックス・アセット・マネジメントなどニューヨークの資産運用会社もあるが、AUM上位100社のうちニューヨークにあるのは27社のみである（2013年末時点）。その他はニューヨーク以外にあり、資産運用会社が1社だけ立地している都市は32カ所[1]、2社だけ立地している都市は4カ所、3社だけ立地している都市は3カ所と、資産運用会社が東京に一極集中している日本とは状況が大きく異なることがみてとれる（図表Ⅱ.5.1）。また、ニューヨークに本社を置く資産運用会社にしても、たとえばブラックロックの運用資産の過半を占めるETFがサンフランシスコ（金融危機後に買収した旧バークレイズ・グローバル・インベスターズの拠点）で運用されているように、機能ごとに地方分散している事例もある。

図表Ⅱ.5.1　米国資産運用会社上位100社の所在地

都市名	資産運用会社の数
ニューヨーク	27
ボストン	12
シカゴ	7
ロサンゼルス	5
アトランタ	3
サンフランシスコ	3
ボルチモア	3
ハートフォード	2
ピッツバーグ	2
ミネアポリス	2
ミルウォーキー	2
その他32都市	1

（注）　2013年末時点。
（出所）　インスティテューショナル・インベスターより野村資本市場研究所作成

1　資産運用会社が1社のみ立地している32都市は、アーリントン（バージニア州）、アップルトン（ウィスコンシン州）、ウィルミントン（デラウェア州）、ウィンストン・セーラム（ノースカロライナ州）、ウエストポート（コネチカット州）、ウッドサイド（カリフォルニア州）、オースティン（テキサス州）、オーバーランドパーク（カンザス州）、オールバニ（ニューヨーク州）、カンザス（ミズーリ州）、グリニッジ（コネチカット州）、サクラメント（カリフォルニア州）、サンタフェ（ニューメキシコ州）、サンマテオ（カリフォルニア州）、シーダーラピッズ（アイオワ州）、ジャージーシティ（ニュージャージー州）、シャーロット（ノースカロライナ州）、シンシナティ（オハイオ州）、スタンフォード（コネチカット州）、スプリングフィールド（マサチューセッツ州）、セントルイス（ミズーリ州）、ツーソン（アリゾナ州）、デモイン（アイオワ州）、デンバー（コロラド州）、ニューアーク（ニュージャージー州）、ニューポートビーチ（カリフォルニア州）、パサデナ（カリフォルニア州）、ハリスバーグ（ペンシルバニア州）、フェアポート（ニューヨーク州）、プリデス・クロッシング（マサチューセッツ州）、マルバーン（ペンシルバニア州）、ライ（ニューヨーク州）である。

また、資産運用会社の数だけではなく、AUM別でみてもニューヨークに一極集中していないことがわかる。上位100社のうちニューヨークの資産運用会社のAUMは約11.4兆ドルと約30％を占めるが、残りの約70％は、ボストン（マサチューセッツ州、約6.6兆ドル、約18％）、マルバーン（ペンシルバニア州、約2.3兆ドル、約6％）、ニューポートビーチ（カリフォルニア州、約2兆ドル、約6％）と、各地域に分散している（図表Ⅱ.5.2）。このような資産運用会社の立地については、創業者の出身地や親会社の立地といった歴史的経緯もあるものの、その背景としては、①長期投資重視の観点から金融センターと一定の距離を置く、②IT・低コスト重視の観点から地方に立地、③資産運用センターとしてのボストン（マサチューセッツ州）およびカリフォルニア州、があげられよう。以下では、各々について代表例をあげてみたい。

図表Ⅱ.5.2　米国資産運用会社上位100社のAUM別所在地

（単位：10億ドル、％）

	都市名	AUM	シェア
1	ニューヨーク	11412.4	31.2
2	ボストン	6556.0	17.9
3	マルバーン	2289.1	6.2
4	ニューポートビーチ	2008.8	5.5
5	ロサンゼルス	1708.8	4.7
6	シカゴ	1562.5	4.3
7	ボルチモア	1411.9	3.9
8	サンフランシスコ	1028.0	2.8
9	アトランタ	954.0	2.6
10	ニューアーク	888.8	2.4
	その他	6812.8	18.6

（注）　2013年末時点。
（出所）　インスティテューショナル・インベスターより野村資本市場研究所作成

(2) 長期投資重視の観点

　長期投資を代表する資産運用会社として、ロサンゼルス（カリフォルニア州）に本社を構えるキャピタル・グループがあげられよう。キャピタル・グループは、運用に関してだけではなく会社運営においても、長期的視点を徹底していることで知られている。まず、人事採用について長期雇用を是としており、即戦力を好む米国の金融機関には珍しく、中途採用より新卒採用をメインにしている。長期的にキャピタル・グループにおいてキャリアを形成してもらうため、数十回の面接を要して、専攻を問わずポテンシャルのある学生を採用している。そして、運用についても長期投資のスタンスを崩さない。キャピタル・グループのAUMは米国第8位（約1.3兆ドル、2013年末時点）と大手だが、個人投資家向けの株式ファンドは14本と規模の割には数が少ない。これは、流行に左右されることなく、一つのファンドを長期的に育てることを基本路線としているからである。金融の中心地であるニューヨークではなく、ロサンゼルスを本拠地として、場合によって過剰ともいえる情報の波から距離を置くことでキャピタル・グループは自社の哲学を一貫して守っているといえよう。

　また、いわゆる資産運用会社とは毛色が異なるが、長期投資の機関投資家としては、プライベート・エクイティ・ファームもあげられる。プライベート・エクイティ・ファームは、投資対象企業の支配権を取得し、通常3～5年かけて収益性向上のための施策を講じたうえで、当該企業を売却したり上場させたりする投資戦略をとる投資会社である。米国プライベート・エクイティ・ファームの最大手3社のうち、TPGがフォートワース（テキサス州）に、カーライル・グループがワシントンD.C.（コロンビア特別区）にあり、やはりニューヨークにこだわっていないようすがうかがえる。

(3) IT・低コスト重視の観点

　このような長期投資の観点に加え、米国では、地方での立地を低コスト戦

略に生かしている事例もある。その典型例が資産運用会社最大手の一つであるバンガードであろう。バンガードは、ペンシルバニア州の大都市フィラデルフィアの郊外マルバーンに広大な敷地を構える。プロダクトでは、低コストのインデックス・ファンドを中心とし、アクティブ運用に関してはファンド・マネジャーの銘柄選定を外部委託することによりコストを抑えている。ITの活用も重視しており、販売チャネルはインターネットを通じた直販であり、マルバーンの敷地内には先端IT技術の研究センターを擁する。

　オースティン（テキサス州）にあるディメンショナル・ファンド・アドバイザーズも、1981年に創設された比較的若い資産運用会社でありながら、低コスト戦略を軸に据えたユニークな展開をみせている。同社は、数式に基づくクオンツ運用を駆使することにより、ファンド・マネジャーの銘柄選定に係るコストを低減している。こうした運用手法を新興市場でも実施しており、低コストと新興市場投資というほかではあまりみられない組合せで、投資信託を販売するアドバイザーの間で最も人気の高い資産運用会社の一つとなっている。また、ディメンショナル・ファンド・アドバイザーズの投資信託を取り扱うにあたり、全米各地の独立系フィナンシャル・アドバイザー（証券営業担当）に、はるばるオースティンもしくは創業の地であるサンタモニカ（カリフォルニア州）まで自費で訪問させ、短期の売買を推奨しないことを確認するなど、通常の資産運用会社と販社との関係とは異なる地位を築いている。なお、サンタモニカからオースティンに移転したのは2007年であるが、その際、陣容を大幅拡大すること、地元の名門であるテキサス大学から優先的に採用することを打ち出している。

(4)　資産運用センターとしてのボストンおよびカリフォルニア州

　資産運用業は、一般的に人とカネが集まる場所において発展するが、その典型例がボストンであろう。ボストンは国際貿易港として栄えており、また、高等教育の中心地でもある。ハーバード大学やマサチューセッツ工科大学など世界で有数の大学が点在し、数々のエリートを輩出してきた。歴史的に、

資産運用に対するニーズだけではなく、それを担う人材も豊富であったことから、1924年、ボストンにおいて米国初のオープンエンド型投信マサチューセッツ・インベスターズ・トラストが開発された。現在でもボストンは、ニューヨークに続いて全米第2位の規模を誇るなど、資産運用業界の中心地としてのプレゼンスを維持している（図表Ⅱ.5.2参照）。独立系運用会社として著名なフィデリティ・インベストメンツ、ウエリントン・マネジメント・カンパニー、MFSインベストメント・マネジメント（上記マサチューセッツ・インベスターズ・トラストを運用）など歴史のある資産運用会社が本拠地を置いている。また、投資信託を支える保護預りやアドミニストレーションと呼ばれるバックオフィス業務の最大手であるステート・ストリートもボストンにある。

　人とカネが集積して資産運用業が発展した例としては、カリフォルニア州も注目に値する。米国の資産運用会社の立地を州別でみると、ニューヨーク州、マサチューセッツ州に続く規模である。ニューポートビーチ、ロサンゼルス、サンフランシスコなど都市を中心に、13の運用会社があり、州単位でみたAUMは約6兆ドルと第3位となっている（2013年末時点）。カリフォルニア州は19世紀半ばのゴールドラッシュによって人々が流入し好景気が訪れ、その後、娯楽産業などを中心に発展し、現在では、米国の人口の12％を占める最大の州（約3,800万人が居住）となっている。また、資産運用会社に運用を委託する年金基金も多く、AUM上位100基金のうち11基金（約7,300億ドル）がカリフォルニア州にある。そのなかでも、米国最大の公的年金であるカリフォルニア州職員退職年金基金（以下、「カルパース」という）は、「物言う株主」として知られ、投資先の企業に対するコーポレート・ガバナンスの強化と株主還元の増加を求めることで有名である。また、森林投資もするなど、先進的な運用を行っていることでも知られている。

3 英国

(1) 上位社ほどロンドン外を選択

　米国の金融センターがニューヨークであるのに対して、英国の金融センターはロンドンである。伝統的な金融街シティと新興金融街のカナリー・ワーフに分かれており、前者には株式市場時価総額世界第4位のロンドン証券取引所があるほか、中央銀行のイングランド銀行、4大銀行の一角を占めるロイズ銀行、外資系金融機関ではドイツ銀行やUBS、メリルリンチ、日系金融機関も多数集積している。他方、シティから4kmほど離れたところにある再開発エリアのカナリー・ワーフには、4大銀行のうちHSBCとバークレイズがあり、監督当局の金融行為監視機構もある。

　資産運用会社では、図表Ⅱ.5.3にあるように、米国ほどではないにせよ、

図表Ⅱ.5.3　英国資産運用会社上位30社の所在地　　　　　　　　(単位：億ポンド)

順位	運用会社名	資産残高	登記地
1	セント・ジェームズ・プレイス・ユニット・トラスト・グループ	461	サイレンスター
2	インベスコ・パーペチュアル	439	ヘンリー・オン・テムズ
3	M&Gセキュリティーズ	429	ロンドン
4	スコティッシュ・ウィドウズ・ユニット・トラスト・マネージャーズ	413	ハンプシャー　本社はエジンバラ
5	シュローダー・ユニット・トラスト	383	ロンドン
6	スタンダード・ライフ・インベストメンツ	382	エジンバラ
7	ブラックロック・インベストメント・マネジメント (UK)	367	ロンドン
8	キャピタ・フィナンシャル・マネージャーズ	362	ロンドン
9	BNYメロン・ファンド・マネージャーズ	340	ロンドン
10	ヘンダーソン・グローバル・インベスターズ	310	ロンドン

11	スレッドニードル・インベストメント・サービシズ	307	ロンドン
12	アバディーン・アセット・マネージャーズ	305	アバディーン 本社はロンドン
13	フィデリティ・ワールドワイド・インベストメント	293	ケント
14	リーガル&ジェネラル（ユニット・トラスト）マネージャーズ	279	ロンドン
15	ジュピター・ユニット・トラスト・マネージャーズ	242	ロンドン
16	HBOSインベストメント・ファンド・マネージャーズ	221	ハリファックス 本社はエジンバラ
17	イグース・ファンド・マネージャーズ	206	グラスゴー
18	SLTM	181	エジンバラ
19	ファースト・ステイト・インベストメンツ（UK）	159	ロンドン
20	ロイヤル・ロンドン・ユニット・トラスト・マネージャーズ	154	ロンドン
21	アルテミス・ファンド・マネージャーズ	154	ロンドン
22	ベイリー・ギフォード	143	エジンバラ
23	AXA IM UK	136	ロンドン
24	HSBCグローバル・アセット・マネジメント（UK）	133	ロンドン
25	アビバ・インベスターズUKファンド・サービシズ	129	ロンドン
26	JPモルガン・アセット・マネジメント	107	ロンドン
27	インベステック・アセット・マネジメント	103	ロンドン
28	F&Cファンド・マネジメント	95	ロンドン
29	バンガード・インベストメンツUK	91	ロンドン
30	オールド・ミューチュアル・インベストメントマネジメント	71	ロンドン

（注） 2014年10月末時点。
（出所） 資産運用業協会（Investment Management Association）、金融行為監督機構（Financial Conduct Authority）、企業登記局（Companies House）より野村資本市場研究所作成

ロンドン以外が目立っている。運用資産残高上位30社のうち10社がロンドン外にあり、特に上位ほどロンドン外にある傾向がある。他方、ヘッジファンドについては、ロンドンの繁華街ピカデリー・サーカスからほど近いセント・ジェームズ・ストリートに集積している。ロンドン外の運用会社にあって、特に目立つのがエジンバラに立地する資産運用会社である。実は、エジンバラは、「英国版ボストン」とも呼ぶことのできる資産運用センターとして発展している。

(2) 英国版ボストンとしてのエジンバラ

スコットランドの首都エジンバラは、グラスゴーと並ぶスコットランドの金融センターである。グラスゴーは、スコットランド最大のコールセンター所在地であったり、PPP（官民パートナーシップ）を通じてグラスゴー国際金融サービス地区を創設して海外金融機関を招致するなど、新興の金融センターであるのに対して、エジンバラは保険および資産運用業に強みをもつ伝統的な金融センターと位置づけられる。

エジンバラの金融業界は当初、1695年設立のバンク・オブ・スコットランド（現在はロイズ・バンキング・グループ子会社）、1727年設立のロイヤル・バンク・オブ・スコットランドを中心に発展してきた。その発展は、ロンドンの銀行業界からイングランドへの進出に反発が出たり、イギリス議会がスコットランドの銀行の一部業務を制約したりするほどであった。しかし、ロンドンが国際金融センターとして発展するにつれ、エジンバラの金融センターとしての地位は低下していった。そのなかで、ナポレオン戦争を機にエジンバラで台頭したのが保険業であり、そこから資産運用業が派生してきた。

1815年に戦争未亡人を救済する目的でスコティッシュ・ウィドウズが設立されたのを皮切りに、1825年にはスタンダード・ライフ、1831年にはスコティッシュ・エクイタブル・ライフが設立され、各社とも保険資産を運用する目的で、スコティッシュ・ウィドウズ・インベストメント・パートナーシップ（2014年にアバディーンが買収）、スタンダード・ライフ・インベストメンツ、

カメス・キャピタル(現在はオランダの保険会社エイゴン系)をエジンバラに設立した。いずれも、投資信託など保険資産以外の運用に業務拡大し、現在では大手資産運用会社に成長している。その後、エジンバラでは、独立系のベイリー・ギフォード、米国資産運用会社レグ・メイソン系のマーティン・キュリー、豪州ファースト・コロニアル銀行系のファースト・ステイト・インベストメンツなど、保険会社系以外でも資産運用会社が設立され、現在の資産運用センターとしての地位を築くに至っている。

これらの資産運用会社に共通するのは、リサーチに基づくファンダメンタルズを重視する長期投資家として知られていることである。また、いずれも日本株投資を積極的に行っているという共通点もある。そのため、日本企業の欧州IR(株主面談)においては、エジンバラは必須の訪問先となっている。むろん、日本以外の諸外国の企業からも、エジンバラの資産運用会社はきわめて重要視されている。エジンバラは英国で、ロンドンに次ぐ外国人訪問者の多さを誇るが、こうしたIRでの「エジンバラ詣で」が寄与しているところもあろう。

また、ベイリー・ギフォードは女性の登用にも積極的である。同社によると、年間20人の新卒採用枠に対して2,000人の応募者があり、現状では、そのうち78%が男性だという。同社は、資産運用において大敵である「自信過剰」は特に男性でみられる特性であるとし、女性による積極的な応募を呼びかけている。資産運用業が地域の女性活用にも寄与する一例といえよう。

もっともエジンバラは、ボストンがニューヨークから車で3時間ほどで行けるのと比べ、ロンドンから遠く、その限りでは立地条件はよいとはいえない。それでもなお、資産運用会社がエジンバラでの運用業務で支障をきたさないのは、証券会社との注文やリサーチのやりとりが電子化されていることに加え、エジンバラの資産運用業界が量・質の両面で証券会社や発行体から「訪問される側」としてのポジションを確立したからといえよう。たとえば、ベイリー・ギフォードやマーティン・キュリーはリサーチの綿密さに定評があり、IRミーティングやアナリスト・ミーティングでは非常に詳細かつ的

を射た質問が投げかけられることで知られる。

(3) エジンバラ以外の英国資産運用会社

英国の資産運用会社は、ロンドンとエジンバラ以外にもある。たとえば、最大手のセント・ジェームズ・プレイス・ユニット・トラスト・グループは、日本で人気の観光地、イングランド中央部の丘陵地帯コッツウォルズにほど近いサイレンスターにある。英国最大の個人向け投資サービスの販売チャネルを誇るセント・ジェームズ・プレイス・ウェルス・マネジメントのグループ会社で、運用はすべて外部委託するというモデルを採用している。ほかにも、英国第2位の資産運用会社で米系のインベスコ・パーペチュアルはオックスフォード近郊のヘンリー・オン・テムズに、上場運用会社として欧州最大手に属するアバディーン・アセット・マネジメントはスコットランドのアバディーン（創設・登記地、本社はロンドン）にある。

スコットランドの独立投票が実施された2014年9月には、スコットランドの大手銀行や保険会社は、独立反対の意味も込めて、独立が可決された場合にはロンドンへ移転すると主張していた。そのなかにあって、スコットランドの資産運用会社の多くは、独立しようがしまいが自分たちのビジネスには大きな影響はない、という姿勢を貫いた。なかには、独立が可決してもスコットランドにとどまることを表明するところや、表立って独立を支持する資産運用会社もあった。資産運用業が必ずしも立地を選ばない金融の業態であることを物語るエピソードといえよう。

なお、英国では、資産運用業に限らず金融業全般のITセンターとして、ブリストルがある。ブリストルは、ロンドンから電車で2時間ほど西に行ったところにあるウェールズ最大の都市で、欧州委員会から2015年欧州緑の都市賞を受賞するなど環境がよいことでも知られている。また、人材供給源としては、ノーベル賞受賞者を11人輩出しているブリストル大学もある。こうした背景から、複数の大手金融機関がITバックオフィスをブリストルに置いている。また、近年急伸しているオンライン証券ハーグリーブス・ランズ

ダウンもブリストルである。こうしたブリストルにおける金融ITの集積は、同地域の雇用促進に貢献したことはもちろん、英国における主要ビジネス都市の一つとして欧州におけるブリストルの認知度の向上に貢献した。金融IT関連では地方都市が一定のプレゼンスを有している点は米国と共通している。

4 日本への示唆

　日本では、メガバンクや大手証券だけでなく、資産運用会社も東京に一極集中している。この背景としては、親会社や販社である銀行や証券会社が東京にあるため、物理的に近いほうが利便性が高いということがあげられる。東京国際金融センター構想も、こうした集積のメリットに着目したものである。

　しかし、日本の資産運用会社は今後、よりいっそうの多様性が求められていくものと思われる。一つには、少子高齢化に伴い、国民の資産運用ニーズがますます複雑化・多様化していることがある。また、100兆円以上の運用資産を抱える年金積立金管理運用独立行政法人（以下、「GPIF」という）も、運用の外部委託見直しの一環で、企業との対話により価値向上を目指す手法など、運用手法の多様化を打ち出している。

　そうしたなか、日本の資産運用会社も、自社の投資哲学や経営方針にあったかたちで、立地について柔軟に検討をすることも選択肢の一つではないだろうか。東京から移転することで運用手法の独自性に磨きをかけるケース、経営戦略上、たとえばITやバックオフィスの一部機能を移転するケースなどが考えられよう。折しも、政府・与党が地方への本社移転に係る法人税の優遇策を検討しており、そうした経営判断を実行に移す土壌も整いつつある。

　地方公共団体にとっても、産業誘致策の観点から、資産運用業界のような知識集約型ビジネスの誘致は検討に値しよう。ボストンの例のように、エリート校の卒業生が資産運用業界に就職することでアカデミズムと実務界が相互

に結びついている状況と同様に、日本のエリート校は決して東京に一極集中しているわけではないことから、その利点を生かそうと考えてもよいのではないだろうか。政府は2015年度から、地方公共団体や産業界と共同で、地元に就職する学生に対する奨学金の返済減免のための基金を創設する予定であり、地方の資産運用会社が優秀な人材を従来より獲得しやすくなることも予想される。

　こうした資産運用会社や地方公共団体等の取組みにより、将来的に日本版ボストンないし日本版エジンバラが誕生すれば、地域活性化に一役買うかもしれない。

第Ⅲ部

地域の活性化に資する金融ソリューション

Ⅲ-1 ヘルスケアREITの活用による医療・介護施設の供給増大と再編

関　雄太

1　ヘルスケア施設市場における需給ギャップと複雑性

(1)　急増するヘルスケア施設需要

　少子高齢化の進展に伴い深刻化しているのが、ヘルスケア施設（高齢者向け住宅および介護施設）の不足である。特に東京などの大都市圏では、高齢者の単身世帯が多いこと、三世代同居の割合が低いこと、在宅介護の人員確保が地方に比べ困難であること、交通事情などを背景に見守りの必要性が高いことなどから、ハードウェアとしての施設の絶対数不足が顕著であり、放置すれば社会問題に直結しかねない。

　まず、基本的な需要環境を確認しておくと、2010～25年の間に、日本の75歳以上人口は760万人近く増加し、約2,180万人に達することが見込まれている（図表Ⅲ.1.1）。世帯主が65歳以上の高齢世帯は、全国で2010～25年の間に約395万世帯増加し、2,015万世帯となる。特に高齢者の単身世帯・夫婦のみ世帯数の増加が著しく、2025年には高齢者の単身世帯は700万世帯を突破、同じく夫婦のみ世帯は645万世帯を突破する。

　東京都の高齢者人口増は特に激しく、2010年の75歳以上人口123万人は2025年に198万人へ、同じく高齢世帯数は2010年の167万世帯（うち単身・夫

図表Ⅲ.1.1　高齢者人口・世帯数の増加の見通し　　（単位：万人、万世帯）

	2010年	2025年	2010～25年増加分	2035年	2010～40年増加分
高齢者人口					
65歳以上人口					
全国	2948.4	3657.3	708.9	3867.8	919.4
東京都	267.9	332.2	64.3	411.8	143.9
75歳以上人口					
全国	1419.4	2178.6	759.2	2223.0	803.6
東京都	123.4	197.7	74.3	213.9	90.5
高齢世帯数					
全国	1620.0	2015.4	395.4	2021.5	401.5
東京都	167.3	212.4	45.1	237.1	69.8
うち単身世帯					
全国	498.0	700.7	202.7	762.2	264.2
東京都	64.7	89.0	24.3	104.3	39.6
うち夫婦のみの世帯					
全国	540.3	645.3	105.0	625.4	85.1
東京都	50.3	61.9	11.6	67.2	16.9

（出所）　国立社会保障・人口問題研究所資料より野村資本市場研究所作成

婦のみ世帯は115万世帯）から2025年に212万世帯（同じく151万世帯）へと増加する。団塊の世代が75歳以上に到達する2025年に向け、ヘルスケア施設のキャパシティをどれだけ増やせるかが重要な課題となろう。

(2)　絶対数と機能面で立ち後れる供給サイド

　この状況に対し、高齢者の住生活に適した施設の供給は甚だ立ち後れている。たとえば、特別養護老人ホームは、2013年10月現在で全国7,865カ所、定員約51.6万人となっている。しかし「入居待ち」となっている人が約52.4万人とされ、入居の必要性が高い「要介護4」「要介護5」状態になっている待機者だけでも約8.7万人に達する[1]。

　特別養護老人ホームの新規整備には時間がかかるため、政府は、民間事業

者による高齢者向け住宅、介護サービス付住宅の建設を進める方向で、さまざまな施策を検討している。2011年3月の「住生活基本計画」では、高齢者人口に対する高齢者向け住宅の割合に着目し、2005年に0.9％と欧米先進諸国と比べ低くなっている上記の比率を、2020年に3～5％に引き上げる目標が掲げられた。

2011年の「高齢者住まい法（高齢者の居住の安定確保に関する法律）」によって創設された「サービス付き高齢者向け住宅（サ高住）」は、主として営利

図表Ⅲ.1.2　日本の高齢者向け住まい・施設の現状

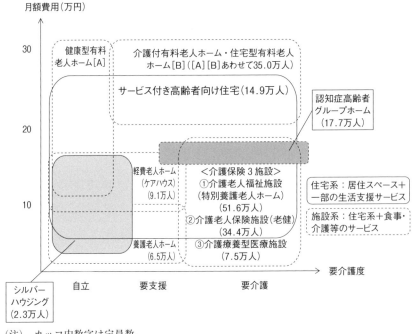

(注)　カッコ内数字は定員数。
(出所)　松木淳一「団塊の世代の2025年問題にどう備えるか」国際公共政策研究センター『CIPPS Information Vol.73』（2014年6月24日）などをもとに野村資本市場研究所作成

1　厚生労働省「特別養護老人ホームの入所申込者の状況」（2014年3月25日）など参照。

法人による設置を想定し、低コストで、バリアフリーなどに考慮した居住設備と専門家による安否確認などのサービスを提供できる高齢者向け賃貸住宅として期待され、政府は2020年までにサ高住60万戸整備を目指している。

こうした諸施策にかかわらず、絶対数不足への懸念は払拭されていない。しかも多様な支援策が導入された結果、かえって供給される施設の重複やミスマッチが生じ、ユーザーにとって比較・選択が困難な状態を生み出している可能性もある（図表Ⅲ.1.2）。今後は、ヘルスケア施設の機能に着目して整備目標と支援策を整理し、効率的な整備を目指す必要があろう。

(3) ファイナンス面の課題：エクイティ資金の必要性

ヘルスケア施設の供給を拡大するには、民間事業者の参入・事業継続に対するインセンティブを高めることが必要であり、そのためには金融・資本市場から投融資を呼び込むことが欠かせない。

一方で、日本ではヘルスケア施設の開発や建替え、機能更新のファイナンスについて多くの規制が存在するなか、事業者の資金調達手段は一般企業に比べ限られており、自己資金か、不動産等を担保とする金融機関・福祉医療機構からの借入れに依存せざるをえなかった[2]。

そこで現在、検討されているのが、エクイティ性の資金をヘルスケア施設の開発・機能充実に活用する証券化手法である。ヘルスケア施設の不動産としての価値に投資する主体には、大別して私募ファンドと不動産投資信託（REIT）があるが、なかでもREITは①投資期間に満期がなく買戻し等の必要がない、②上場REITの場合には取引所で投資口（株式）が売買されるため、幅広い投資家層の資金を集めやすいなどの優位点があり、注目されている。

---

[2] 国土交通省「ヘルスケア施設供給促進のための不動産証券化手法の活用及び安定利用の確保に関する検討委員会」取りまとめ（2013年3月）参照。

2 米国におけるヘルスケア REIT の発展と意義

(1) ヘルスケア REIT とは

ヘルスケア REIT とは、高齢者向け賃貸住宅、介護・看護施設、病院、医療モールを投資対象とする REIT である[3]。

といっても、ヘルスケア REIT が施設利用者（テナントもしくは患者）に直接、介護・医療サービスを提供することはなく、介護等のサービスを提供するのはオペレーターと呼ばれる専門業者である。

ヘルスケア REIT は、オペレーターから支払われる賃料を収益源とし、諸支出を差し引いた利益を投資口保有者（株主）に分配する。日本を含む REIT 制度を整備している諸国では、REIT には法人所得税が課されない。また REIT は融資・債券などの負債調達も可能である（図表Ⅲ.1.3）。一方で一般的な REIT 制度のもとでは、施設の開発・建設は認められない。すなわち、ヘルスケア REIT は、基本的には資産管理を通じて、不動産賃貸事業の収益＝インカムゲインを投資家に分配するパッシブな存在であり、オペレーターとの間でヘルスケア施設運営事業の「経営と保有の分離」という役割分担をしていると理解できる。

ただし、今日の米国では、パートナーとなっているデベロッパーが開発したヘルスケア施設を REIT が買収したり、「REIT 投資多様化強化法（REIT Investment Diversification and Empowerment Act)」によって認められた課税法人子会社もしくはジョイント・ベンチャーを通じて、REIT がヘルスケア

---

[3] 医療モール（メディカルモール）とは、同じ建物やエリアに、複数の診療科目の開業医や調剤薬局が集積して、医療サービスを提供している施設を指す。また、米国のヘルスケア REIT では、メディカル・オフィス・ビルディング（MOB）、リハビリ施設、ヘルスケア関連企業のR&D施設なども投資対象としている。MOB は大規模な医療モールで、診療所、医療画像センター、その他の医療サービス供給者に貸し出される不動産。MOB においては、患者は同じ診療科目において多数の医師のなかから選択が可能、開業医サイドも共同で設備を購入・使用することができる。通常、MOB は大学病院もしくは大規模病院に付属・隣接している。

図表Ⅲ.1.3　ヘルスケアREITの仕組み

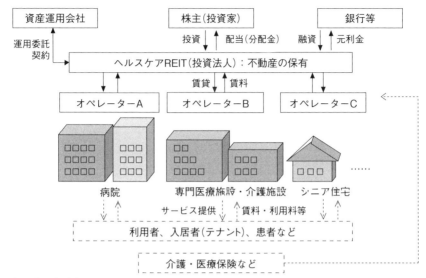

(出所)　各種資料より野村資本市場研究所作成

施設の利用者に対して一定のサービスを提供するケースがある。

(2) 米国上場ヘルスケアREITの成長拡大とオペレーターとの関係

a　大手3社を中心に巨大なサブセクターを形成するヘルスケアREIT

　海外においては、英国、ドイツ、カナダ、マレーシア、シンガポールなどにヘルスケア施設を専門に保有するREITが上場しているが、なかでも大きな発展をみせているのが米国である。米国における上場ヘルスケアREITは2015年1月末現在15社、株式時価総額の合計は約1,050億ドル（約12兆円）にのぼっている（図表Ⅲ 1.4）。

　上場ヘルスケアREITのなかでも、ヘルス・ケア・リート（Health Care REIT, Inc.、以下、「HCN」という）、HCP、ベンタスの株式時価総額はそれぞれ200億ドル前後に達しており、規模的に突出している。この3社がヘルスケアREIT市場の成長拡大を牽引したといえるが、興味深いのは、3社が

図表Ⅲ.1.4　米国の上場ヘルスケア REIT（時価総額順）

	社　名	銘柄ティッカー	2014年8月末時価総額(百万ドル)	サブセクター内シェア(%)	全REIT内シェア(%)	株価／予想FFO倍率（倍） 2014	株価／予想FFO倍率（倍） 2015	配当利回り(%)	負債比率(%)
1	Health Care REIT, Inc.	HCN	20,759.5	24.0	2.5	16.36	15.55	4.71	37.4
2	HCP Inc.	HCP	19,847.0	23.0	2.4	14.32	13.76	5.03	32.8
3	Ventas, Inc.	VTR	19,354.4	22.4	2.3	14.81	14.12	4.41	35.0
4	Senior Housing Properties Trust	SNH	4,752.9	5.5	0.6	13.29	12.69	6.69	39.5
5	Omega Healthcare Investors, Inc.	OHI	4,747.9	5.5	0.6	13.71	13.12	5.42	36.2
6	Healthcare Trust of America Inc.	HTA	2,949.5	3.4	0.4	17.26	15.76	4.52	36.0
7	Medical Properties Trust	MPW	2,429.7	2.8	0.3	13.33	12.04	5.96	44.2
8	Healthcare Realty Trust Inc.	HR	2,392.7	2.8	0.3	17.13	15.97	4.81	37.5
9	National Health Investors, Inc.	NHI	2,132.1	2.5	0.3	15.44	14.50	4.77	24.2
10	American Realty Capital Healthcare Trust	HCT	1,857.2	2.1	0.2	–	–	2.07	–
11	LTC Properties, Inc.	LTC	1,423.1	1.6	0.2	15.80	14.61	4.98	18.4
12	Aviv REIT Inc.	AVIV	1,380.0	1.6	0.2	16.03	14.01	4.92	35.8
13	Sabra Healthcare REIT Inc.	SBRA	1,346.1	1.6	0.2	12.67	11.85	5.34	39.0
14	Universal Health Realty Income Trust	UHT	568.0	0.7	0.1	–	–	5.71	28.9
15	Physicians Realty Trust	DOC	508.3	0.6	0.1	18.99	13.71	6.08	19.1
	セクター合計（もしくは平均）		86,448.3	100.0	10.3	15.32	13.98	5.03	33.2

（出所）　NAREIT（全米 REIT 協会）"REIT Watch"（2014年9月）より野村資本市場研究所作成

総合的なヘルスケア施設のオーナーとなっていることである。一般に、米国の REIT 業界においては保有資産の「フォーカス」が重視され、キャッシュフロー特性やリスク特性が異なる多種多様な不動産を1社が保有することは

投資家には好まれないとされている。ところが、米国ヘルスケア REIT の大手は、シニア住宅から病院まで、多様なカテゴリーのヘルスケア施設に分散投資していることが多い。ヘルスケア REIT については、オペレーターとの関係が特殊なために、施設の種類を分散すればするほど評価が高く、資金調達もしやすいという状況になったと考えられる。逆にいえば、ヘルスケア REIT は、買収・取得によって分散ポートフォリオをつくりあげていく過程において、米国ヘルスケア施設の機能の多様化やオペレーターの専門化を促進したともいえよう。

b ヘルスケア REIT の特性と成長

歴史を振り返ってみると、大手3社のうち、HCP とベンタスには、民間の病院・介護施設経営会社が会社分割を行った際に、不動産保有部門が独立しヘルスケア REIT になったという共通点がある[4]。このようにヘルスケア REIT が事業再構築に活用された背景には、法人課税免除という税制上のメリットに加え、ヘルスケア施設経営と不動産保有の両方を行うことで債務のマネジメントがむずかしくなり、オペレーションの継続あるいは成長が制約されてしまうこと等があったようである。すなわち、米国では、ヘルスケア施設に関するさまざまな規制改革が実施され、その結果、オペレーターの競争が激化し、合従連衡や再編が起きるほど産業として成熟していたことが、ヘルスケア REIT の台頭の土台になったと推察できる。

米国のヘルスケア REIT が、ファイナンス面で大きなメリットを享受し、真の急成長を遂げたのは2000年代半ば以降である。この時期、米国のベビーブーマー層の最も年長の世代が60歳代に突入することから、高齢者の住ま

---

[4] HCP（旧ヘルス・ケア・プロパティ・インベスターズ）は1985年にナショナル・メディカル・エンタープライズ（現テネット・ヘルスケア）から分離独立するかたちで創立された。ベンタスは、もともと、ベンコール（Vencor）としてシニア住宅・介護施設を経営していたが、1998年にオペレーター部門としてキンドレッド（Kindred）を分離独立させ、残った資産保有会社を REIT とした。ちなみに大手3社の一角である HCN は、1970年の創業当初からヘルスケア REIT として設立されている（もともとはヘルス・ケア・ファンドだった社名を1985年に現在のヘルス・ケア・リートに変更した）。各社の年次報告書、NAREIT 資料を参照。

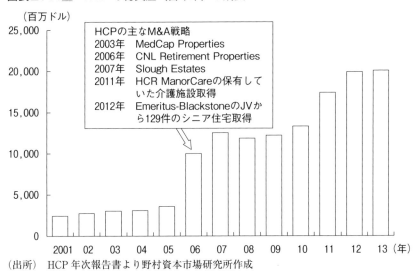

図表Ⅲ.1.5 HCPの総資産(各年末)の成長

(出所) HCP年次報告書より野村資本市場研究所作成

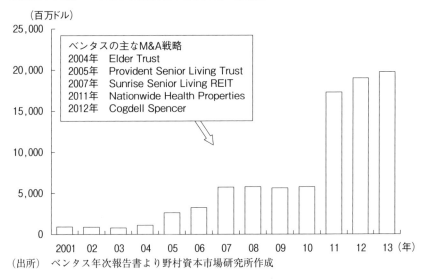

図表Ⅲ.1.6 ベンタスの総資産(各年末)の成長

(出所) ベンタス年次報告書より野村資本市場研究所作成

い・介護・医療に対する需要は飛躍的に増加することが容易に予想されていた。ヘルスケア REIT は、資本市場へのアクセスという上場のメリットを生かし、他の REIT との M&A やヘルスケア不動産の取得を目指した公募増資をたびたび実施するようになった。投資家サイドでも、高齢化を背景に REIT のような配当を魅力とする証券で運用する投資信託への資金流入が拡大し、REIT セクターのなかでの分散化や安定成長をねらう目的で、ヘルスケア REIT が選好され続けたとみられる。

　実際、HCP の総資産は、2001年末段階では24億ドル程度であったが、その後 M&A を繰り返して2013年末には200億ドル超にまで拡大している（図表Ⅲ.1.5）。同様に、ベンタスの総資産は、2001年末には9億ドル程度だったが、2013年末には197億ドルと20倍の規模にまで成長した（図表Ⅲ.1.6）。現在、米国におけるヘルスケア施設の合計資産価値は約1兆ドル近くと見込まれ、そのうちヘルスケア REIT が保有している分はまだ8～10%にすぎず、今後もヘルスケア REIT の成長機会は豊富との見方もある。

c　オペレーターとの関係と投資家への情報開示[5]

　ヘルスケア REIT はパッシブな不動産保有主体なので、基本的にはオペレーターがいなければヘルスケア施設として成立しない。したがって、ヘルスケア REIT の経営陣や投資家は、オペレーターとの関係、オペレーターの評価を非常に重視している。

　ヘルスケア REIT が、病院・介護施設経営会社がオペレーティング会社と不動産保有会社に分割されることによって設立される場合には、REIT とオペレーターとの関係は1対1で開始されることになる。その後、ヘルスケア REIT はポートフォリオを拡大・分散化するが、一般的には施設を運営しているオペレーターを運営委託契約付きで取得するという実務が行われているようである。

---

[5] 本項は、不動産証券化協会「ヘルスケア施設供給促進のための REIT の活用に関する実務者検討委員会」におけるプレゼンテーションなどのために、筆者が米国のヘルスケア REIT 関係者にヒアリング調査した内容を整理したものである。

一方、不動産賃貸借の関係では、大家のヘルスケア REIT はオペレーターに対し比較的長期の一棟貸しを行い、しかもオペレーターは複数棟を運営していることが多いため、リースを一本の契約（マスター・リース）に統合するという実務慣習がある。この関係を REIT の投資家からみると、個別施設の運営状況やテナントの入居状況をほとんど気にせずにすむ半面、オペレーターがいったん賃料の支払不能（デフォルト）を起こすと REIT のキャッシュフローに大きな影響が出てしまうことになる。

　この「リース・デフォルト」の影響を避けるため、ヘルスケア REIT は1社のオペレーターに依存せず、オペレーターの観点でもポートフォリオの分散を目指すことになるが、加えて米国のヘルスケア REIT では、投資家あるいはアナリストによる分析評価の便宜のために、リース契約条件上、オペレーターから取得している情報の一部を、非監査の補足財務情報として開示している。

　上記のような対応は、他の REIT サブセクターではあまりみられないものだが、いずれにせよ、REIT とオペレーターが自発的なかたちで情報開示を行うことに幅広い投資家からの支持を得て市場を拡大した経緯は、ヘルスケア REIT の発展が総体として米国のヘルスケア施設産業の透明性向上や活性化に貢献したことを示しているといえよう。

3　日本におけるヘルスケア REIT 市場整備の動きと意義

(1)　J-REIT によるヘルスケア施設投資に係るルールの整備

　日本では、2014年12月末時点で49社の REIT（J-REIT）が上場し、株式時価総額は約10兆円に達している。米国の上場 REIT 市場の規模にはかなり差をつけられている状況だが、いまだに J-REIT に組み込まれていない多様な資産を投資対象とすることで、さらなる市場の成長が可能と考えられよう。特にヘルスケア施設は、高齢化社会において需要が高まることは確実であり、

REIT市場の多角化、活性化に資する効果も期待できる。実際、現在上場している J-REIT のなかで、介護付有料老人ホームを取得した例がすでに出てきているほか、シンガポールのヘルスケア REIT が日本の有料老人ホームを取得した例もある。

　今後注目されるのは、ヘルスケア施設に特化した J-REIT である。ヘルスケア REIT の仕組みやメリットが日本では十分に認知されていなかったため、オペレーターや利用者からはルールやガイドラインの整備を訴える声が多かった。そこで政府は、環境整備の一環として、まず2013年6月14日に閣議決定した「日本再興戦略」において「民間資金の活用を図るため、ヘルスケアリートの活用に向け、高齢者向け住宅等の取得・運用に関するガイドラインの整備、普及啓発等」を行うこととした。

　その後、国土交通省が、関係省庁との連携のもと、「高齢者向け住宅等を対象とするヘルスケアリートの活用に係るガイドライン」を取りまとめ、2014年6月27日に公表した。本ガイドラインは、ヘルスケア施設の取引を行おうとする資産運用会社が、宅地建物取引業法に基づく取引一任代理等の認可申請等に際して整備すべき組織体制を示すとともに、宅地建物取引業者がヘルスケア施設の取引に際し留意すべき事項を示したものである。

　こうした政策的な動きと並行するかたちで、ジャパン・シニアリビング・パートナーズ（新生銀行、ケネディクス、長谷工コーポレーションなどが出資）、SMBC ヘルスケアホルダー合同会社（三井住友銀行、NEC キャピタルソリューション、シップヘルスケアホールディングスが出資）、日本ヘルスケア投資法人（大和リアル・エステート・アセット・マネジメントが運用）などがヘルスケア施設特化型の投資法人の組成・上場を目指していると報じられている[6]。

　さらに政府は、2014年1月24日に閣議決定した「産業競争力の強化に関する実行計画」で「高齢者向け住宅及び病院（公立病院を含む）を対象とするヘルスケアリートの活用に関して、ガイドラインの策定等の環境整備を平成

6　日本ヘルスケア投資法人は2014年11月4日に東京証券取引所に上場した。

26年度中に行う」とし、病院についてもヘルスケアREITの活用を想定した環境整備に動き出した[7]。国土交通省は、これを受けて2014年9月に「病院等を対象とするヘルスケアリートの活用に係るガイドライン検討委員会」を設置し、検討を進めている。

(2) 米国ヘルスケアREITの発展からの示唆

このように、日本でも急ピッチでヘルスケアREIT市場の整備が進められているが、先行した米国の経緯から、ヘルスケア施設整備全体について下記の二つの示唆を考えることは意義があると思われる。

第一に、ヘルスケアREITの歴史が、ヘルスケア施設の機能多様化や再編と密接に関連している点である。高齢化社会においては介護・医療に係るサービスの需要が増大するだけでなく、質的に多様化していくことが予想される。実際、米国でもMOB、ロングタームケア施設（Continuing Care Retirement Community）、リハビリ・退院支援専門施設（Post-Acute Facilities）、認知症患者専門ケア施設（Alzheimer's/Dementia Care Facilities）などが次々とつくられ、現在ではこれらの施設もヘルスケアREITの保有不動産に組み入れられている。また機能だけでなく、立地の点でも多様化や再編が進展することが予想される。REIT自体が新たなヘルスケアサービスを開発するわけではないが、REITにはポートフォリオを分散したいというインセンティブが常にあるため、新タイプの施設や新サービスを構想する事業主体にとっては、ヘルスケアREITを買い手として開発を進めることができるという効果がある。

第二に、上記とも関連して、米国においてヘルスケアREITの成長が、ヘルスケア施設のオペレーター産業の成長・強化を促した面もあるという点である。米国では、現在約1,200件（定員約11万人）の介護施設・高齢者向け住

---

[7] 2014年6月24日閣議決定「『日本再興戦略』改訂2014―未来への挑戦―」、同7月22日閣議決定「健康・医療戦略」においても、高齢者向け住宅および病院等を対象とするヘルスケアリートの活用に向けた環境整備、普及啓発等を目指すとの方針が明記された。

宅を運営するブルックデール・シニア・リビングを筆頭に、大型のヘルスケア施設オペレーターが育ち、互いに競争しているが、ヘルスケアREITが不動産部分のファイナンスを分担したことでオペレーターとしての競争力向上に経営資源を集中し、成長できた面がある。日本でも、オペレーターが財務的自由度を得て事業機会を広げられるのであれば、良質なオペレーターが競争力を増すという健全なメカニズムを生むことにもなろう。

　米国の経験を参考に、日本でもヘルスケアREITが、国内金融資産の活用と海外投資家の資本の呼び込みに寄与し、ヘルスケア施設の需給ミスマッチの解消に貢献するとともに、不動産保有とオペレーションの分離を通じてヘルスケア施設の機能の高度化・再編を促すことが期待される[8]。

---

[8] なお、病院を含む日本のヘルスケア施設の再編に関連しては、2012年4月施行の改正介護保険法に明記された理念に従い国・地方公共団体が進めている「地域包括ケアシステム」の構築や、産業競争力会議が「成長戦略進化のための今後の検討方針」（2014年1月）に盛り込んだ「非営利ホールディングカンパニー法人制度（仮称）の創設」の具体化などが注目されよう。

Ⅲ−2 増え続ける空き家の有効活用を考える

小島　俊郎

1　空き家の現状

(1)　鈍化した空き家率

　2014年7月29日に発表された総務省の「住宅・土地統計調査（速報集計結果）」（以下、「2013年調査」という）によると2013年10月1日時点で、わが国の総住宅数は6,063.1万戸と2008年からの5年間で5.3％、304.5万戸増加した。空き家は819.6万戸と同じく5年間で8.3％、62.8万戸の増加となった。総住宅数に占める空き家の割合（空き家率）は同調査開始以来最高の13.5％となり、わが国では住宅7.4戸のうち1戸が空き家となっていることになる。

　もっとも、この調査結果に対する個人的な第一印象は「思ったほど空き家が増加していない」というものであった。なぜなら空き家率は1993年9.8％、1998年11.5％（1.7％ポイント増）、2003年12.2％（0.7％ポイント増）、2008年13.1％（0.9％ポイント増）と5年ごとの調査平均で1.1％ポイント上昇していたからだ。住宅着工が2003年のペース（約120万戸）で続いた場合、2040年には空き家率が43％にも達するという将来予測[1]もあるなど、大方の予想で

---

[1]　野村総合研究所「人口減少時代の住宅・土地利用・社会資本管理の問題とその解決にむけて（下）」『知的資産創造』（2009年10月号）。

は空き家率の増加スピードは加速され、2013年調査では14％を超えると思われていた。しかし、実際はわずか0.4％ポイント増にとどまったからだ（図表Ⅲ．2．1）。

住宅・土地統計調査では住宅を「居住世帯のある住宅」と「居住世帯のない住宅」に区分し、「居住世帯のない住宅」をさらに①一時現在者のみの住宅、②空き家、③建築中の住宅、に区分している。本稿で扱う空き家とは②の空き家を指す。ちなみに、一時現在者のみの住宅とは、住宅でありながら実際には居住せず事務所として昼間だけ利用しているもの等そこに普段居住している者が一人もいない住宅のことである。空き家はさらに①別荘などの二次的住宅、②賃貸のために空き家となっている賃貸用の住宅（以下、「賃貸用空き家」という）、③売却するために空き家となっている売却用の住宅（以下、「売却用空き家」という）、④①～③以外の理由で空き家となっているその他の住宅（以下、「その他空き家」という）、に区分されている。「その他空き家」

図表Ⅲ．2．1　空き家の推移

(単位：千戸、％)

	1978年	83	88	93	98	2003	08	13
住宅総数	35,451	38,607	42,007	45,879	50,246	53,891	57,586	60,631
居住する建物数	32,189	34,705	37,413	40,773	43,922	46,863	49,598	52,104
空き家数	2,679	3,302	3,940	4,476	5,764	6,593	7,568	8,196
売却用の住宅	-	-	-	-	-	303	349	308
賃貸用の住宅	1,565	1,834	2,336	2,619	3,520	3,675	4,127	4,292
二次的住宅	137	216	295	369	419	498	411	412
その他の住宅	977	1,252	1,310	1,488	1,825	2,118	2,681	3,184
空き家率	7.6	8.6	9.4	9.8	11.5	12.2	13.1	13.5
売却用空き家率	-	-	-	-	-	0.6	0.6	0.5
賃貸用空き家率	4.4	4.8	5.6	5.7	7.0	6.8	7.2	7.1
二次的住宅空き家率	0.4	0.6	0.7	0.8	0.8	0.9	0.7	0.7
その他空き家率	2.8	3.2	3.1	3.2	3.6	3.9	4.7	5.3

（注）　1988年までの賃貸用の住宅には売却用の住宅を含む。
（出所）　総務省「住宅・土地統計調査」より野村資本市場研究所作成

の具体的例として、転勤・入院などのため居住世帯が長期にわたって不在の住宅や取り壊すことになっている住宅などがあり、理由のわからないものもこの区分となっている。

　2013年調査によると空き家の半数が「賃貸用空き家」である。人は進学、就職、転勤、結婚等のライフイベントに伴い社会移動（転居）することが必要となる。転居すれば前に住んでいた住宅は空き家となり、新たな先では入居するための住宅（空き家）が必要となる。いうまでもなく、賃貸住宅はこうした社会移動をスムーズに行うための受け皿として大きな役割を担っており、一定程度の空き家は構造的に必要である。

　図表Ⅲ.2.2－①は縦軸に「賃貸用空き家」の空き家率（賃貸用空き家率）をとり横軸には総務省「人口推計」から2008年10月～12年9月の人口増減率をとって都道府県のデータをプロットしたものである。「賃貸用空き家」では人口が増加するほど空き家率が高くなる傾向が緩やかにみられる。一般的には人口増のところは新規賃貸需要が発生するため空き家が減少し、人口減の地域では転居に伴う空き家が増加すると考えられるが、実際には人口が増加しているところではストックの減少を上回る新規賃貸住宅の供給が行われているために人口増の地域ほど空き家率が高くなっているためと考えられる。賃貸住宅の新規供給は賃貸市場の需要の見込みによって左右されるため、供給過剰のおそれがあれば供給が抑制される。賃貸用空き家率の推移をみると2003年以降、7％前後で安定した推移を示しているが、これは賃貸住宅市場の需給による調整が働いているためと考えられる。

　2003年から独立した区分で公表されている「売却用空き家」も賃貸住宅と同様に分譲住宅市場の需給を反映して変動すると考えられ、売却用空き家の空き家率は2003年以降0.6～0.5％と「賃貸用空き家」と同様に安定的な動きをしている。また、二次的住宅は2003年をピークに減少傾向にある。

　近時の空き家増加の主因は「その他空き家」である。2013年調査では「その他空き家」が空き家全体に占める割合は約4割となり、「その他空き家」の空き家率（その他空き家率）は一貫して上昇している。図表Ⅲ.2.2－②

図表Ⅲ.2.2　人口増減率と空き家率

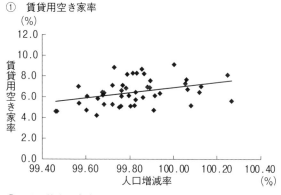

① 賃貸用空き家率

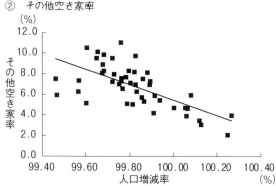

② その他空き家率

（出所）　総務省「住宅・土地統計調査」、「人口推計」より野村資本市場研究所作成

でみられるように人口増減率とその他空き家率の間に比較的強い負の相関がある。人口減少によって「その他空き家」が増加するためだ。わかりやすい例として親が死亡し家を相続するが、すでに子どもが持家をもっていたり、相続する家が遠方にあったりしてその家に住まない場合などがある。株式会社価値総合研究所が2013年11月に実施した「消費者（空き家所有者、空き家利用意向者）アンケート」（以下、「消費者アンケート」という）によると、空き家となった理由として、相続を原因とするものが全体の44％を占めている。

次いで都道府県別に空き家率を概観してみよう。図表Ⅲ.2.3は空き家率

図表Ⅲ.2.3 都道府県別空き家率(2013年)

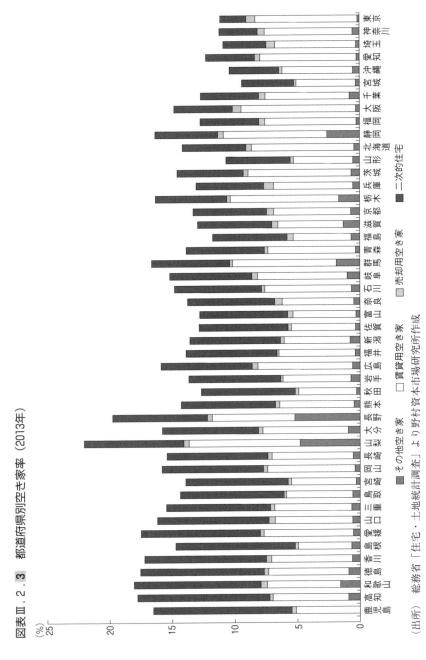

(出所)総務省「住宅・土地統計調査」より野村資本市場研究所作成

150 第Ⅲ部 地域の活性化に資する金融ソリューション

をその他空き家率の高い順番で都道府県別に並び替えたものである。空き家率全体でみると、山梨と長野が突出しているが、これは二次的住宅が多いためである。その他空き家率は鹿児島を筆頭に、高知、和歌山、徳島、香川、島根、愛媛の7県が9％を上回っており、関西以西で特に高い傾向がみられる。なお、空き家率でみると東京や神奈川などの大都市圏が低い率とはなっているが、空き家戸数でみると鹿児島の9.6万戸に対し、大阪21.4万戸、東京15.3万戸、兵庫14.8万戸となっており、空き家の問題は決して地方だけの問題とは言い切れないだろう。

(2) 空き家の問題点

空き家が増加すると何が問題となるのだろう。一般的に空き家が増加すると、①倒壊、崩壊等防災性の低下、火災発生のおそれ、②非行少年等が空き家を利用してたまり場にするなど防犯性の低下、③ゴミの不法投棄、④風景、景観等の悪化、⑤樹枝の越境、雑草の繁茂等、が指摘されている。空き家がもたらす外部不経済である。

「賃貸用空き家」や「売却用空き家」は、将来的には人が居住することを予定している住宅である。仮に、長期間空き家になったとしてもその空き家が外部不経済をもたらす可能性は少ないと考えられる。なぜならば、住宅市場に出ている住宅は賃貸、売却用を問わず管理されているからである。上述した空き家がもたらす外部不経済はいわゆる「あばら家」と呼ばれる管理されていない住宅に伴うものと考えられる。2008年の住宅・土地統計調査[2]によると、「その他空き家」の32％が腐朽・破損のある住宅となっている。全住宅に占める腐朽・破損のある住宅の割合は9％にすぎないことから、「その他空き家」に占める腐朽・破損のある住宅の割合が高いことがわかる（図表Ⅲ.2.4）。したがって、外部不経済をもたらす空き家の多くは「その他空き家」であると考えてよさそうである。

---

2 2013年調査は速報集計のため詳細な統計が公表されていないため、現時点で詳しくみるためには2008年の住宅・土地統計調査を利用する必要がある。

国土交通省「2009年度空き家実態調査」によると、腐朽・破損のある空き家のうち88％が建築後約20年以上の住宅となっており、管理されずに長期間

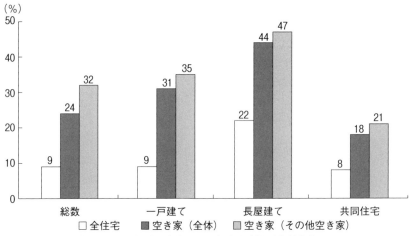

図表Ⅲ.2.4　腐朽・破損のある住宅の割合

（出所）　総務省「住宅・土地統計調査」より野村資本市場研究所作成

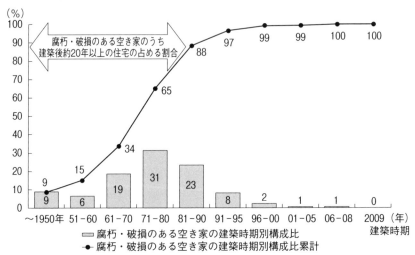

図表Ⅲ.2.5　腐朽・破損のある空き家の建築時期別構成比

（出所）　国土交通省「2009年度空き家実態調査」より野村資本市場研究所作成

放っておかれている空き家ほど、外部不経済をもたらしていると考えられる（図表Ⅲ.2.**5**）。

したがって、わが国の空き家問題を考える場合、全体の空き家率が13.5％となったということよりも、「その他空き家」が増加し続けており、それに伴って管理されずに腐朽・破損している状態にある住宅が増加していることにあるといえよう。

(3) 動き出した地方公共団体

「その他空き家」の増加に伴うさまざまな問題を重く見始めた地方公共団体が、空き家対策の条例を制定・施行し始めている。条例第1号は、2010年10月に施行された埼玉県所沢市の「所沢市空き家等の適正管理に関する条例」である。その後多くの地方公共団体で条例が制定され、国土交通省の調べによると2014年4月時点で355の地方公共団体で条例が制定されている。空き家対策条例は基本的に空き家の所有者に適正な維持管理を義務づけるとともに、地方公共団体が空き家の所有者に必要な措置（勧告、命令、公表など）を勧告できることなどを規定しており、罰則や代執行の規定があるものもある。

秋田県大仙市は、豪雪による雪・氷の落下事故、倒壊事故の防止を目的として「大仙市空き屋等の適正管理に関する条例」を2012年1月に施行した。同市が注目を浴びたのは、2012年3月に条例に基づき空き家の解体・廃材撤去の代執行を全国で初めて行ったからだ。小学校に隣接して非常に危険とされた空き家が5棟あったため、小学校に通う児童に危害が及ぶおそれがあるとして、これまでタブーとされてきた私有財産への介入を決断したという。同市は条例制定と同時に「空き屋等防災管理システム」に空き家の情報を入力し、空き家の危険度に応じたマークをつけた空き家マップを作成するなど地区の自治会長等と情報の共有化を図っている。

こうした積極的な取組みを行っている地方公共団体がある一方で、空き家の実態を把握していない地方公共団体も多くある。国土交通省の調査によれ

ば空き家の実態を把握していない地方公共団体は全体の83.4％にものぼるという。今後多くの地方公共団体において空き家の実態調査がなされることが望まれる。

(4) 固定資産税への取組み

　市町村に空き家の敷地内に立ち入る権限を与え、空き家等の所有者等を把握するために固定資産税情報の内部利用を可能にし、特に危険な家の所有者には修繕や撤去を命令できるようにするほか、所有者が自ら進んで建物を撤去した場合には、固定資産税を軽減する等の措置が盛り込まれた「空家等対策の推進に関する特別措置法案」が2014年第187回臨時国会に提出され、衆参両院で全会一致により可決された。固定資産税には住宅用地の特例があり、住宅の用に供されている200㎡以下の土地については固定資産税が6分の1に、200㎡を超える土地（住宅面積の10倍が限度）については固定資産税が3分の1に軽減される。したがって、空き家を撤去すると住宅用地の特例が受けられなくなるため固定資産税が大幅に増加してしまい、空き家の撤去が進まない大きな原因の一つとしてあげられている。同法案は外部不経済のある空き家の所有者が自ら進んで建物を撤去した場合には、固定資産税を軽減して空き家の撤去を促進させようとするものである。

　それと呼応するように2014年8月28日、国土交通省が提出した「平成27年度国土交通省税制改正要望事項」に「空き家の除却等を促進するための土地に係る固定資産税に関する所用の措置」という項目が加わっている。具体的な内容は未定とのことだが、空き家の除却が進まない原因といわれる固定資産税に対して行政側からも動きがみられている[3]。

---

[3] 2014年12月に発表された平成27年度国土交通省税制改正概要によると、「空家等対策の推進に関する特別措置法」の規定に基づく勧告を受けた特定空き家に係る敷地について、固定資産税等の特例措置の対象から除外するとしている。

2 空き家の有効活用に向けて

(1) 空き家バンクの状況

「その他の空き家」の32％が腐朽・破損のある住宅ということは、残りの68％は腐朽・破損のない住宅ということになる。十分使用に耐えられる住宅が利用されることもなく放置されているということは、資源が有効に活用されていないことになる。そのため、住宅を有効活用しようという動きがある。

たとえば空き家バンクである。特に過疎地域などで、都市居住者の移住を促進するために、地方公共団体のネットワークを使って空き家となっている住宅の借主を探す手助けをしようとするものである。2014年に移住・交流推進機構がまとめた「『空き家バンク』を活用した移住・交流自治体調査報告」によると、移住・交流促進施策を実施している都道府県は85.7％、市区町村で39.3％あり、そのうち都道府県では16.7％、市町村では62.9％が空き家バンクを実施している。しかし、登録件数が増加しているのは全体の30.7％にすぎず、横ばいが約半分、減少しているところが17.1％となっている（図表Ⅲ.2.6－①）。しかも登録されている件数が1～9件の地方公共団体の割合が48.7％となっており、9.9％の地方公共団体では登録件数がゼロとなっている（図表Ⅲ.2.6－②）。せっかくの制度があまり活用されているとはいえず、PRなどを通じて促進していく必要があろう。

(2) 低い空き家の維持コスト

消費者アンケートによると、空き家をそのまま保有している理由として「将来条件があえば賃貸しようと思っているから」12.3％、「将来条件があえば売却しようと思っているから」31.6％、「将来売却することを決めているから」8.6％と賃貸・売却する意向等がある者は合計で半数を超えている（図表Ⅲ.2.7－①）。しかし、空き家となっている住宅の現状の状況を尋ねると、実際に「売却・譲渡先を募集している」は9.8％、「賃貸住宅として借主を募

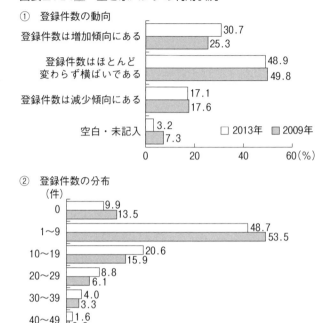

図表Ⅲ.2.6　空き家バンクの利用状況

(出所)　移住・交流推進機構「『空き家バンク』を活用した移住・交流自治体調査報告」より野村資本市場研究所作成

集している」は7.4％にすぎず、71.0％は「特に何もしていない」と回答している（図表Ⅲ.2.7-②）。空き家所有者の多くは空き家を有効活用する意識が低いようだ。消費者アンケートで住宅を貸すにあたり心配な点として、「貸し出すには相応のリフォームが必要になるのではないか」が47.4％と最も多く、次いで「一度貸し出すと、返してもらうのが大変なのではないか」が45.1％、「入居者のマナーや家賃滞納の対応が大変なのではないか」が43.4％となっており、賃貸住宅として貸すには維持管理の手間やコスト負担がネックとなっているようだ（図表Ⅲ.2.8）。賃貸する場合であっても思っ

図表Ⅲ.2.7　空き家の理由と現状

① 空き家のまま保有している理由

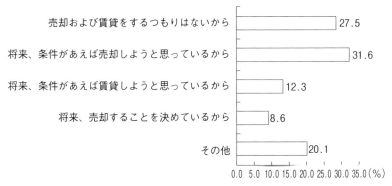

② 空き家となっている住宅の現状の状況

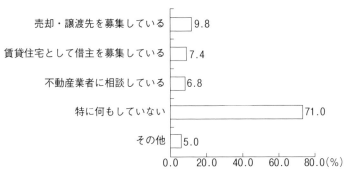

（出所）　株式会社価値総合研究所「消費者（空き家所有者、空き家利用意向者）アンケート」より野村資本市場研究所作成

たほど賃料がとれず、手間や管理コストを考えると空き家のままのほうが低コストとなるケースも想定され、消費者アンケートでも33.7％がそのようなことを心配している。したがって、維持管理コストの低さが空き家を有効活用しようというインセンティブを低くしている可能性がある。消費者アンケートは空き家の賃貸利用の可能性を調べているため、空き家売却についての問題点等は調査されていないが、売却の場合も賃貸利用と同様に空き家の維持管理コストが低いため、地価が上昇するのを待つなど、すぐに売却しようとするインセンティブを低めている可能性がある。

図表Ⅲ.2.8　空き家を貸すにあたり心配な点

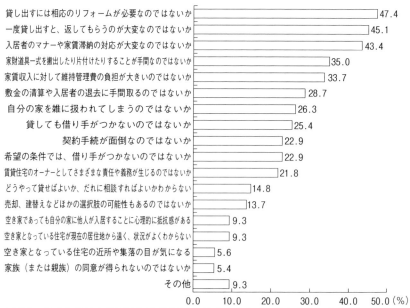

(出所)　株式会社価値総合研究所「消費者(空き家所有者、空き家利用意向者)アンケート」より野村資本市場研究所作成

　現在の税制での維持コストは「更地」＞「住宅付土地」となっており、外部不経済のある空き家については更地とした場合の維持コスト軽減を図る方向で議論が進んでいる。今後、空き家を有効活用しようとすれば、税制上の維持コストを「人が居住する住宅」＜「空き家」となるような措置も検討に値しよう。すなわち、外部不経済を発生させる可能性のある空き家の維持コストを懲罰的な意味合いを含めて引き上げれば空き家のまま放置することが不利になり、空き家所有者は除却、賃貸、売却のいずれかの行動をとらざるをえないだろう。空き家の有効活用のインセンティブを除却より高めるためには、「人の居住する住宅」＜「更地」＜「空き家」という固定資産税の体系が望ましいといえよう。内容が未定とされている2015年度の税制要望の「空き家の除却等を促進するための土地に係る固定資産税に関する所用の措置」

で空き家を有効活用するために、特定の空き家については固定資産税を引き上げるという視点で議論することは有意義であると考える。

(3) 対象地域の明確化

わが国の合計特殊出生率は2012年現在1.41であり、2014年5月8日に発表された日本創成会議・人口減少問題検討分科会の「ストップ少子化・地方元気戦略」によると、出生率を2025年までに1.8に、2035年までに2.1にまで引き上げないとわが国の人口は減少を続け安定しないという。加えて、地方から大都市圏への若者の流出が現状のまま推移すると若年女性人口が2040年に5割以上減少する市町村は896（全体の49.8％）に達し、多くの市町村が消滅するという。

したがって、空き家の有効活用を図る必要があるといえども、空き家を有効活用させるべき地域と除却等を促進させる地域とを明確にする必要があろう。

(4) 空き家買取法人等の創設

税制変更に伴う一時的な供給増に対する対策も必要となろう。一つのアイデアとして空き家対策を行う地方公共団体や団地再生の取組みをする鉄道・宅地開発業者等が第三セクターの買取法人またはファンド（以下、「買取法人等」という）を通じて空き家を買い取り、リフォーム等を行ったうえで市場に提供する仕組みが考えられないだろうか（図表Ⅲ.2.9）[4]。たとえば、高度成長期に開発したニュータウンといわれる大規模団地等で多くの空き家が生じているところがあると聞く。現在、高齢化に伴い政府では高齢者が在宅のまま暮らしを継続できる地域包括ケアシステムを推進しているが、こうしたニュータウンの場合には住宅と同時に店舗などの利便施設や公共施設が団地規模にあわせて設置されたところが多く、ニュータウンの既存施設等を活

---

[4] 提案した空き家買取法人等スキームは国土交通省の「中古住宅市場活性化ラウンドテーブル 2013報告書」で提案されているものをベースにして組み立てたものである。

図表Ⅲ.2.9　空き家買取法人・ファンドのスキーム

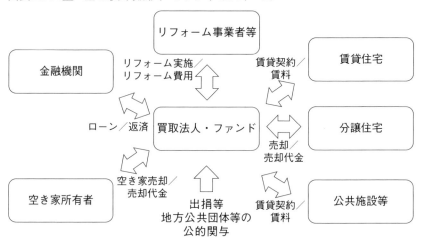

（出所）　国土交通省「中古住宅市場活性化ラウンドテーブル　2013報告書」をベースに野村資本市場研究所作成

用することにより地域包括ケアシステムが効率的に実現できよう。しかし、空き家が増加し、住む人が少なくなればこうした利便施設なども有効活用がむずかしくなる。したがって、地方公共団体が地域包括ケアシステムを推進すべき団地、地域を指定したうえで、地方公共団体や大規模団地開発業者がその趣旨に沿った空き家の買取法人等を設置し空き家を買い取り、賃貸住宅や分譲住宅として提供あるいは高齢者用の公共施設として活用することで周辺地域からの人口流入を図り、当該団地・地域の行政サービスの効率化を目指す意義は大きいと考える。特に、低廉な住宅を提供し子育て世代の流入を図ることができれば、地域の高齢化のスピードを遅らせることも可能になるだろう。低廉な住宅の供給や地域包括ケアシステムをより効率的に推進するために買取法人等には不動産取得税の免除やリフォーム資金の補助をするなど政府や地方公共団体が関与することも必要だろう。

3 新築中心の住宅政策の転換を

　空き家を有効活用する方策等について検討してきたが、これは対症療法である。なぜなら、年間90万戸以上の住宅が新築されているからだ。わが国では新築を好む国民性や経済対策の観点もあって、これまで新築中心の住宅政策がなされてきた。しかし、今後人口が減少し、ますます空き家の増加が見込まれているなか、住宅政策を中古住宅へと向けていくことが求められていこう。

Ⅲ-3

地域の課題克服に活用される ソーシャル・インパクト・ボンド

神山　哲也

1　英国におけるロンドン一極集中の問題

　英国では、日本以上に首都ロンドンへの一極集中が進んでいる。国家統計局によると、2012年のロンドンの人口は831万人と英国全体の13%を占め、独立問題に揺れたスコットランドの人口をも上回っている。2001〜11年にかけての人口増加率でみても、他地域[1]はすべて1桁台の増加となっているなか、ロンドンのみ11.4%増加している。もっとも、この背景には移民の問題もある。2012年のロンドンの人口増加10.4万人のうち、国際移動が6.9万人増、国内移動が5.17万人減、自然変動が8.65万人増となっている。ここから、ロンドンの人口増は移民によるものであり、国内他地域との関係では、むしろロンドンから人口が流出している実態がうかがえる。

　その限りでは、英国と日本とでは首都圏一極集中の背景は異なるともいえるが、その一方で、首都一極集中が地域経済の長期的な停滞・悪化を招いている点は、日英同じである。たとえば、65歳以上の人口の比率でみると、ロンドンは11.3%と他地域と比べると突出して低い。上記のロンドンからロ

---

[1]　他地域は、ウェールズ、スコットランド、北アイルランド、イングランド北東部、同北西部、同ヨークシャー＆ザ・ハンバー、同イースト・ミッドランズ、同ウェスト・ミッドランズ、同東部、同南東部（ロンドン含む）、同南西部。

ンドン外への人口移動の年齢構成に関するデータはないものの、その多くは中高年層とみられる。また、各地域の経済活動を測る一つの目安として、2012年における住民一人当りのグロス付加価値をみると、英国平均を上回っているのはロンドンとロンドンに牽引される南西部のみであり、特にロンドンのグロス付加価値は全国平均を1.7倍上回っている。

　こうした背景もあって、地方公共団体の財政は悪化している。イングランドにおける地方公共団体の外部監査を行う監査委員会（Audit Commission）が2012年11月に公表した報告書「困難な時代（Tough Times）」によると、イングランドにおけるカウンティ等の地方公共団体の43％、その下部にあるディストリクトの34％で短期・中期的に財政的リスクを抱えているとする。また、英国の地方公共団体は、自主財源はカウンシル・タックスを中心とする一方、収入の60％強を政府補助金でまかなっているが、同報告書によると、イングランドの地方公共団体への政府補助金は2011年度で前年度比34億ポンド、2012年度で同16億ポンド削減されているという。英国の財政収支は2002年度以降一貫して赤字であり、今後も中央政府が財政均衡策を推進していくなかで、地方公共団体への補助金が構造的に増加することは見込めず、各地方公共団体では公共サービスの縮小・廃止の動きも出てきている。

　英国政府はロンドン一極集中を是正し、地方公共団体を支援するべく、従前よりさまざまな施策を打ち出しているが、大抵は１回限りの措置であり、地方公共団体における公共サービスの長期的な維持・存続に資するものではない。特に、犯罪や貧困対策といった中長期的な課題の克服に貢献する予防的プログラムは後回しにされがちである。そこで、地域における社会的課題の克服プログラムのための新たな資金調達手法として、ソーシャル・インパクト・ボンドに対する期待が高まっている。

2 ソーシャル・インパクト・ボンドとは

(1) 基本的な考え方

　ソーシャル・インパクト・ボンド（SIB）とは、社会的課題の克服のための資金調達手法である。社会的課題の克服を目的とした非営利団体等のプログラムに関して、地方公共団体・中央政府ではなく投資家がアップフロントで費用を拠出（投資）し、その課題の克服度合いに応じて地方公共団体・中央政府が投資家に費用を支払う（投資リターン）。これにより、社会的課題が存続・具現化することに伴う財政や市民の負担・コストを低下させると同時に、社会的課題の克服プログラムに係る地方公共団体・中央政府のコスト低下とリスク・ヘッジを実現することを企図するものである。

　仲介等のコストを考慮せずに単純化すると、考え方としてはこのようなものになる。たとえば、ある地方公共団体において、元受刑者の再犯率を10％低下させる目的があり、そのプログラムのための費用が10万ポンドと見込まれるとする。プログラム開始前は、そのプログラムが実際に再犯率を10％低下させられるか否かは定かではないため、地方公共団体としては、成果が確実には見込めないプログラム（特に新たな手法を用いる革新的プログラム）に公金を投入することは躊躇されよう。地方公共団体財政が悪化するなかでは、なおさらその傾向は強いはずである。そこで、SIBを用いれば、アップフロントでプログラム運営コスト10万ポンドを外部の投資家から募ることができる。その時点で、地方公共団体にプログラム運営自体に係るコストは発生しない。

　その後、プログラムが再犯率を10％低下させることに成功した場合、地方公共団体がたとえば10万ポンドを投資家に支払う。地方公共団体からすれば、元受刑者を再度収監・管理するコスト負担がなくなるうえ、当初目的としていた成果に対して予定していたコストを支払うことになるわけであり、プログラムが成果をあげないことで公金を無駄遣いするリスクを回避するこ

とができる。他方、投資家にとっては、この場合、投資元本を回収することになる。

　さらに、再犯率が15％低下したとする。この場合、地方公共団体は、投資家から募った10万ポンドを上回る金額（たとえば12万ポンド）を投資家に支払う。地方公共団体からすれば、当初予定のコストは上回るものの、①目的を上回る成果をあげたことで社会的コスト（財政支出＋社会が被る被害）を低下させたこと、②超過分を100％プロラタで投資家に払い戻さないことやリターンに上限を設けることで財政支出を節約することによって、そのコストが正当化される。むろん、その超過コストは正当化される水準に設定されていなければならない。他方、投資家にとっては、この超過分が投資リターンとなる。

　では、再犯率の低下が目的とする水準に達しなかった場合はどうなるのか。その場合、地方公共団体が投資家に支払う金額は10万ポンドに満たないことになる。目的水準に達しなければ投資家への支払がゼロとなるSIBが多いが、目的を下回った割合に応じて投資家への支払が低減する仕組みもある。これにより、地方公共団体にとっては、たとえば再犯率５％低下のために10万ポンドを支出するリスクを避けることができる一方、投資家にとっては、投資元本が毀損することになる。

　このように、SIBは、公共サービスを提供する地方公共団体にとっては、①支出を実際の成果に見合ったものに限定できる、②支出に見合った成果があげられないことのリスクをヘッジすることができる、③社会的課題が存続・顕在化することに伴うコストを削減できる（たとえば、再犯率低下により刑務所維持コストが低下することなど）、というメリットがある。他方、上記のようなSIBの性質上、投資家にとっては基本的に、ダウンサイド・リスクはエクイティ投資と同様である一方、アップサイドは限定的となる。それゆえに、SIBの投資家は一義的に、社会的課題の克服に関心の高い慈善的な投資家に限られるともいわれている。しかし、今後、SIBの高い運用リターンの実績が積み上がったり（プログラムが目的水準を大幅に上回る成果をあげ

ることによる)、SIB で元本毀損する確率がきわめて低いことが明らかになったり（ほとんどのプログラムが目的水準を下回らないことによる）すれば、経済的リターンを追求する一般的な機関投資家・個人投資家を引きつけることになる可能性もあろう。

(2) SIB の仕組み

SIB の主要な関係者としては、地方公共団体・中央政府、社会問題の改善プログラムを実施する機関、投資家、非営利団体のプログラムの受益者となる対象母集団、の4者がいる（図表Ⅲ.3.1）。プログラム実施機関は、ほとんどの場合は非営利団体となっている。

第一段階として、特定の社会問題について SIB を利用することを非営利団体と政府が合意する必要がある。最初に呼びかけるのは、政府の場合もあれば、非営利団体の場合もあるが、後者であっても原則として政府による公募手続を経る必要がある。そのうえで、政府と非営利団体が成功報酬契約を締結する（中間に特別目的ビークル（SPV）等をはさむことが多い）。そこでは、特定の社会的課題の克服について、一定水準を満たした場合に、政府から非営利団体に報酬が支払われることなどが規定される。もっとも、そのほとん

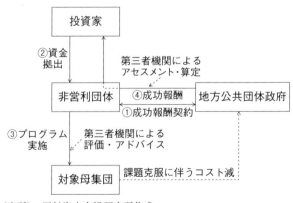

図表Ⅲ.3.1　ソーシャル・インパクト・ボンドの基本形

（出所）　野村資本市場研究所作成

どは、最終的に投資家に帰属することになるものであり、投資家への支払割合など投資家との関係についても規定される。このように、SIB は Bond とはいうものの、流通市場のある債券等の発行を伴うものではなく、政府と外部機関との間の私法上の契約関係およびそれに基づく投資と位置づけられる。

　第二段階として、投資家が資金を拠出し、それが非営利団体の運転資金となる。政府・非営利団体が投資家と同じ立場で一部資金拠出をしたり、プログラムの一部を SIB で、一部を公金による手数料支払でまかなうこともできる。第三段階として、非営利団体が対象となる社会的課題の克服プログラムを遂行する。この過程で、第三者機関がプログラムの進捗状況を確認し、必要に応じて非営利団体にアドバイスを提供することもある。

　第四段階として、対象となる社会的課題の克服度合いが成功報酬契約に定めた水準を満たした場合、その水準に応じて地方公共団体が成功報酬を非営利団体に支払い、その一部を非営利団体が受領したうえで、残余が投資家に支払われる。成功報酬・投資家への支払は、当初の契約に規定された期間（通常3～7年）の最後に支払われ、定期的な支払は原則として伴わない。ただし、高い課題克服度合いを中間時点で達成した場合に、中間配当のようなかたちでの投資家に対する支払を契約に規定するケースもある。また、この過程で、第三者機関がアセスメントを行い、達成度合いを算定する。支払をする政府と非営利団体・投資家との間には利益相反があるため、このプロセスが必要となるわけである。

(3) 市場の状況

　SIB は新しいコンセプトであり、その市場はまだ黎明期にある。世界初の SIB は2010年の英国ピーターバラ刑務所の SIB であり、ソーシャル・ファイナンスのスキームに係るアドバイザリーや投資家への案件仲介を担い、英国における SIB の展開を主導する非営利団体ソーシャル・ファイナンス・リミテッドによると、2014年8月までに世界で25件の SIB が組成され、6,500万ポンドの資金が調達されている。調達資金でみると、最大の米国に次いで

英国が多く、案件数でみると、英国が突出して多くなっている。
　SIB の対象分野でみると、ニート・若年層失業が最も多く、次いで児童・若年層支援、犯罪、ホームレス、となっている。もっとも、ニート・若年層失業については、英国労働年金省のイノベーション・ファンド（後述）によるところが大きい。ニート・若年層失業は雇用増、児童・若年層支援は支援センター入所者数の減少、犯罪は再犯率の低下、ホームレスは住居入居者数の増加など、その成果を定量化しやすい点で共通しており、SIB の中核的分野となっている。他方、今後 SIB が有望視される分野としては、発展途上国における開発支援や貧困撲滅、学校教育の普及などがあげられている。

3　英国におけるソーシャル・インパクト・ボンドの活用事例

　SIB は地方公共団体・中央政府にとって、財政支出の削減・改善プログラムの失敗リスクの回避に資するものであるため、英国政府もその促進に積極的である。より大きな文脈では、キャメロン政権が2010年７月に新政権の方向性の一つとして打ち出した「ビッグ・ソサエティ（大きな社会）」の概念がある。これは、いわば、大きな政府の対義語であり、内容としては、地方公共団体政府への権限移譲や地域住民の行政への参画、民間非営利部門の支援などが含まれる。英国政府による SIB 支援も、この一環に位置づけられる。
　たとえば、英国内閣府には、ソーシャル・インパクト・ボンド・センター（Centre for Social Impact Bonds）が創設され、SIB の基本情報から契約書のあり方、SIB の事例などの情報提供に加え、メールによる問合せ窓口も提供している。内閣府はさらに、2012年11月、SIB など社会的課題の克服に係る成果主義のプログラムに資金拠出をすることを目的とした2,000万ポンドのソーシャル・アウトカム・ファンドを創設した。また、宝くじの売上げと休眠預金の一部を運用するビッグ・ロータリー・ファンドも、2013年７月、同様の目的で4,000万ポンドのコミッショニング・ベター・アウトカムズ・ファンドを創設した。いずれもソーシャル・ファイナンス・リミテッドに申込み

および成功報酬契約の事務処理を一元化しており、SIB の利用を検討している中央政府の各部門や地方公共団体等はソーシャル・ファイナンス・リミテッドをワンストップの窓口として使えるようになっている。

税制面では、2014年3月に公表された2014年度予算において「ソーシャル投資税制優遇措置」が導入された。具体的には、ソーシャル・エンタープライズへの投資について、投資家がグロス投資額の30%の還付を受けることができるようになる[2]。ソーシャル・エンタープライズは、地域の利益に貢献することを目的とする非営利団体や協同組合、寄付基金等であり、それらに SIB を通じて投資する場合も含まれる。財務省は、この税制優遇枠により、ソーシャル・エンタープライズ1社当り、今後3年間で最大29万ポンドの追加の資金調達が可能になるとしている。

こうした英国政府の後押しもあり、現在では15件の SIB が成立している(図表Ⅲ.3.2)。以下では、英国におけるこれまでの SIB のうち、世界初の SIB となったピーターバラ刑務所の SIB、英国初の地方公共団体政府による SIB となったエセックスの SIB、労働年金省のイノベーション・ファンドによる10件の SIB の事例を紹介する。

(1) ピーターバラ刑務所 SIB：世界初の SIB の事例

ピーターバラ刑務所の SIB は2010年9月に設定された世界初の SIB である。英国では、12カ月未満の短期受刑者の出所後の再犯率が約60%、受刑者一人当りのコストは年間4万ポンドと、短期受刑者の再犯率低下が課題となっている。そこで英司法省は、ソーシャル・ファイナンス・リミテッドの協力のもと、刑務所の維持・管理コストの低下を図るべく、ピーターバラ刑務所の男性短期受刑者の再犯率低下を目的とした SIB を創設した。

---

[2] 条件としては、①保証が付されないこと、②支払の優先順位が最下位であること、③投資家が早期支払を求める権利を有さないこと、④商業的な収益率を上回らないこと、が定められている。SIB は、金融行為監督機構(FCA)の規制対象たる金融商品の「契約に基づく投資に係る権利ないし持分」に該当するものと思われる。

図表Ⅲ.3.2 英国のソーシャル・インパクト・ボンド

実施主体	契約主体	対象者	効果測定指標	調達額（ポンド）	備考
司法省	ワン・サービス	ピーターバラ刑務所の元受刑者	再犯率の低下	500万	世界初のSIB
労働年金省	①APM UK ①リンクス4ライフ（SPV） ①インディゴ・プロジェクト・ソリューションズ ①ノッティンガム市 ①プライベート・エクイティ・ファウンデーション ①トリオドス・ニュー・ホライゾンズ（SPV） ②プレヴィスタ ②3sc ②T&Tイノベーション ②エナジャイズ・イノベーション	各々の契約主体が担当する地域（※）における要支援の可能性のある児童・家族 ※たとえば、APM UKはバーミンガム、プライベート・エクイティ・ファウンデーションはロンドンのショアディッチ地区、プレヴィスタはロンドン西部地区、3scはカーディフおよびニューポートなど	学校での態度改善（800ポンド）、継続的な欠席の改善（1,300ポンド）、NQFレベル1（700ポンド）、同レベル2（2,200ポンド）、同レベル3（3,300ポンド）、ESOLコース終了（1,200ポンド）、就職（2,600ポンド）、26週間以上の雇用（1,000ポンド）、など ※年齢階層によって指標は異なる	1,000万	労働年金省が多地域展開するSIBパイロット・プログラム
エセックス市	チルドレンズ・サポート・サービシズ（SPV）	要支援の可能性のある児童・家族	養護施設への入所日数の減少	310万	英国初の地方公共団体によるSIB
ロンドン市	テムズ・リーチおよびセント・ムンゴス（後者はSPV経由） ※支払主体はコミュニティ・地方自治省	ホームレス	路上生活者の減少、雇用の増加、病院利用件数の低下等	200万	個々の指標の達成度に応じて四半期ごとに支払（上限500万ポンド）
会計事務所ベイカー・ティリーと18の養子縁組団体のコンソーシアム（ファンド名はイッツ・オール・アバウト・ミー）	18の養子縁組団体 ※支払主体は各自治体	養子縁組に不利な条件の児童養護施設入居者（4歳以上、兄弟姉妹、マイノリティ等）	プログラムへの登録（8,000ポンド）、養子縁組（23,000ポンド）、里親のもとで1年生活（6,800ポンド）、同2年（15,800ポンド）	300万	プログラム提供主体主導のSIB。ブリッジズ・ベンチャーズ、ビッグ・ソサエティ・キャピタル、内閣府が投資
マンチェスター市	アクション・フォー・チルドレン	問題行動等のある11〜14歳の児童養護施設入所者	児童が支援対象外でいる週数、その他（学校出席や問題行動の減少等）	120万	英国最新（2014年6月）のSIB

(注) 1. 労働年金省の①は第1ラウンド、②は第2ラウンドを示す。
　　 2. NQF（National Qualifications Framework、現 Qualifications and Credit Framework）は習熟度を測定する認定制度であり、ESOL（English for Speakers of Other Languages）は英語を第二言語とする者のための英語の習熟度を測定する認定制度。
　　 3. イッツ・オール・アバウト・ミーの内閣府の投資はソーシャル・アウトカム・ファンドによる。
(出所) 野村資本市場研究所作成

図表Ⅲ.3.3 ピーターバラ刑務所 SIB の仕組み

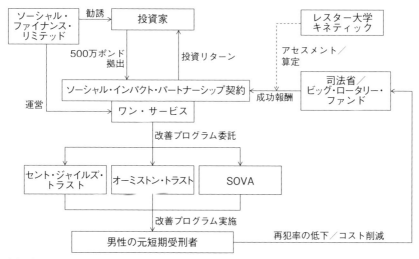

(出所) 英司法省より野村資本市場研究所作成

具体的には、まず、司法省とのソーシャル・インパクト・パートナーシップ契約の主体となるエンティティとして、ワン・サービスが設立された。ソーシャル・ファイナンス・リミテッドは、スキーム全体のアレンジメントに加え、投資家への勧誘、ワン・サービスの運営主体としての役割を担う[3]。ワン・サービスから委託を受けるかたちで、セント・ジャイルズ・トラスト、オーミストン・トラスト、SOVA、の三つの非営利団体が元受刑者の再犯防止プログラムを実施している（図表Ⅲ.3.3）。

投資家は、バロー・キャドベリー・トラスト、エスメエ・フェアベアン・ファウンデーション、フレンズ・プロビデント・ファウンデーション、パナプール・チャリタブル・トラスト、チューダー・トラストであり、計500万ポンドが拠出された。いずれも寄付金に基づく基金であり、ピーターバラ

---

[3] ソーシャル・ファイナンス・リミテッドは、FCAから、①投資に係るアドバイス、②投資案件の仲介、③投資に係る取引に向けたアレンジメントの創設、について認可を受けている。

SIBへの資金拠出の目的が寄付に近い慈善投資であったことがうかがえる。また、2000年金融サービス市場法（金融勧誘）通知2005年（The Financial Services and Markets Act 2000（Financial Promotion）Order 2005）により、500万ポンド以上の資産を有する法人や信託財産1,000万ポンド以上の信託の受託者といった法人等のみを対象とする場合、金融商品の勧誘に係る規制の適用除外を受けることができ、本件SIBも、同適用除外に基づいて投資家を勧誘している。

　目標の設定と達成度合いの測定については、まず、出所した成人男性の元受刑者一人につき全国データベースから同類の10人が選定され、一人当りの再犯件数を比較する。対象母集団はピーターバラ刑務所出所者で第1期約1,000人、計3期で約3,000人（比較対象は全国約3万人の短期受刑者）となり[4]、第1～3期各々の母集団の評価期間（再犯件数をカウントする期間）は12ヵ月に設定されている。司法省とワン・サービスとの契約期間は、元受刑者の母集団への組入期間6年、最後の母集団の評価期間1年、その目標達成度の測定期間1年とあわせて計8年となっている。

　投資家への支払については、司法省に加え、ビッグ・ロータリー・ファンド（Big Lottery Fund）も担うことになっている。3期の平均で全国平均を7.5％下回ることを目標とし、その場合、投資家は元本を回収できる。7.5％以上下回った場合は、投資家への支払額が増加する。また、各期において、全国平均を10％下回った場合の早期支払も規定されている。他方、3期平均で7.5％、1期で10％を達成できなかった場合、投資家への支払はゼロになる。投資家の資金は、第1～3期に分けて割り当てられ、司法省およびビッグ・ロータリー・ファンドによる投資家への支払額（コスト含む）の上限は800万ポンドに設定されている。ソーシャル・ファイナンス・リミテッドによると、再犯件数が全国平均を10％下回った場合、投資家にとっての年率リターンは7.5％となり、最大で約13％になるという。

---

[4] 刑者はプログラムの説明を受けたうえで、対象となることを拒否することもできる。

目標の達成度合いの測定は、客観性を保つべく、第三者機関が実施する。ピーターバラ刑務所 SIB の場合、レスター大学のキネティック（QinetiQ）が測定を担い、より広範な影響調査については米国ランド研究所、欧州部門ランド・ヨーロッパが担う。

　2014年8月、ピーターバラ刑務所 SIB の第1期母集団に関する報告書がレスター大学およびキネティックより公表された[5]。それによると、第1期の母集団936人における一人当りの再犯件数は1.42件と全国平均の1.55を8.4%下回った。早期支払のトリガーとなる10%には達しなかったものの、このペースが継続すれば、投資家は少なくとも元本回収はできることになる。ピーターバラ刑務所 SIB 以外の SIB はいずれも2012年以降に設定されたものであり、投資家にとっての投資収益は確定していないものの、SIB におけるプログラムの進捗実績が世に示された初の事例となった。

(2) エセックス児童支援 SIB：英国初の地方公共団体による SIB の事例

　英国東部のカウンティであるエセックスでは、2010〜11年にかけ、公共サービスのコストが維持困難な水準に達し、特に養護施設に入っている児童数が約1,600人と、全国平均や同規模のカウンティと比較しても多いことが重しとなっていた。養護施設の運営費用は高く、個々の児童のニーズに応じて一人当り年間2万〜18万ポンドかかっていた。折しも、ピーターバラ刑務所 SIB の事例が伝えられており、この仕組みを再犯防止だけでなく児童の自立支援にも活用しようということになった。

　そこでエセックスは2012年11月、ソーシャル・ファイナンス・リミテッドの協力のもと、SIB を設定した。本件 SIB では、チルドレンズ・サポート・サービシズ・リミテッドが SPV として設立され、同 SPV がエセックスおよびプログラム実施主体たる非営利団体との契約および投資家資金の受入れの

---

[5] QinetiQ, University of Leicester "Peterborough Social Impact Bond: Final Report on Cohort 1 Analysis" 7th August, 2014.

図表Ⅲ.3.4 エセックス児童支援 SIB の仕組み

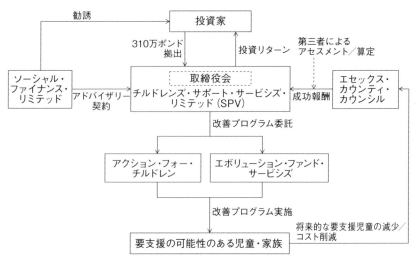

(出所) エセックス・カウンティより野村資本市場研究所作成

主体となっている。ただし、実態としては、ソーシャル・ファイナンス・リミテッドが同 SPV とアドバイザリー契約のもと、投資家への勧誘やスキームのアレンジメントなどの実務を担っている。

エセックスの SIB は、将来的に養護施設に入ったりエセックスの保護管理下に置かれたりするリスクのある若者およびその家族を対象母集団とする。チルドレンズ・サポート・サービシズから委託を受けた非営利団体アクション・フォー・チルドレンは、エセックスにおける380人の児童（11～16歳）およびその家族に対する改善プログラムとして、家族関係の再構築に向けた専門セラピストによる支援、児童向けの職能訓練を提供する。また、改善プログラムで最も成果のあがった取組みに対して後に供給するための資金・機能として、エボリューション・ファンドも創設された（図表Ⅲ.3.4）。

エセックス SIB は、外部投資家から計310万ポンドを調達した。うち、最大の投資家は、休眠預金をソーシャル分野に投資するビッグ・ソサエティ・キャピタルおよびソーシャル分野の投資会社ブリッジズ・ベンチャーズであ

り[6]、各々、エセックスSIB全体の27%を投資している。その他の投資家のなかには、ピーターバラ刑務所のSIBにも投資していた基金や海外投資家、富裕層個人投資家[7]なども投資している。

　評価基準は、全国における比較対象母集団と比べて、30カ月の評価期間において、どの程度養護施設への入所日数が少ないかをみる。対象母集団380人は20期に分けられ、一人につき3～5カ月、計5年にわたってプログラムが提供される。目標は、380人中110人の養護施設入所を防止することであり、これが達成されれば、投資家は元本を回収でき、これを上回れば、投資家はプラスのリターンを得ることができる。投資家への支払額（コスト含む）の上限は700万ポンドに設定されており、投資家にとっての年率リターンは最大で12%となる。他方、目標に達しなかった場合、支払はゼロとなる。

(3) 労働年金省のイノベーション・ファンド：地域の若年層支援に向けたパイロット・プログラム

　イノベーション・ファンドは、各地域における若年層支援のための革新的なプログラムの促進に向けた英国労働年金省のパイロット・プログラムならびにそのために準備された3,000万ポンドの資金を指す。労働年金省は計2ラウンド、2011年と2012年に契約／プログラム実施主体の公募手続を行い、各地域における若年層支援プログラムをファンディングする10件のSIBを設立している（前掲図表Ⅲ.3.2）。若年層支援の具体的内容は、労働年金省レベルでは「14～24歳（第2ラウンドは14・15歳のみ対象）」「不利な立場に置かれている若者およびその危険性のある若者（ただしニートは除く）」とのみ定義されており、具体的な切り口ないしプログラム内容は公募手続に参加す

6　ブリッジズ・ベンチャーズはSIBに投資するファンドを運用しており、ほかに、前掲図表Ⅲ.3.2にあるマンチェスター市やイッツ・オール・アバウト・ミーのSIBにも投資している。ファンドの投資家には、年金基金や慈善投資家に加え、ドイツ銀行も含まれる。

7　富裕層投資家（年収10万ポンド以上もしくは純資産25万ポンド以上）も金融商品の勧誘規制に係る適用除外の対象となる。

る契約／プログラム実施主体の発案に委ねられている。仕組みとしては、SPV を介するものと介さないもの、投資家が単一のものと複数のものがある。なお、契約期間は3年に設定されている。

　イノベーション・ファンドの最大の特徴は、その支払モデルにある。まず、10件のSIB で約1,000万ポンドの資金が外部投資家から調達されている（投資家名は非公表）。イノベーション・ファンドで準備された3,000万ポンドのうち、コストを差し引いた2,840万ポンドが投資家へ払い戻される上限となっている。イノベーション・ファンドにおける投資家への支払は、ピーターバラやエセックスのSIB のようにプログラムの最終段階で全体の目標達成度合いを測って決めるのではなく、途中段階でプログラムの対象となっている個々人における個別指標の達成の有無に応じて小出しに支払が行われる仕組みになっている。前掲図表Ⅲ.3.2 にあるように、たとえば、学校の出席率上昇、特定のテストの合格、就職など、個々の指標に応じて支払額が定められている。これらの目標達成に対して支払われる金額の上限も、プログラムの対象となっている個々人ベースで定められており、第1ラウンドのプログラムでは一人8,200ポンド、第2ラウンドでは一人1.17万ポンドとなっている。こうした仕組みのため、投資家にとっては、徐々に積み上がっていく支払額の総和で最終的な投資収益率を把握することになる。

　これまで、約5,000人の若年層に支援プログラムが提供され、目標達成件数は約1,500件となっている。対象者数は、最大1.7万人になることが予定されている。

4 米国におけるソーシャル・インパクト・ボンドの展開
―大手金融機関が関与するモデル―

　英国におけるSIB の発展を受け、米国でも、これまで4件のSIB が設定されている。米国におけるSIB の特徴としては、大手金融機関が積極的に関与していることがあげられる。以下では、金融機関の観点から米国におけ

るSIBを概観する。

(1) 投資家として参加するゴールドマン・サックス

a 3件のSIB投資

米国で最初のSIBは、ニューヨーク市が2012年8月に設定したもので、ピーターバラ同様、ライカーズ・アイランド刑務所の元受刑者の再犯率低下を目的としたものである。再犯率低下プログラムは、若者向けの矯正プログラムを提供する非営利団体MDRCが担い、再犯率の10％低下を目標として、その達成度合いに応じて、ニューヨーク市矯正局が投資家に支払を行う。投資家はゴールドマン・サックスのみであり、960万ドルを融資のかたちで拠出している[8]。なお、期間は4年となっている。

ニューヨーク市のSIBの特徴は、保証を付した支払システムにある。再犯率が10％低下した場合、ゴールドマン・サックスは元本960万ドルを回収し、20％以上低下した場合、1,171.2万ドルが支払われる。ここまでは英国のSIBでもみられる仕組みだが、ニューヨーク市のものは、ゴールドマン・サックスにとってのダウンサイドが制限されている。まず、再犯率の低下率が8.5％以上10％未満となった場合、ニューヨーク市からゴールドマン・サックスに支払われる金額は480万ドルとなる。他方、同SIBでは、ブルームバーグ前ニューヨーク市長個人の慈善基金ブルームバーグ・フィランソロピーズが720万ドルの保証ファンドを設けており、再犯率の低下率が10％を下回った場合、同ファンドからゴールドマン・サックスへの支払が行われる。これにより、ゴールドマン・サックスの損失は最大で元本の25％に限定される仕組みになっている。

ゴールドマン・サックスは、ほかにもマサチューセッツ州およびユタ州のSIBにも投資している。2014年1月に設定されたマサチューセッツ州のSIBは、非営利団体ロカが少年院出所者向けに再犯防止プログラムを提供するも

---

8 形式的には、銀行子会社のゴールドマン・サックス・バンクが融資を実施している。

のであり、州との契約およびスキームのアレンジメント等はサード・パーティー・キャピタル・パートナーズが担う。効果を測定する指標は、対象母集団の平均再入所日数が比較対象母集団と比べて何％低いか、となっている。期間は7年で、効果があがっている場合は2年の延長オプションがある。資金調達額は1,800万ドル、マサチューセッツ州が投資家への支払に準備した金額は2,700万ドルと[9]、米国最大のSIBとされる。投資家からの資金調達額のうち、半分の900万ドルがゴールドマン・サックスのソーシャル・インパクト・ファンドLP（後述）の優先ローン、300万ドルが慈善投資家2者の劣後ローン、600万ドルが慈善団体等による寄付となっている。

　ここでも、最大投資家たるゴールドマン・サックスへの配慮がみられる。まず、目標は、対象母集団の再入所日数が比較対象母集団より40％低くなることであり、その水準を実現した場合、ゴールドマン・サックスには元本に加えベース金利として年率5％が支払われることになっている。他の投資家への支払は元本とベース金利として年率2％となっている。また、ロカおよびサード・パーティー・キャピタル・パートナーズは各々報酬の15％を繰り延べており、40％の目標を達成した場合、それらが支払われることになっている。目標の40％を上回った場合、ゴールドマン・サックスは最大約100万ドル、他の投資家は最大30万ドル、ロカは最大100万ドルの一時支払を受けることができる。他方、40％を下回った場合、投資家への支払は漸減していき、5.2％を下回るとゼロになる。また、こうした再入所日数ベースの指標とは別に、①プログラム対象者が一定以上の就業訓練を受けることについて一人当り789ドル、②対象母集団における就職者数が比較対象母集団を上回る分について一人当り750ドル、の支払も行われる。ニューヨーク市のものと比べ、ダウンサイドの保証はない一方、よりアップサイドをねらったものといえよう。

　2013年8月に設定されたユタ州のSIBは、ユタ州における低所得層の児

---

[9]　2,700万ドルのうち1,170万ドルは労働省からの補助金である。

童が学校で英語等の特別支援を受ける必要が生じないよう、3〜4歳児に対する1年間の教育プログラムを計7年間にわたって施すものである。効果は、幼稚園入園前の児童に対するテストで平均点以下の児童を対象母集団とし、そのなかで特別支援を受けずにすんだ児童数で測定される。具体的には、児童一人当りの特別支援に係るコストを2,600ドルとしたうえで、対象母集団のうち特別支援を要さない児童一人当り、①小学校6年生までの間は、特別支援に係るコストの95％に当たる2,470ドルが投資家への返済およびベース金利5％の支払に充てられ、②中学校1年生〜高校3年生の間は40％に当たる1,040ドルが投資家への支払に充てられる。投資家としては、ゴールドマン・サックスが最大460万ドルのローンを提供し、投資会社を運営する慈善投資家JBプリッツカー氏が最大240万ドルの劣後ローンを提供する。投資金額は各年に割り当てられ、ゴールドマン・サックスへの支払を経て残余があった場合にJBプリッツカー氏への支払が行われる。

b　ゴールドマン・サックスのねらい

ゴールドマン・サックスがこうしてSIBに投資するねらいとしては、CSR（企業の社会的責任）活動としてアピールしつつ、寄付と異なり、いくばくかのリターンを期待できることがあげられよう。ゴールドマン・サックスでは、2001年に創設されたアーバン・インベストメント・グループのもと、地域に貢献し、かつ、リターンを得る可能性もある投資案件を手掛けており、これをダブル・ボトム・ライン、すなわち、最終的なアウトプット（ボトム・ライン）として社会善と投資リターンの両方を追求するものとしている。こうした投資活動の一環として、一連のSIBへの投資も行われている。

アーバン・インベストメント・グループは、ゴールドマン・サックスの自己資金による投資だけでなく、2013年11月にはソーシャル・インパクト・ファンドLPをローンチし、外部資金も受け入れている。同ファンドは1933年証券法レギュレーションDに基づく私募ファンドであり、2014年7月のSEC登録書類フォームDによると、販売総額は8,288万ドルとなっている（自己資金含む）[10]。外部投資家は開示されていないものの、富裕層個人および慈善

団体とみられている。同ファンドの投資対象は、社会善を促進しつつリターンも追求できる案件全般であり、SIBに限られてはいないが、SIBが主要投資対象として念頭に置かれているものと思われる。上記3件のSIB投資では、マサチューセッツ州のSIBが同ファンドによる投資となっている。

　ゴールドマン・サックスによるSIB投資のもう一つのインセンティブとして、米国の地域再投資法（Community Reinvestment Act）もあげられる。地域再投資法は、低所得地域等に対しても非差別的に融資することを銀行に促すものであり、ゴールドマン・サックスも金融危機後に銀行持株会社に移行したため、適用対象となっている。地域再投資法では、各地の連邦準備銀行等が地域における銀行が低所得地域に対しても非差別的に融資を実施しているか検査のうえ、5段階で格付することが求められる。格付が低位2格付の場合、当該銀行の支店開設やM&Aの認可に際して各地の連邦準備銀行等がそれを考慮することとなっている。SIBも、その目的・対象次第では、地域再投資法における低所得地域等への融資に含まれるため、地域再投資法に基づく格付に有利に働くわけである。また、同格付が支店開設やM&Aの認可で考慮されることに加え、地域におけるレピュテーションに影響することも指摘されている[11]。なお、ゴールドマン・サックスがニューヨーク連邦準備銀行から得ている格付は5段階中、最高位である。

(2)　販社として参加するメリルリンチ

　ゴールドマン・サックスが主に投資家としてSIBに参加しているのに対して、メリルリンチは販社としてニューヨーク州のSIBにかかわっている。ニューヨーク州は2013年12月、元受刑者2,000人の雇用促進を通じた再犯率低下を目指すSIBを設定した。具体的には、非営利団体センター・フォー・

---

[10] フォームDは証券募集に係る適用除外申請であるため、ファンドとしての運用報酬の有無・金額に関する記載はない。他方、販売コミッションの記載はあり、本件ではゼロとなっている。

[11] "Wall St sees social-impact bonds as way to do good and do well" *Reuters*, November 13, 2013.

エンプロイメント・オポチュニティーズが元受刑者に対し、4年間にわたって職能訓練・就業支援プログラムを提供する[12]。プログラムの対象母集団は第1期と第2期に分かれており、第1期は労働省、第2期はニューヨーク州が支払を行い、総額2,300万ドルが準備されている。

投資家への支払に係る評価測定基準は三つある。第一は雇用率であり、プログラム対象者で就職した者の割合が比較対象母集団と比べて5％上回ることを目標とする。この目標が達成された場合、第1期では一人当り6,000ドル、第2期では同6,360ドルが支払われる。第二は再犯率であり、プログラム対象者で観察期間中に再犯で再収監された日数が比較対象母集団を8％（36.8日相当）下回ることを目標とする。この目標が達成された場合、第1期では一日当り85ドル、第2期では同90.1ドルが支払われる。第三は、プログラムで準備された臨時職（transitional jobs）への就職であり、人数が8％増加することを目標とする。この目標が達成された場合、第1期では一人当り3,120ドル、第2期では同3,307ドルが支払われる。これらを積み上げると、投資家にとっての年間収益率は最大12.5％となる。また、ロックフェラー財団が132万ドルの保証ファシリティを提供しており、投資家が元本を回収できなかった場合、投資元本の約10％を保証することでダウンサイド・リスクがある程度は抑制される仕組みになっている。

投資家は、バンク・オブ・アメリカのグループ会社メリルリンチ・グローバル・ウェルス・マネジメントの顧客である富裕層投資家および機関投資家であり、SIB創設前の2カ月間で総額1,218万ドルが調達された。投資家数は40強であり、富裕層投資家と機関投資家でほぼ半々となっている。また、平均投資額は約30万ドルとなっている。投資家には、元財務長官のローレンス・サマーズ氏や著名ヘッジファンド・マネジャー、ウィリアム・アクマンの寄付基金パーシング・スクエア・ファウンデーションなどが含まれている。

---

12 契約期間は評価測定期間も含めて5年半。なお、プログラム実施主体の選定に係るデュー・デリジェンスやスキーム全体のアドバイザーとして、米国ソーシャル・ファイナンス（英国ソーシャル・ファイナンス・リミテッドの米国法人）も参画している。

本件SIBは、SPVの投資持分を私募で個人投資家や機関投資家に販売した世界初の事例であり、ゴールドマン・サックスのソーシャル・インパクト・ファンドLPとの違いとしては、①ファンド形態をとらず個々の持分を直接販売した点、②メリルリンチが投資リスクを負わない点、があげられる。

メリルリンチは、富裕層顧客の45％が投資収益を追求すると同時に社会善を促進したいと考えていることが、今回の案件の背景にあるとする。他方、投資家を勧誘するにあたり、期待値を低く保つことを心がけたとしており、年間収益率は最大12.5％であるものの、顧客に対しては、期待収益率は年間5～6％ほどと説明したという[13]。顧客預り資産1.8兆ドルを有するメリルリンチとしては、1,218万ドルはきわめて僅少な金額であり、大口顧客のESG（環境・社会・企業統治）投資ニーズに応えるための付加価値サービスと位置づけているものと思われる。

5 SIBの評価と今後の展望

SIBは、地方公共団体・中央政府にとって、アップフロントの支出を回避でき、成果が出た場合のみコストを負担するという有利な仕組みであるため、地方公共団体・中央政府による後押しの動きは活発である。上記の内閣府を中心とした英国政府の動きに加え、米国でも2014年度予算案において、地方公共団体のSIB創設支援に向けて財務省が管理する5億ドルの基金創設が盛り込まれた。また、ニュージャージー州では、慈善投資家等が資金拠出する保証ファンドを設けることによりSIBを促進する法案が州議会で審議されている[14]。

他方、SIBには、経済的リターンを追求する一般的な投資家の観点からは疑義が呈されているのも事実である。ゴールドマン・サックスも認めている

---

[13] "Wealth Managers Help Investors Follow Their Passions and Turn a Profit" *Institutional Investor*, January 16, 2014.
[14] なお、英国・米国以外では、カナダやベルギーなどでもSIB設定事例がみられる。

ように、高収益をねらうものではなく、実際の投資家層をみても、慈善目的の投資であることがうかがわれる。その限りでSIBは、経済的リターン以外の要素も追求するESGないしSRI（社会的責任投資）、シャリア適格の運用をするイスラム・ファンドなどと類似した性質をもつものといえよう。SIBはそのなかでも新しいコンセプトであり、投資家にとっての最終的な収益実績が出ているものもいまだなく、SIBの投資リターンやリスクを評価するには時期尚早である。

　今後、SIBが本格的に普及していくには、手法・形態の標準化や、実績を積み上げていくことが必要となろう。また、解決を図る対象となる社会的問題の範囲拡大も課題となる。これまでのところ、元受刑者や要支援児童が主な対象となっているが、成果が数値化されやすい事象であり、かつ、有効な解決プログラムのある事象であれば、SIBには、なじむはずである。発展途上国における貧困撲滅や学校教育の普及にSIBを利用する可能性はしばしば指摘されるところであるが、他の社会的課題にSIBを利用することも、今後検討されることになろう。さらに、将来的には、営利目的の民間企業によるSIBの利用も出てくるかもしれない。たとえば、一民間企業が本業と関連する社会的問題の克服について非営利団体に改善プログラムを委託し、成功報酬を支払うというモデルも考えられよう。このように、SIBはいまだ黎明期にあり、今後、さまざまな形態での発展・活用が考えられる。

　日本においても、地方公共団体における財政の悪化や高齢化の問題は英国と共通している。他方、実際に抱えている社会的課題は、英国・米国と日本とでは異なるところも多い。たとえば、英国・米国では、再犯率低下や要支援児童、若年層雇用といった問題が主眼となっているが、日本では、たとえば、高齢者介護や保育といった分野がより重要になろう。また、そうした社会的課題に対するプログラムを提供する民間非営利部門も、寄付税制を活用して資金調達を行ってきた米国や、4年前にビッグ・ソサエティが打ち出された英国ほどには発達していないものと思われる。こうした論点をふまえつつ、日本でも前向きな議論が展開されることが期待される。

Ⅲ-4 地方債としてのレベニュー債と永久債の可能性

江夏　あかね

1　伝統的な地方債の枠組みを超えたファイナンス手段

　地方公共団体は、住民に対して行政サービスを提供するために、さまざまな財源を活用している。税収や行政サービスに係る料金収入等で行政サービスの必要経費がまかなえれば最も財政的に負担が少ないが、地方交付税や補助金といった国からの財政移転、地方債といった資金調達も通じて、必要な財源を捻出してきた。しかし、人口減少時代に、経済が低成長するなかで税収や国からの財政移転が大幅に伸びることは期待できず、地方公共団体にとっては資金調達における工夫が財源を確保するうえでの最重要課題になることは明らかである。

　21世紀に入ってからの地方債市場の状況を振り返ると、2000年代後半の金融危機発生時や2011年3月に発生した東日本大震災といった時期には一時的に市場の安定性が失われる局面があった。しかし、基本的には、銀行の預貸率低迷のなかでの債券市場の好調な需給環境や金融緩和等を背景とした国債金利の低下基調を背景に、地方公共団体の起債環境としては良好な状況が続いている。

　とはいえ、このようなきわめて恵まれた資金調達環境がいつまでも続くとは限らない。特に、人口減少時代における金融市場の構図としてありうるシ

ナリオとしては、少子高齢化の進展を背景とした国内貯蓄率の減少、経常収支の赤字化を通じた国内全体における資金不足は懸念材料としてあげられる。仮に、このようなシナリオが現実化した場合、地方公共団体が金融市場から従来のように容易に資金調達を実施できなくなることも想定され、限られた資金をより有利に確保し、有効活用するといった点が財政運営上の重要課題になろう。

　人口減少時代に資金調達環境が悪化しても耐久性があるファイナンス手法を考えた場合、ガバナンスの仕組みが機能する資金や、より長期性のある資金が鍵になると考えられ、通常の地方債という枠組みを超えた選択肢を検討することも必要となる。本稿では、人口減少時代の次世代ファイナンスとして、レベニュー債および永久債について分析を行う。二つの手法は、現在の日本では本格的には導入されていないものの、人口減少時代に有効な資金調達手段となりうる可能性がある。

2　レベニュー債

　レベニュー債とは米国地方債の一つで、元利償還の原資を特定の収入源に限定して発行されるものである。米国では1世紀超の歴史を有し、地方公共団体のインフラ整備等に活用されてきた。レベニュー債の発行額は、米国地方債全体の約6割に当たる1,977億ドル（2013年）に達し、米国地方債市場では中核的な地位を築いている。日本には米国のレベニュー債のような仕組みは存在しないが、諸外国をみると、米国以外でもレベニュー債のような特定の収入が償還原資となる資金調達手法が注目を集めている（図表Ⅲ.4.❶）。

(1)　レベニュー債の仕組み

　米国の地方債は、償還原資によって主に①一般財源保証債（General Obligation Bond, GO）、②レベニュー債、に大別される。一般財源保証債は、起債する地方公共団体の課税権を含む全信用力を担保として発行され、発行

図表Ⅲ.4.1 レベニュー債の種類（償還原資別）

償還原資	備　考
上下水道や電力といった公共サービスの受益者から徴収する料金	場合によって、利用料等による制約に加えて、一般財源保証（general obligation pledge）が付されることがあり、そのような商品は二つ以上の償還原資によって償還される形態であることからダブル・バレル債（double barrel bond）と呼ばれている。
高速道路、橋梁、空港をはじめとした社会資本の通行料・使用料およびコンセッションの限界収益	調達された資金で社会資本を整備し、通行料等で償還される。
特別税の税収	タバコや酒といった準贅沢品を対象とした超過課税が該当。
リースバック契約のリース料	調達した財源で公共施設を建設し、地方公共団体、公社に当該公共施設をリースするものであり、地方公共団体等から支払われるリース料が償還原資。
産業開発関連	地方公共団体が債券を発行し、①調達した資金で施設を建設し、最終的な借り手となる民間セクター（企業、家計、非営利団体）にリースし、そのリース料がレベニュー債の償還原資となるもの、②調達した資金を民間セクターに転貸し、民間セクターからの返済がレベニュー債の償還原資となる。

（出所）　Alan Walter Steiss, *Strategic Facilities Planning: Capital Budgeting and Debt Administration*, Lexington Books, 2005, pp.240-241より野村資本市場研究所作成

体が元利償還の全責任を負い、調達資金は、地方公共団体等が直接運用する事業（学校、裁判所、消防署等）に充当される。一方、レベニュー債は発行体の信用力ではなく、事業から生じる利用料等の収入等を償還財源として発行される。空港、上下水道、病院等の整備や公営企業の運転資金に充てられる。

a　レベニュー債を支える法制度

レベニュー債発行については通常、各州の憲法・法律に規定されている。

たとえば、①当該発行体の起債権能および充当可能な事業、②社会資本の取得、建設、改良および拡充のために調達資金を充当し、当該事業から創出された収益をレベニュー債の担保とすること、が規定されている。一方、発行体は、当該事業の料金設定において事業の運営・維持とともに、レベニュー債の元利償還に十分な水準を確保することが義務化されている。

b レベニュー債の償還確実性確保の仕組み

レベニュー債は、一般財源保証債と異なり特定収入を償還財源として発行されることから、元利償還の安全性を維持するため実現可能性調査やコベナンツ（契約条項）等の措置が講じられる。実現可能性調査は、レベニュー債を利用する事業等がその運営維持費用や元利償還費用などをカバーするために十分な収入を創出することを専門家（コンサルティング技術者や専門業者等）が中立的かつ専門的なプロセスで検証するものである。レベニュー債の発行体統治組織（州内の地方政府の起債・財政運営を所管する委員会等）による起債の承認はこの調査が前提になることも多い。

コベナンツは、債権者に不利益が生じた場合に契約解除や条件の変更ができるよう、あらかじめ設定するものである。運営維持費用や債務償還に見合った料金設定を発行体に求める、というのが典型的である。債券保有者の代表である受託者は、発行体がコベナンツを遵守しているかを監視するとともに、発行体に契約条項を遵守させるための法的措置を講じる権限を有している。

c 発行および販売プロセス

米国地方債の発行プロセスは各州において異なるが、たとえばノースカロライナ州やルイジアナ州の場合、州内の地方政府の起債を含めた財政運営について所管する委員会を有している。地方政府が地方債を発行する際は起債許可を委員会に申請し、委員会は合法性、起債の必要性・緊急性、借入金額の妥当性、実現可能性（償還確実性）といった観点から起債を許可するか否かを判断する。なお、米国では規制強化や金融技術の発展により、地方債の発行計画から販売まで地方公共団体等が地方債法律顧問やフィナンシャル・アドバイザーといった外部機関を活用することが多い。

(2) 発行状況

　近年の米国地方債の発行額の傾向をみると、6割強がレベニュー債、残りの4割弱が一般財源保証債となっている（図表Ⅲ.4.2-①参照）。レベニュー債が中核的位置づけを占めている背景には、一般財源保証債に発行額上限、住民投票の義務づけ、といった規制が州法により設けられている場合が多いことによる。レベニュー債も発行体の統治組織等の承認を必要とするものの、住民投票は必要ないケースがほとんどで、起債が迅速に進められる。加えて、レベニュー債は、金利水準こそ一般財源保証債よりも高い傾向にあるが、償還原資となる使用料に関して施設利用者の理解を得やすい。

　レベニュー債の充当事業をみると、教育、公益、病院等が中心となっている（図表Ⅲ.4.2-②参照）。一方、レベニュー債を含めた地方債の発行体としては、市町村等の地方公共団体ではなく、公社・特別区が7割弱を占めている。これは公社等の外郭団体のほうが、起債制限が厳格でないことが一因である。

(3) レベニュー債を日本の地方公共団体に本格導入する意義と課題

a　ガバナンスが効きやすい商品性

　米国において、レベニュー債は社会インフラの整備におおいに活用されてきた経緯がある。特に、1930年代に実施されたニューディール政策の時代に整備された社会インフラ等が1980年代頃から老朽化し、その更新費用をまかなううえでも、レベニュー債は利用されてきた。日本の場合、米国に30年ほど遅れて、1960年代の高度経済成長期に多くの社会インフラ等が整備されてきたため、本格的な更新需要が近い将来に発生する見込みである。日本の地方公共団体をめぐって税収や国からの財政移転の伸びが期待できないなかで、インフラ更新需要に充当する資金をより有利に確保するといった目的にかんがみると、商品性の多様化の一環として、レベニュー債が一つの有効な選択肢になる可能性がある。

図表Ⅲ.4.2　米国地方債の発行額の推移と充当目的別発行割合

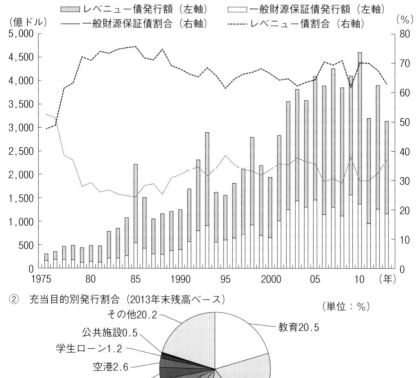

（出所）　米国国勢調査局および米国証券業金融市場協会の統計より野村資本市場研究所作成

　レベニュー債の特長としては、ガバナンスが効きやすい商品性であることがあげられる。具体的には、①その償還原資が基本的には当該事業から生み出される収益となることから、受益と負担の結びつきが強くなること、②米国レベニュー債の場合、一般財源保証債のような制度化された起債統制は受けないが、起債の可否を投資家に問う必要があるといった意味で、公共性の

みならず市場による統制のバランスが求められること、といった性質を有している。レベニュー債では、元利償還の確実性は事業の成否に大きく依存するうえ、実現可能性調査やコベナンツの仕組みも通じて、投資家が投資可能か否かを厳しい目で判断することとなり、仮に充当事業の採算性が乏しい場合は、起債が行われず、事業中止といったこともある。そのため、レベニュー債発行時には、楽観的な見通しに基づく甘い事業計画を策定するようなことが阻止されるうえ、レベニュー債発行後も、コベナンツ等を通じて、安定した経営状況を保つインセンティブが確保されるため、ガバナンスが効きやすい商品性になっているといえる。その意味で、レベニュー債は、人口減少時代においても限られた財源を有効活用することを促すことが期待される仕組みであることから、資金調達手法の一つとして有力な選択肢になると考えられる。

さらに、レベニュー債の償還原資が基本的には当該事業から生み出される収益に限定されていることから、仮に、日本において将来的にある地方公共団体の財政状況が悪化しても、キャッシュフローが安定的に創出される事業を対象としたレベニュー債であれば、比較的有利な条件での発行が可能になることが期待される。たとえば、米国では、カリフォルニア州バレホ市やストックトン市といった財政破綻のなかで連邦破産法第9章を適用した地方公共団体が、キャッシュフローが比較的安定している水道事業を対象としたレベニュー債の発行で資本市場に早期に復帰している。

b 日本の地方債市場では、レベニュー債の本格導入の機運高まらず

日本には米国のレベニュー債のような仕組みは制度としては存在しない。日本の地方債は、一部の外貨建て債を除き、中央政府が明示的に保証しているわけではなく、地方公共団体の課税権が実質的な担保となっている。日本の地方債は、米国の一般財源保証債の概念に通じる。

公営企業債は、元利償還金が当該公営企業の収入から支払われ、独立採算が原則とされているため、当該公営企業の収益力を担保にしていると考えることが可能である。しかし、地方公営企業は地方公共団体自らが行う行政活

動であるうえ、繰出金の制度なども存在している。そのため、公営企業債であっても、地方公共団体の債務であることには変わりがなく、最終的には当該地方公営企業を運営する地方公共団体の課税権が実質的な担保となっている。一方、住民参加型市場公募地方債は、充当事業について具体的に提示したうえで起債される傾向にあるが、その償還原資は充当事業の収益に限定されず、他の地方債と同様に地方公共団体の課税権が実質的な担保となっている。現行の日本の地方財政制度では、レベニュー債のように地方債の償還原資を特定の資産または収益に限定する仕組みはない。

一方で、日本でも21世紀に入って地方分権、市場公募化の推進および地方公共団体の財政健全化の流れのなか、財政規律や資金調達の多様化といったメリットが認識され、レベニュー債のような資金調達の導入を見据えた動きが複数みられている。特に、財団法人茨城県環境保全事業団（現在は茨城県全額出資の一般財団法人）による茨城県エコフロンティアレベニュー信託（100億円、2011年6月に資金調達）の事例は、注目を集めた。

ただし、現時点では、日本でレベニュー債のような資金調達は浸透していない。これは、地方債市場が近年、金融機関の預貸率の低迷等を背景とした良好な需給環境のなかできわめて安定し低金利で推移する状況下、地方債で調達したほうが、資金調達コストが抑えられることから、あえてプロジェクト・ファイナンス的手法であるレベニュー債のような資金調達を選択する必要性が乏しいことによるとみられる。

c　レベニュー債の日本への導入をめぐる五つの課題

レベニュー債には、前述のとおり、ガバナンスが効きやすいといったメリットがある。しかし、仮に、日本にこの仕組みを導入する場合、地方財政制度をはじめとした法的対応、市場整備、金融規制といった観点から少なくとも五つの課題が存在する。1点目として、地方債協議・届出制度等のなかでのバーゼル規制における地方債の取扱いがあげられる。バーゼルⅢの自己資本比率規制において、日本の地方債（円建て、標準的手法）のリスク・ウェイトはゼロとされているが、「特定の事業からの収入のみをもって返済される

こととなっているものを除く」との例外規定があり、レベニュー債はその例外規定に該当する。1998年5月に閣議決定された地方分権推進計画に示されたように、「地方債のリスク・ウェイトがゼロとされてきた現行の位置付けを維持」するために「許可制度」が設けられた経緯をふまえると、現在の地方債協議制度等で、地方公共団体によるレベニュー債は想定されていない可能性がある。

　2点目として、バーゼル規制によるレベニュー債のような資金調達におけるリスク・ウェイトの取扱いがあげられる。米国の場合、地方債のリスク・ウェイトは一般財源保証債が20%、レベニュー債は50%となっている。一方、日本の場合、茨城県環境保全事業団が選択したレベニュー信託では、証券化商品として取り扱われたとみられる。証券化の格付けは、法人等向けに比べて大幅に高いリスク・ウェイトとなっているうえ、リーマン・ショックをはさんだ世界的な金融危機で証券化商品が大きな要因となったとの懸念から、証券化商品に対する資本賦課の強化を検討する動きもみられる。日本でレベニュー債のような仕組みが本格導入される場合、金融市場で広く流通している証券化商品と同等のリスク・ウェイトを課すべきか否かといった議論が不可欠であろう。投資家に対する資本賦課の適正化を図るためにも、レベニュー債のような資金調達に対して、別途リスク・ウェイトを設定することも視野に入る。

　3点目として、倒産法制等に関する対応があげられる。米国のレベニュー債には連邦破産法第928条(a)で規定されている一般債権者に対する先取特権といった仕組みがあるが、日本の地方債には債務不履行（デフォルト）の仕組みがない。したがって、地方公共団体の債務の優先劣後関係も存在しない。仮にレベニュー債のような資金調達を行う場合、倒産法制等の見直し・変更が必要になる。

　4点目として、外部機関の整備があげられる。レベニュー債のような資金調達の仕組みは、課税権が実質的な担保となって償還する地方債とは異なるため、仕組みを組成・管理する専門知識も必要となる。米国の場合、地方債

法律顧問やフィナンシャル・アドバイザー等の外部機関の活用が進んでいる。日本の場合、地方公共団体等による金融リテラシーや法制面の対応能力の向上に加え、外部機関の整備も必要となる。地方公共団体金融機構が地方支援業務として地方公共団体の資金調達の効率化に向けた支援を行っており、レベニュー債のような資金調達を行う場合にも活用可能とみられる。

5点目として、開示の仕組みの拡充があげられる。仮にレベニュー債のような仕組みを活用する場合、日本にはなじみがないこともあり、住民・投資家にきめ細かく開示・説明することが求められる。米国の地方債は、1989年に制定された1934年証券取引所法規則15c2-12を通じて開示の仕組みが構築された。一方、日本の地方債はそもそも金融商品取引法を通じて開示免除とされている。加えて、第三セクター等は多くの場合、地方公共団体による財政的支援があり、外部からの借入れも金融機関と相対で交渉し実施する傾向にある。そのため、仮にレベニュー債のような資金調達を活用する場合も、資金調達主体による開示体制を継続的に確保する仕組みが必要になると考えられる。

すなわち、日本にレベニュー債のような仕組みを本格的に導入する場合、投資家に十分に受け入れられる金融商品となるためには、法的対応、市場整備、金融規制といった制度面からの検討および対応を十分に行うことが不可欠であるといえる。

3　永久債

永久債とは、通常の債券とは異なり、償還期限が定められていない債券である。英国国債が永久債で発行された18世紀以降、世界各国で官民双方による発行が行われてきたが、特に、20世紀終盤の銀行規制のなかで多くの銀行が永久債を発行し始め、21世紀に入って金融危機時を除き、発行が相次いだことから、市場規模は2014年10月末現在、1兆ドル程度に達している(ブルームバーグの統計に基づく)。

(1) 永久債の仕組み

永久債とは、償還期限が定められていない債券であり、発行体が途中償還を行わない限り元本の償還がなく、利払いが永久に行われるものである。発行体にとっては株式と同様に、元本を一定期間後に償還する義務がないため、負債の一部ではあるものの、自己資本に近い性格の資金となる。一方で、永久債保有者には、株主に認められているような議決権等の権利はない。

(2) 発行状況

永久債は、英国で1750～51年に政府の財政問題に対処すべく、それまで発行された複数の英国国債を2種類の債券に統合し、低利で借り換えることを目的として「コンソル債」（Consolidated Annuities、Consols）が発行されたことを通じて知られるようになった。永久債は、バーゼル合意による自己資本比率規制が1988年に策定されたことを契機に銀行が一定程度の自己資本を確保する必要に迫られたことから、劣後債務（劣後債・劣後ローン）による負債性資本の調達に乗り出し、一部は永久劣後債のかたちでも発行されるようになったため、20世紀終盤頃から金融市場でのプレゼンスが高まるようになった（図表Ⅲ.4.3参照）。

現存している永久債の発行額の推移をみると、21世紀に入る頃から発行額が増加し始め、2000年代前半に世界的に債券市場の金利が低下するなかで、償還期限の定めのないことから通常の債券（シニア債等）に比して劣後することを背景に金利水準が高い傾向にある永久債への需要が高まったこともあり、発行額が伸びていった。なお、発行されている永久債はほとんどが発行体による期限前償還（コール）が可能となっており、一部の例外を除けばほとんどが期限前償還されていることも、投資家にとっては、償還日不定といった不確定要素が実質的に排除され、投資しやすい金融商品の一つとして映っている可能性がある（図表Ⅲ.4.4－④参照）。

永久債は、2000年代後半の金融危機のなかで、発行額が一時的に抑制基調

図表Ⅲ.4.3　永久債の発行額推移（グローバル）

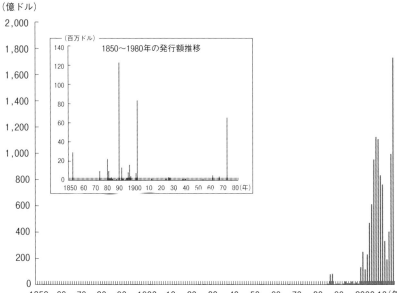

(注)　ブルームバーグのデータに基づく。2014年10月末現在で存在している永久債。2014年の発行額は10月末までの数値。為替レートは、簡便的に2014年10月末時点の水準で換算。
(出所)　ブルームバーグより野村資本市場研究所作成

にあったが、世界各地における金融緩和政策のなかで2010年代前半に再び金利水準が低下傾向にあるなか、金融機関のみならず事業会社も、資本増強や買収資金調達等を目的とした永久債の発行に取り組んでいる状況となっている。

　世界の金融市場で現存する永久債の内訳をみると、国別では英国、フランス、米国といった欧米先進国が中心となっており、通貨はユーロ、米ドル、英ポンドと続くかたちになっている（図表Ⅲ.4.4-①・②参照）。一方、業界別にみると、金融機関が全体の8割以上を占めているが、国（全体の0.0034%）や地方公共団体（同0.0126%）といった公的セクターによる発行も現存している（図表Ⅲ.4.4-③参照）。地方公共団体による発行はすべて英

Ⅲ-4　地方債としてのレベニュー債と永久債の可能性　195

図表Ⅲ.4.4 永久債の発行額別内訳（グローバル）

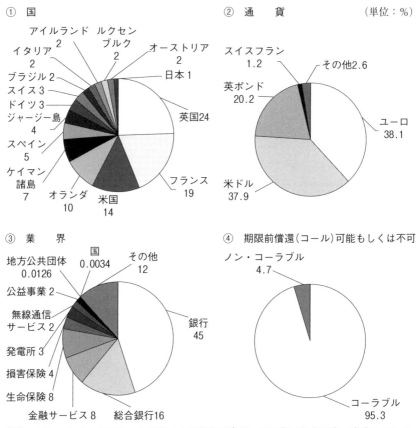

(注) ブルームバーグのデータに基づく発行額別内訳。2014年10月末現在で存在している永久債。為替レートは、簡便的に2014年10月末時点の水準で換算。
(出所) ブルームバーグより野村資本市場研究所作成

国において英ポンド建てで行われており、リバプール・メトロ・ディストリクト、マンチェスター市、バーミンガム市といった団体が起債を行っている。なお、地方公共団体による永久債は、記録が残っていない等により発行日が不明な銘柄が大部分だが、発行日が判明している銘柄は、英国が第二次世界大戦後の高度経済成長を遂げていた1964～65年に発行されている。

(3) 永久債を日本の地方公共団体に本格導入する意義と課題

a 日本の地方財政制度にも存在する永久債の仕組み

前述のレベニュー債と異なり、日本の地方財政制度には、永久債の仕組みが存在する。

日本の地方財政制度のもとでは、地方債の償還年限について、地方財政法に基づき、当該地方債を充当して建設した公共施設等の耐用年数を超えないようにする旨が地方財政法第5条の2で規定されている。ただし、公営企業債に関しては、地方公営企業法第23条において、地方公営企業の建設に要する資金に充当する場合、償還期限の定めのない地方債、つまり永久債を発行することが可能とされている。

一方、地方公営企業の永久債に関しては、毎事業年度の利益の状況に応じて特別利息を付することが可能となっている。特別利息は、通常の定められた利息に追加して、毎事業年度の利益剰余金の状況に応じて支払われるものであり、株式の配当金のような性格を有するものである。なお、特別利息の率については、普通の利息に特別の利息を加算することから、年間、元金の1割程度をもって最高限度とすることが適当とされている。

地方公営企業は、住民の福祉の増進を基本目的として経営され、その企業経営は住民の創意に基づくことが望ましいとの観点から、永久債は地域住民により消化されることが期待されている旨が通達に記されている。これは、永久債が出資にかわる住民の出捐の方法として利用されることを期待して明示されたものである。ただし、制度上では、永久債の購入者を地域住民に限定するなど、購入者に制限がかかるものではないと解釈される。

地方公営企業の永久債をめぐっては2014年10月末現在、千葉県の工業用水道事業で発行が行われ、当該事業における受水会社が引き受けている例があるのみである。当該永久債は、通常の借入れに比して資本コストの減少を通じて給水料金が低く抑えられること等が期待され、起債に至った可能性がある。なお、永久債の特別利息については、近年は支払われたことがないとの

ことである。
b　メリットは償還期限のない安定的な資金調達

　地方公営企業の永久債はこれまで、上記の千葉県の事例のみである。地方公共団体による永久債が浸透していないのは、地方債市場において超長期ゾーンも含めて幅広い年限で底堅い投資家需要に下支えされ、良好な資金調達環境が続いていることから、地方公共団体があえて永久債の発行を検討する必要性がなかったことが背景として考えられる。さらに、日本の債券市場を見渡しても、金融規制に伴う自己資本増強の必要性により、銀行や生命保険会社等が発行してきた経緯があるが、外貨建てのものが主流であるうえ、期限前償還条項が付されているものも多く、地方公営企業の永久債と商品性の単純比較をすることが困難であることも一因とみられる。

　しかし、地方公共団体にとって、永久債の発行は、償還期限のない安定的な資金を得られるという大きなメリットを享受することになる。国や地方公共団体は、株式も発行可能な民間企業と異なり、資金調達は基本的には償還期限が定められている負債性の資金で調達する選択肢しかない。とはいえ、永久債は負債性資金であるものの、株式のように償還期限が定められておらず、償還に伴う資金繰りを気にする必要がないため、地方公共団体にとっては、より長期的な事業にも充当しやすくなると考えられる。

　マクロ的な観点からは、人口減少時代を迎えるにあたって、永久債の発行制度を、公営企業のみならず一般会計に拡大することもメリットがあると考えられる。人口減少時代には、効率化や技術革新がない限り、行政サービスの質を低下させなければ、住民一人当りの行政コストが上昇すると考えられる。もちろん、行政サービスの料金引上げや増税を行えば、コスト増加分を吸収可能ともいえる。しかし、住民の効用を高める観点からは、永久債の発行を通じて資本コストを軽減できるようであれば、住民負担を増やすことなく、行政サービスの水準を維持することも可能となると期待される。

　永久債は、一般的に償還期限がある債券に比して投資家の要求金利水準がある程度高くなることも想定される。しかし、たとえば、財源が足りないな

どの理由で見送られている社会インフラ等の整備・改築でも、永久債の仕組みを活用することを通じて実施に漕ぎ着けることが可能になるのであれば、当該社会インフラにより便益を受ける住民、企業等が永久債を引き受ける場合、投資判断において享受する便益が優先され、要求金利水準はそれほど高いものにならない可能性もある。これは、仮に高い金利水準を要求した場合、当該社会インフラの利用料金が引き上げられ、便益が損なわれる可能性があるからである。さらに、近年の日本の債券市場におけるフラット化した金利形状をみる限り、10年債等の償還期限が定められている地方債と大幅に乖離した水準の発行金利を求められる可能性はそれほど高くならないとも考えることができる。

一方、償還期限が定められている通常の地方債をめぐっては、公的資金の場合、償還期間は原則として30年以内とされているが、たとえば、水道事業における水道用構築物の法定耐用年数は長いもので80年に達しており、構造物の減価償却が終了する前に借換需要が発生してしまうこととなる。また、民間等資金についても、市場公募地方債の場合、近年は超長期債の発行割合も徐々に増えてきているが、全国型市場公募地方債の場合は10年債、住民参加型市場公募地方債の場合は３年債もしくは５年債が主流になっており、公的資金と同様に減価償却終了前に借換需要が発生することも多い。しかし、永久債には、このように構造物の耐用期間内に借換リスクが発生しない。さらに、期限前償還条項付きの永久債を発行し、構築物の減価償却が終了し、公営企業に十分な内部留保が確保された段階で繰上償還を行うといった方法を通じて、充当資産の耐用年数と調達資金の期間を合致させることも可能となるとみられる[1]。

他方、投資家のメリットとしては、永久債は通常の地方債に比してある程度投資妙味が出現する可能性があることに加え、地方債協議・届出制度のもとで運営されている地方債でありデフォルトの仕組みがなく、前述のとおり

1　ただし、市場公募地方債については、1998年10月債より、繰上償還条項が削除されている。

バーゼルⅢの自己資本比率規制のリスク・ウェイト（円建て、標準的手法）がゼロのきわめて安全性が高い金融商品であることがあげられる。

　公営企業の永久債は、投資のほとんどが長期保有目的とみられる住民にとって、資産形成の一助となる金融商品として魅力的に映る可能性がある。とりわけ、少子高齢化の進展で今後ますますの人口増加が見込まれる退職世代にとっては、年金と同様に、定期的に収入が受け取れる魅力的な商品として注目が集まる可能性がある。他方、機関投資家においても、超長期の投資ニーズがある生命保険会社や年金基金がALMの一環として、永久債を魅力的な投資対象としてとらえる可能性が期待される。

c　永久債の日本への本格導入をめぐる課題

　永久債には、前述のとおり、地方公共団体・投資家・住民等にとってメリットを有する金融商品といえる。しかし、仮に、日本の地方公共団体が本格的にこの仕組みを活用する場合、少なくとも三つの課題に対処する必要がある。

　1点目は、ガバナンスの維持である。永久債は、株式と同様に償還期限が定められていないが、議決権等の権利はなく、株主総会で株主の利益に沿わない経営者を解任するといった株式会社でみられるような株主によるガバナンスの仕組みはない。たしかに、永久債が金融市場で十分に流通するなかで発行体である地方公共団体の財政状況が悪化した場合には、流通利回りの上昇や投資家による永久債の売却といったかたちを通じてガバナンスが効くとも考えられるうえ、永久債保有者が住民の場合、選挙を通じて首長を変更させるといったことはありうる。しかし、地方公共団体が永久債によって償還期限が定められていない安定性の高い資金を手に入れたとしても、財政規律の手綱を確保するような仕組みが必要といえる。たとえば、永久債の発行後、資本コスト低減等を含めてどのようなメリットが発生し、そのメリットがどのように活用されたのか（他の地方債の償還原資、行政サービスの質の向上、新たな事業への投資、基金の積立等）や繰上償還が可能か、などを定期的に検証することが求められるところである。

2点目は、流動性の向上である。金融機関等が発行している永久債の多くは、国内外に幅広い投資家層を抱えていることから一定以上の流動性を確保することが可能と考えられる。しかし、日本の地方債はそもそも流動性が低い状況にあり、永久債を購入しても投資家が売却することが困難なことも想定されるうえ、償還日も定められていないため、いったん投資を行っても投資資金を回収できなくなる可能性が否めない。

　流動性を向上する仕組みとしては、ドイツの個人向け国債の一種であるドイツ政府・デイボンド（Tagesanleihe）といった金融商品の仕組みが参考になる可能性がある。当該国債は、ユーロ圏のオーバーナイト金利（EONIA）に連動し、預入れ、引出しが自由な商品設計になっており、償還日は特に設けられていない。デイボンドは、国債と預金両方の特徴を兼ね備え、いつでも預入れ・引出し可能という意味から流動性リスクが排除された商品設計となっており、ドイツで広く浸透した。その結果、ドイツでは、2008年の個人向け国債発行額は前年比約2倍に増加したという経緯がある。ドイツ政府・デイボンドのような仕組みは、短期金利に連動する金融商品で必ずしも長期投資を前提としているとは言い切れず、永久債の流動性向上に向けた唯一の解決策ではないと思われる。しかしながら、地方公営企業の永久債が安定消化されるためには、何かしらの流動性リスクの軽減策は必須と考えられる。

　3点目は、レベニュー債の課題でも取り上げた開示の仕組みの拡充である。日本の地方債はそもそも開示免除であるが、償還期限が定められていない特殊な地方債であることにかんがみると、投資家層を拡大するためには、発行体である地方公共団体による継続的な開示が必要になると予想される。

　すなわち、日本の地方公共団体による永久債が金融市場・住民等に広く受け入れられるためには、ガバナンスの維持、流動性の向上および開示の仕組みの拡充といった課題を解決すべく、十分な検討が望まれるところである。

4　人口減少時代の次世代のファイナンス手法

　日本の地方公共団体は現在、地方債市場が堅調に推移するなかで、きわめて良好な資金調達が可能となっている。しかし、日本が初めて本格的に経験する人口減少時代においては、金融市場の構造が大幅に変化し、これまでのような容易な資金調達ができなくなる可能性があるなかで、従来の枠組みにとらわれない資金調達手法を幅広く検討することが望まれる。人口減少時代に資金調達環境が悪化しても耐久性がある次世代のファイナンス手法としては、レベニュー債と永久債が有効な資金調達手段になりうる可能性がある。

　レベニュー債は、コベナンツ等の仕組みを通じてガバナンスが効きやすい金融商品であり、人口減少時代において鍵となる限られた財源を有効活用することを促すといった特長を有している。一方、永久債は、株式発行といった概念を有さない地方公共団体でも償還期限のない安定的な資金を得ることが可能となるうえ、充当する社会インフラ等の受益者による投資等を通じて資本コストが減少すれば、人口減少時代において住民一人当りの行政コスト上昇をある程度抑制することも期待できる金融商品である。

　二つの手法は、現在の日本では制度面の課題や支える金融市場がないといった問題があり本格的には導入されていない。しかしながら、人口減少時代を迎えてからではなく、現在から、資金調達戦略の一環として次世代のファイナンス手法に関する検討を進めることが、中長期的な将来にわたって財政の持続可能性を維持するうえでの一助になると期待される。

第IV部

産業関連の地方創生施策

Ⅳ-1

地域企業の事業承継を円滑化する新たな方策の考察

吉川　浩史

1　成長戦略としての事業承継を円滑化

　わが国が持続的経済成長を実現するにあたり、人口減少、少子高齢化が課題として指摘されて久しい。2008年以降、総人口は減少局面に入り、少子高齢化の進行は止まらない。日本創成会議の提言「ストップ少子化・地方元気戦略」では、2040年までに若年女性（20～39歳）の人数が50％以上減少する市町村が896（全体の49.8％）にのぼり、存続がむずかしくなる可能性があると指摘している[1]。

　若年層の人口の維持・拡大とともに、地域に根差した優良企業の存続も地域の経済・雇用、そしてわが国経済の将来に必要である。本稿では、わが国で進む高齢化が地域経済を支える中小企業の経営層にもみられ、事業承継が円滑に進んでいるとはいえない現状に着目し、承継を促すための新たな方策について課題と可能性を考察している。成長戦略として、ベンチャー企業の支援・育成策が盛んに議論されてきたが、歴史ある企業の円滑な事業承継を実現し、廃業を防ぐことも同様に意義があるものといえよう。

1　日本創成会議提言資料（http://www.policycouncil.jp/）。

2　中小企業の経営者の高齢化

　わが国経済の構造を企業規模の面からみると、中小企業は企業数ベースで全体の99.7%（385万社）、常用雇用者・従業者数ベースで同66.0%（3,216万人）を占める[2]。また、付加価値ベースでは、製造業全体に占める中小企業のシェアが50.5%にのぼり、経済におけるプレゼンスの大きさがうかがえる[3]。

　その中小企業において近年、経営者の高齢化とそれに伴う事業承継が大きな問題となっている。大企業の多くでは会社代表者が高齢化すると後任者に職務が委譲されることが多いため、たとえば資本金規模が5億円以上の企業では会社代表者の平均年齢は60歳代前半で推移しており、ほぼ横ばいである（図表Ⅳ.1.1）。他方、資本金規模1,000万円未満では、1982年の52歳から2011年には57歳へと5歳上昇している。資本金規模の小さい企業のなかには創業から日が浅く、若い経営者に率いられるケースがある一方、経営者の高齢化が進み、事業承継が喫緊の課題となっているケースもあると思われる。

　しかし、中小企業における事業承継の準備は、全体的に進んでいるとは言いがたい状況にある。「事業承継実態調査報告書」によると[4]、中小企業において「家族・親族への承継」との回答が40%と最も多いが、「明確に決まっていない」との回答も29%と多い。また、承継時期については47%が「まだ明確な時期は考えていない」と回答しており、会社代表者を60歳代以上に絞っても20%以上が未決定と回答している。

　その一方で（資産が負債を上回る）資産超過の状態で、休廃業・解散となった企業が2013年だけで約3万社にのぼり、しかも社長の年齢が70歳代以上のケースが全体の44%を占めており[5]、事業承継が困難であったケースも少な

2　中小企業白書（2014年版）を参照。データは、2012年時点の民営、非一次産業における集計値。中小企業の定義は、総務省「経済センサス―基礎調査」に準ずる。
3　中小企業白書（2012年版）を参照。データは、従業者4人以上の事業所の付加価値額を集計。
4　中小企業基盤整備機構「事業承継実態調査報告書」（2011年3月）を参照。
5　東京商工リサーチ資料。

図表Ⅳ.1.1　資本金規模別の会社代表者平均年齢の推移

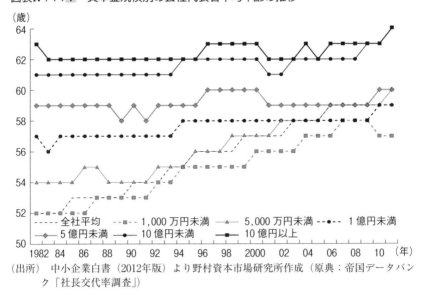

(出所)　中小企業白書（2012年版）より野村資本市場研究所作成（原典：帝国データバンク「社長交代率調査」）

くないと考えられる。事業継続のための円滑な承継について検討し、準備を進めるべき時期に差しかかりつつあるといえる。

3　進まない事業承継と指摘されている課題

(1)　事業承継の方法と課題

　中小企業の事業承継先としては、親族が典型的である。先述の調査報告書によると、現経営者が先代経営者の親族であるケース（子どもを含む）が79％にのぼり、また後継（予定）者も親族のケース（同）が82％を占めている[6]。親族による承継は、経営者と従業員あるいは取引先との関係構築や親

6　脚注4に同じ。

和性という観点から望ましいと考えられるが、少子高齢化の進む現代において該当者がいないケースや、経営能力や意欲の点から必ずしも親族に承継することが適切であるといえないケースもあろう。

親族に承継しない場合は、同業他社等への売却（M&A）や外部からの経営者の招聘が一つの選択肢となる。中小企業の事業や保有技術等が魅力的な場合、事業売却先や新経営者を見つけられれば事業継続が可能となるが、新経営者が既存の企業文化等を尊重し、従業員や取引先と親和性があるとは限らない点に注意が必要である。また、現在の中小企業経営者の間では事業売却への抵抗が大きく、事業の承継先として「第三者への承継」をあげる割合が2.6％ときわめて低く、このパターンがすぐに普及・一般化するとは言いがたい（図表Ⅳ.1.2）。

そこでもう一つの選択肢として、現経営者のもとで事業に携わってきた従業員があげられる。経営能力、意欲、企業文化の維持、親和性の観点から事業の承継先として望ましい人材を選び出せることが利点である。従業員のな

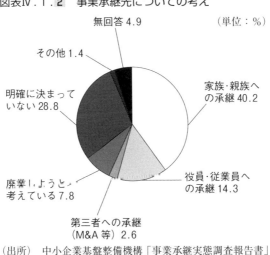

図表Ⅳ.1.2　事業承継先についての考え

（単位：％）

- 家族・親族への承継 40.2
- 役員・従業員への承継 14.3
- 第三者への承継（M&A等）2.6
- 廃業しようと考えている 7.8
- 明確に決まっていない 28.8
- その他 1.4
- 無回答 4.9

（出所）　中小企業基盤整備機構「事業承継実態調査報告書」
　　　　（2011年3月）

Ⅳ-1　地域企業の事業承継を円滑化する新たな方策の考察

かから新経営陣を選出することで求心力も保ちやすいと思われる。最大の問題は、現経営者（オーナー）の保有する出資持分（株式等）や事業用資産の取得である。そこで、株式の一部を従業員、取引先等に取得してもらい、承継に必要な資金を軽減したり、従業員の大半による自社株保有というかたちでの事業承継を容易に行うことができれば、より円滑に承継されやすくなるのではないだろうか[7]。

(2) 少しずつ進む事業承継の円滑化への取組み

事業承継の円滑化への取組みとしては、2008年に経営承継円滑化法が成立・施行された（2013年4月に改正）。同法には、①遺留分に関する特例、②承継時の金融支援措置、③相続税の軽減措置、が盛り込まれている。特に、②の金融支援措置は、株式取得資金や運転資金の調達を支援するものである。また、2009年度税制改正では事業承継税制が創設された。しかし、同税制は当初、親族間での承継など要件が厳格なため、親族外承継は支援されなかった[8]。2014年版『中小企業白書』でも、親族以外への事業承継時の課題として、後継者による自社株式・事業用資産の買取りが困難と指摘され、引き続き資力が課題となっていることがうかがえる。

そうしたなか、民間でも、銀行や商社が事業承継を支援するファンドを組成し、たとえばオーナーから取得した株式を（時間をかけて）後継者に買い戻してもらう（一時的に受け皿となる）取組みが複数みられる[9]。加えて、親族以外への承継時の取得資金の確保について、銀行やファンドといった大口の資金提供者が存在しない場合でも、市場に近いメカニズムを構築し、それを活用して関係者への承継（株式の移転）を実現するスキームへのニーズも

---

[7] 債務に現経営者の個人保証が付されている場合に、その引継ぎ先も問題とされるが、「経営者保証」を外すことができる目安が示された「経営者保証に関するガイドライン」が2014年2月から適用され、解除が徐々に進んでいる（2014年8月18日付日本経済新聞朝刊13面）。
[8] 2013年度税制改正により2015年から親族外承継にも適用される。
[9] 2014年3月31日付日本経済新聞朝刊5面。

高まると思われる。

4 円滑な事業承継に向けた新たな方策に関する考察

(1) 新たな非上場株式の取引制度を活用した事業承継の可能性

a 制度改正の背景と経緯

グリーンシート銘柄制度とは、非上場企業による円滑な資金調達、投資家による非上場株式の換金と公平・円滑な売買の実現を目的に、日本証券業協会が1997年に創設した制度である[10]。しかし、銘柄数は2004年の96銘柄から2014年3月末には37銘柄まで減少し、2013年の年間売買代金も1億円と、近年は活発に利用されているとは言いがたい状況にある。

要因として、①投資家保護の観点から上場株式に近い規制、具体的にはインサイダー取引規制やそれに伴う適時開示義務の対象[11]とされ、上場企業と大差ない負担となっていること、②新興市場における上場基準の引下げ等により、グリーンシート銘柄制度を企業が利用するインセンティブが低下したこと、等が指摘されている[12]。

そこで、2013年の金融庁・金融審議会[13]では、地域における資金調達を促進する等の観点から、グリーンシート銘柄制度にかわる新たな非上場株式の取引・換金のための枠組みが議論され、2014年5月23日に成立した改正金商法で枠組みが定められた。それを受け、日本証券業協会において具体的な制度設計について議論され、同協会の自主規制規則に盛り込むべき点を取りま

---

10 日本証券業協会ウェブサイト参照 (http://www.jsda.or.jp/shiraberu/greensheet/)。
11 2005年の旧証券取引法改正において、グリーンシート銘柄が「取扱有価証券」と位置づけられ、インサイダー取引規制等の不公正取引規制が導入された。
12 日本証券業協会「『新規・成長企業へのリスクマネー供給に関する検討懇談会』における議論の整理」参照 (http://www.jsda.or.jp/katsudou/kaigi/chousa/risk_money/index.html)。
13 新規・成長企業へのリスクマネーの供給のあり方等に関するワーキング・グループ。

とめた報告書が公表された[14]。今後、関連する政省令、内閣府令が明らかになり、同協会の自主規制規則において具体的な制度の内容が定められることとなる。

新たな非上場株式の取引制度は、ベンチャー企業の育成に加え、歴史ある企業等による事業承継にも活用できる可能性がある。

b 新制度の特徴と可能性

「新制度」では、各証券会社が設ける当該株式の「投資グループ」の構成員に対してのみ投資勧誘が認められ、流通が限定される一方、一般の非上場株式に準じた規制内容、すなわちインサイダー取引規制の適用対象外となり、発行体の開示義務等の負担が軽減される（図表Ⅳ.1.**3**）。ベンチャー企業等による同制度の利用を促し、株主の取引・換金ニーズに応えられる制度となることが期待されている。

事業承継で特定の後継者が定まっていないケース、あるいは決定していても現オーナーが後継者以外の第三者に株式の一部を売却するケースにおいては、新制度に基づいて株式を譲渡することにより、円滑な移転が可能となる。たとえば、現オーナーが取引先や地域の住民・消費者にも株式の保有を希望する場合、新制度のもと、株式取得希望者に投資グループ内へ入ってもらうことで売買が円滑に行われる。企業は上場コスト[15]を負担せずに、いわば地域に対して限定的に「公開」するかたちとなる。取引先は当該企業の存続、取引の継続のために株式を保有する可能性があり、また当該企業が地域の小売業や運輸業（鉄道・バス）の場合、地域住民がサービス提供の継続や株主優待を目的に株式を保有することも考えられる。新制度上で売買が可能となることにより、当該企業の株式を保有する役員、従業員、取引先や地域住民といった第三者の換金ニーズにも対応しやすくなる。

---

[14] 非上場株式の取引制度等に関するワーキング・グループが設置された。報告書については、日本証券業協会参照（http://www.jsda.or.jp/katsudou/kaigi/jisyukisei/gijigaiyou/20131202.html）。

[15] 開示や内部統制の整備等に係る費用。

図表Ⅳ.1.3 新たな非上場株式の取引制度のイメージ

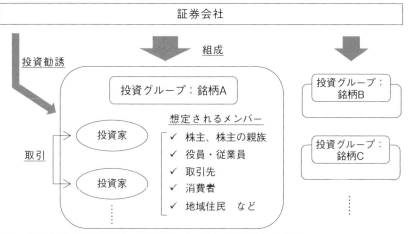

(注) 2014年10月時点の議論で想定されているものを図化したもの。
(出所) 金融庁資料、日本証券業協会資料等より野村資本市場研究所作成

　地域経済を支える企業が市場に近い仕組みで取引され、社外からのガバナンスも働きやすくなり、当該企業の経営の透明性が高まる効果も期待できる。融資先を失わずにすむため、地域金融機関等からも評価されよう。投資グループの設計・運用や価格算定のあり方等、実現に向けて議論すべき課題は多いが、非上場企業の事業承継への活用は検討に値しよう。

(2) 日本版ESOPを活用した事業承継の可能性

a 従業員への事業承継として活用される米国のESOP[16]

　ESOP[17]とは、米国の一般従業員を対象に自社株で運用する年金制度である。企業が資金を拠出し、従業員の個人口座に自社株を積み立てる制度となっており、税制優遇も与えられている。

---

16 本項は、野村亜紀子「米国におけるレバレッジドESOPの事業承継への活用」『資本市場クォータリー』(2006年春号)の内容を参照し、また一部引用して執筆している。
17 Employee Stock Ownership Plan.

基本的なESOPの仕組みは図表Ⅳ.1.4のようになっている。レバレッジESOPの場合は、設立時、銀行から企業経由で、あるいは直接ESOPに融資が行われ、その資金でESOPがオーナーから自社株を購入する。企業からESOPへの定期的な拠出や配当が借入金の返済に充てられ、当初は仮勘定（suspense account）に入れられていた自社株は、借入金返済とともに従業員の個人口座に配分される。オーナーが売却してから従業員が取得するまでの期間は通常5～10年間とされ、段階的に承継が進む。転職や退社等により非上場企業の従業員がESOPから脱退する場合は、従業員は当該企業に対して自社株の買戻しを求めることができる。

図表Ⅳ.1.4　ESOPの基本的な仕組み

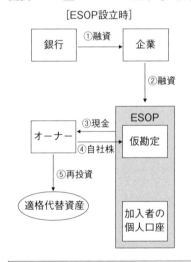
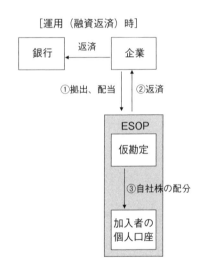

① 銀行が企業に融資
② 企業がその資金をESOPに融資
③・④ ESOPはオーナーから自社株を取得。自社株は、いったんESOPの仮勘定へ
⑤ オーナーは自社株売却の資金を適格代替資産に再投資

① 企業がESOPに拠出や配当の支払
② ESOPはその資金で企業に返済
③ 返済に応じて、ESOPの仮勘定から加入者の個人口座に自社株が分配される

（注）　銀行からESOPに直接融資が行われるケースもある。
（出所）　野村資本市場研究所作成

ただし、すべての企業（株式会社）の事業承継にESOPが適するわけではない。①企業が自社株を買い取り、通常の事業を継続し、必要な再投資も行えるだけのキャッシュフローを生み出している、②レバレッジドESOPの場合は企業の既存の負債がESOPのための融資を制約しない、③ESOPが自社株を買い取るために十分な規模の拠出と配当を行う、④オーナーからESOPへの自社株売却価格にオーナーが合意する、⑤ステークホルダーが事業継続は可能と判断し、承継者を中心にオーナーの穴を埋めることができる、といった一定の条件の存在が指摘されている[18]。

他方、非上場企業のESOPには事業承継を後押しする税制措置も講じられている。一定の条件のもとでオーナーがESOPに自社株を売却し、売却益で米国企業発行の有価証券（適格代替証券）を取得すれば、その時点で売却益に対する課税は行われず、適格代替証券の売却時点まで課税の繰延べが認められる。

また、米国では加入者が比較的少ない、すなわち小規模と推定される企業によるESOPの利用が盛んであることが特徴である[19]。

b 日本版ESOPによる事業承継の可能性

わが国にも、米国のESOPを参考にした日本版ESOPという自社株を用いた従業員向けインセンティブ・プランが存在する。米国のESOPが年金制度という位置づけであるのに対し、日本版ESOPは既存の法制度のなかで構築されたサービスで、自社株保有の仕組みである[20]。野村證券と野村信託銀行により開発された「信託型従業員持株インセンティブ・プラン（E-Ship®[21]）」を筆頭に複数の金融機関からさまざまなサービスが提供され

---

18 The National Center for Employee Ownership, "A Comprehensive Overview of Employee Ownership"（http://www.nceo.org/articles/comprehensive-overview-employee-ownership）．
19 米労働省 "Private Pension Plan Bulletin"（http://www.dol.gov/ebsa/publications/form5500dataresearch.html）。
20 日本版ESOPについて、詳しくは、橋本基美「日本版ESOP（従業員自社株保有制度）の登場とその役割」『財界観測』（2009年秋号）参照。
21 Employee Shareholding Incentive Plan.

ており、上場企業の間に着実に広がっている。

　E-Ship®を例にとると、従業員持株会の仕組みを応用したもので、基本的な仕組みは図表Ⅳ.1.5のようになる。従業員持株信託（従持信託）において銀行借入れを原資に取得された自社株は、信託期間を通じて持株会に定期的に時価で売却される。その売却代金および引き続き従持信託で保有される株式の配当金は借入金の返済に充てられる。従持信託において、自社株の価格が取得時点から持株会への売却時点にかけて下落し、信託期間終了時に借入れが残ってしまう場合、企業と従持信託の間であらかじめ締結されていた保証契約に基づいて企業が弁済する。銀行借入れを活用して自社株を一括で取得する点は米国のESOPに類似している。

　ESOPやE-Ship®にヒントを得て、わが国の非上場企業の事業承継に用いることができる仕組みの導入について検討する価値はあるのではないだろ

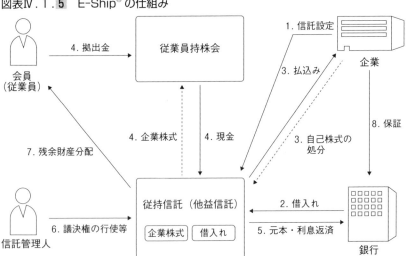

図表Ⅳ.1.5　E-Ship®の仕組み

（注）1．実線（6．を除く）は資金の移動、点線は株式の移動を示す。
　　　2．発行企業による自己株式の処分のタイプ（ほかに、新株発行タイプ、市場買付けタイプが存在）。
（出所）野村信託銀行ウェブサイト

うか。

たとえば、E-Ship®のスキームに基づくと、主要な論点は下記のようになる。

① 制度の目的
② 信託期間（融資可能な期間内に設定できるか）
③ 借入金額と返済原資である拠出・配当のバランス
④ 自社株取得資金の融資
⑤ 株価の算定
⑥ 株式の名義（一元的に管理するか）と分散への対応（譲渡制限）
⑦ 議決権の行使

①の制度の目的について、E-Ship®では従業員の福利厚生としているが、事業承継を目的とする場合、あるいは経営陣の意向に沿う安定株主を設ける意図があると解釈される場合は、会社法（第120条）の利益供与禁止等に違反しないよう注意が必要である。

②の信託期間について、レバレッジドESOPのように銀行借入れも活用して自社株を取得するケースでは、金融機関が融資において対応可能な期間とする必要がある。

③の借入金額と拠出・配当のバランスとも関係しており、たとえば純資産の大きな企業等では自社株取得金額も大きくなるため、拠出・配当の金額についても信託期間内に借入金を返済可能な水準であることが求められる。

④の自社株取得資金の融資については、従持信託の保有する非上場株式を対象資産とする融資が可能であるか、また従持信託が銀行借入れを行う際に企業が付す保証に対して適切な保証料をいかに算定するか、が課題となりうる。

⑤の株価算定について、米国の非上場企業ESOPでは独立の評価者による適正な対価の算出が求められているが、わが国ではどのような手法で、またどのような要素を考慮して計算するか検討する必要がある。

⑥株式の名義について、各従業員の名義にするか、企業の名義にするか、

また株式の分散を防ぐために譲渡制限を付すか、という問題がある。

⑦の議決権の行使は、非上場企業ESOPでは形式上の受託者（トラスティー）が行うが、実質的には従業員が行使できるようになっている。他方、E-Ship®の場合は、従持信託の受益者が信託期間終了まで確定しないため、信託管理人が受益者のために適切な権利行使の指図を行う。

これらを克服できれば、日本版ESOPが中小企業の事業承継の一手法になりうる。現状でも、従業員持株会と種類株式（無議決権株式等）を用いたり、特定目的会社を設立して自社株を保有させることで対応している事例もある。しかし、日本版ESOPを定型化された制度とすることで非上場企業が使いやすくなり、特徴であるレバレッジを活用した自社株の一括取得や、幅広く従業員による自社株保有を可能とする制度設計とすることで、非上場企業における事業承継に新たな選択肢が加わることになる。

5 地域金融機関にもメリット

本稿では、新たな非上場株式の取引制度と日本版ESOPの活用可能性を考察した。親族外の後継者への株式移転、後継者以外の関係者による一部株式の保有を容易にし、ファンド等の大口の資金提供者が不在であっても円滑な事業承継を可能にする仕組みと位置づけることができる。歴史・実績ある企業の事業承継であれば、従業員、取引先、消費者、地域住民といったステーク・ホルダーから事業継続が望まれ、そのために各ステーク・ホルダーが株式を一部保有することも十分に考えられる。地域の雇用が確保され、地域金融機関にとっては融資先の存続とともに、社外の株主が創出されることによる融資先企業のガバナンスの向上も期待できる。

非上場株式の取引制度、日本版ESOPのいずれも実現に向けて解決すべき課題は多いが、事業承継の促進、経済の持続的成長に資する制度となることが期待される。

Ⅳ-2 企業の立地移転を促す法人税改革

江夏　あかね

1　法人税改革で企業立地の魅力を高める

「アベノミクス」の成長戦略の一環として、法人実効税率を現行の34.62％（標準税率）から数年で20％台へ引き下げる方針が打ち出されている。法人税改革は、日本の企業立地としての魅力向上に寄与することが期待されており、議論の行方が注目されるところである。

(1)　日本の法人関係の税体系

法人税とは、会社等の法人の所得等に対して課される国税であり、法人の各事業年度の所得に対して原則として比例的に課税されているものである。法人税と同じく、法人等の活動から生じる所得に対して課税されるものとして、①国税としては地方法人特別税および地方法人税、②地方税としては法人関係二税（法人事業税および法人住民税）、がある。国税のうち、地方法人特別税は2008年度税制改正、地方法人税は2014年度税制改正で導入されたものであり、地域間の税源偏在の是正等が目的とされている。一方、地方税のうち、法人事業税は、法人が行う事業に対してその事業の事務所または事業所の所在する都道府県が課すものである。法人事業税には、2004年度から一定の要件を満たした資本金1億円超の法人を対象として外形基準の割合を4

分の 1 とする外形標準課税制度が導入されている。法人住民税は、事業所の所在地の地方公共団体（都道府県と市区町村）が法人に対して、法人税額に応じた負担を求める法人税割と資本金等の額などに応じて定額の負担を求める均等割を課税するものである。

　2014年度予算および地方財政計画では、法人関係税の合計は約17.6兆円と見込まれている。国税である法人税の34％および地方法人税の全額は、地方交付税の原資として地方公共団体に財政移転されていることもあり、法人関係税の財源は、約4割が国、約6割が地方公共団体に帰属するかたちとなっている。

⑵　法人実効税率引下げに向けた議論

　法人実効税率は、企業の所得のうち、どの程度の割合を税金として納めなければならないかを示した数値、すなわち企業の実質的な負担割合を示したものである。国税の法人税等のみならず、地方税の法人関係二税による税負担等も含めて算出する。日本の法人実効税率は2014年3月末現在、34.62％（標準税率）となっている。なお、法人事業税と法人住民税は地方公共団体の裁量により、条例のもとで一定の制約に基づき、税率を定めることが可能であり、東京都（標準税率に1.02％上乗せ）をはじめとして1,000以上の団体が上乗せを行っている。つまり、全国で法人実効税率が異なる状況となっている。

　日本の法人実効税率をめぐっては近年、諸外国に比べて高い水準にあることがたびたび指摘されてきた。諸外国では、1980年代に米国のレーガン政権（当時）や英国のサッチャー政権（当時）が相次いで税制改革を通じて法人税率を引き下げたことを契機に、多くの国が相次いで法人税率を引き下げることとなった。日本の場合も、1980年代の中曽根内閣（当時）での税制改革を契機に、基本的に法人税率は引下げ傾向に転じている。しかし、国境を越えた経済活動の活発化も相まって、法人税率の引下げ競争が国際的に激化するなかで、日本の法人実効税率は他国に比して高止まりしている状況となっている（図表Ⅳ.2.1参照）。

図表Ⅳ.2.1 国・地方あわせた法人税率の国際比較（2014年3月末現在）

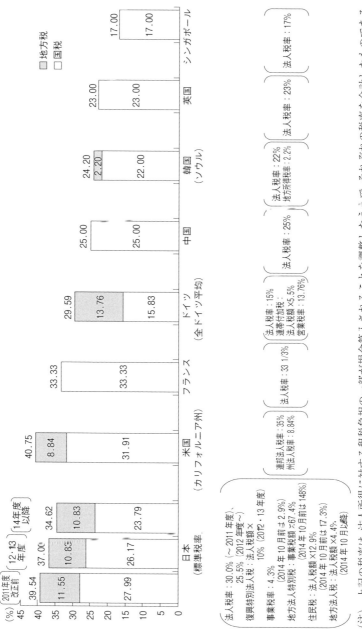

(注) 上記の税率は、法人所得に対する租税負担の一部が損金算入されることを調整したうえで、それぞれの税率を合計したものである。
(出所) 財務省「国・地方合わせた法人税率の国際比較」(http://www.mof.go.jp/tax_policy/summary/corporation/084.htm)

Ⅳ-2 企業の立地移転を促す法人税改革

このようななか、安倍晋三内閣総理大臣は2014年1月の世界経済フォーラム年次会議冒頭演説で、法人に係る税体系を国際相場に照らして競争的なものにする必要性があると述べた。これに伴い、政府税制調査会において現在、法人税改革が検討されている。

　法人実効税率の引下げは、税収減につながりかねず、必ずしも財政面ではプラスにならない場合もある[1]。それでも、法人税改革を行う目的としては、①日本の立地競争力および日本企業の競争力強化のための税率引下げ、②法人税の負担構造の改革、が掲げられている[2]。目的の1点目に関して、経済産業省は、法人実効税率の引下げは、企業のキャッシュフローの増加および資本コスト低下を通じて賃金引上げ等による消費の増大・設備投資の増加等を促進し、経済成長をもたらすといった効果をあげている。そして、仮に法人実効税率が10％程度引き下がった場合の経済波及効果は、GDP押上げ（7兆円）および雇用創出（69万人）となり、法人実効税率の高止まりによる海外流出効果（GDP押下げ（17兆円）、雇用流出（179万人））とあわせた合計のGDPへの効果が24兆円（税収増5.7兆円）となるとの試算を公表している[3]。

　一方、2点目に関して、日本では現在、全法人の1％に満たない資本金1億円以上の企業が法人税収の6割以上を担い、納税企業が全体の3割に満たない状況であり、課税ベースが諸外国に比してきわめて狭い範囲となっている（図表Ⅳ.2.2参照）。そのため、課税ベースの拡大と税率の引下げを通じて、法人課税を広く薄く負担を求める構造にすることを通じて、利益をあげている企業の再投資余力の増大や収益力改善に向けた企業の取組みの後押しをするといった成長志向の構造に変革することが目指されている。

　法人税改革は、国税の法人税のみならず、国・地方の法人税率の3分の1を占めている地方法人課税の見直しも視野に入っている。そして、財政再建

---

[1] たとえば、財務省の試算によると、法人実効税率の引下げは1％当り約4,700億円（2014年度予算ベース）の減税になると見込まれている。
[2] 内閣府税制調査会「法人税の改革について」（2014年6月）。
[3] 経済産業省「平成27年度税制改正に関する経済産業省要望【概要】」（2014年8月29日）4頁。

図表Ⅳ.2.2　法人税収の GDP 比の内訳（2010年）

(単位：%)

	法人税収（国・地方）/GDP	国・地方をあわせた法人税率	課税ベース/法人所得	法人所得/GDP
日本	3.2	39.5	31.9	25.3
米国	3.4	39.2	49.3	17.7
英国	3.1	28.0	63.4	17.2
ドイツ	2.2	30.2	48.9	14.7
フランス	2.1	34.4	47.0	13.3
中国	3.2	25.0	52.4	24.4
韓国	3.5	24.2	61.2	23.5

(注) 1．日本の国・地方をあわせた法人税率における地方の税率は標準税率による。「課税ベース」は各国の法人税収を国・地方をあわせた法人税率で割り戻したもの。米国、ドイツにおいて、法人所得には、法人形態をとらず構成員の所得の段階でのみ課税される事業体（いわゆる S 法人や人的会社）が含まれるが、法人税収には同事業体が含まれないため、便宜上、一定の仮定を置いて算出した S 法人や人的会社の割合で法人税収対 GDP 比を計算し直している。
　　2．Organisation for Economic Co-operation and Development, *National Accounts*, *Revenue Statistics 1965-2011*, *Tax Database*; International Monetary Fund, *Government Finance Statistics* 等により、財務省算出。
(出所)　財務省「動き出す『新たな成長戦略』財務省が果たす役割は?」『ファイナンス』（第50巻第 5 号、2014年 8 月）8 頁（http://www.mof.go.jp/public_relations/finance/201408b.pdf）

の観点からは、課税ベースの拡大等による恒久財源の確保も課題とされている。恒久財源確保に向けた見直しの分野としては、租税特別措置、欠損金の繰越控除制度、受取配当等の益金不算入制度、減価償却制度、地方税の損金算入、中小法人課税、公益法人課税、法人事業税を中心とした地方法人課税、があげられている。

2　法人税改革による地方創生への示唆

　法人税改革で掲げられている立地競争力の強化を通じて、地域経済・社会の活性化や雇用や税収の増加といった効果が発現すれば、地方創生の観点から望ましいと考えられる。法人税改革を成功に導くためには、企業が立地移

転するインセンティブを後押しすることが重要であり、①地方公共団体による企業誘致策の強化、②法人税体系の制度設計を通じた企業の地方への移転促進、といったアプローチが焦点になるとみられる。

(1) 地方公共団体による企業誘致策の強化

　企業が立地の魅力を感じるためには、国で進められている法人税改革とともに、地方公共団体独自の企業誘致策も強化する必要があることはいうまでもない。

　日本においてはすでに、大部分の地方公共団体が税収確保や雇用創出等を目的とした独自の企業誘致策を講じている[4]。財政面では、一般的に補助金・交付金か優遇税制（固定資産税、不動産取得税、都市計画税等の減免）といった手法がとられている。財政面以外では、たとえば工場等を誘致するための用地整備（工業団地等）といったハード面の支援もあれば、条例・規制緩和の実施、工場跡地、遊休地、空き工場等の情報収集・提供といったソフト面の取組みも行われている。加えて、地方公共団体の企業誘致の取組みを後押しすべく設けられている国による財政支援の仕組みとして、過疎地域自立促進特別措置法（過疎法）、辺地に係る公共的施設の総合整備のための財政上の特別措置等に関する法律（辺地法）を通じた起債に係る交付税措置、補助率の引上げ等の制度がある。

　これらの取組みが企業誘致につながっている事例もみられる。しかしながら、必ずしも効果があがらず、工業団地等の土地を長期間売却できずに借入金の金利負担や地価下落の影響で大きな差損が発生しているようなケースも観察されている。そして、補助金等の提供を通じて企業をいったん誘致しても、昨今は一部の電機メーカーによる業績悪化に伴う工場撤退・事業縮小と

---

[4] 一般財団法人日本立地センターの市区町村を対象とした企業誘致活動に関するアンケート調査（2013年10〜11月実施）によると、ほぼ8割の地方公共団体が企業誘致活動に取り組んでいることが明らかになっている（高野泰匡「地方自治体の企業誘致活動に関する取組の現状―企業誘致活動に関するアンケート調査結果―」『産業立地』第53巻第2号、一般財団法人日本立地センター、2014年3月、9〜15頁）。

いった事例も発生しており、税収や雇用減少、跡地開発等の課題を抱える事例も散見されている。

　これまでの地方公共団体の企業誘致において必ずしも効果があがらなかった背景は、法人実効税率の高さだけではなく、複数の問題があるようだ。構造的な要因として、①国内の消費需要の低迷による設備投資の抑制、②歴史的な円高への対応、旺盛な現地需要および良質で安価な労働力の確保等を目的とした国内企業による海外の生産拠点への投資活発化、といったものがあげられる。一方、直接的な要因をみると、外資系企業にとっては法人税負担以外にも、日本市場の特殊性、各種コスト負担の重さ、行政手続の複雑さ、人材確保のむずかしさ等の要因があげられている（図表Ⅳ.2.**3**－①参照）。他方、全国の工場立地地点の選定理由には、国・地方公共団体の助成に加えて、地価や周辺環境からの制約の少なさ、本社・他の自社工場への近接性等といった地理的要因・産業基盤等の整備状況に起因するものもあげられている（図表Ⅳ.2.**3**－②参照）。

　企業誘致等の観点から、法人税改革をより効果的に発現させるためには、①誘致される企業が魅力的に感じられる状況を誘致前のみならず誘致後にもつくりだし、企業の定着を図ること、②より広域的な施策展開を行うこと、が望ましいと考えられる。誘致前の努力としては、地方公共団体独自の税制上の優遇措置や補助金等の提供に加え、産業基盤の拡充、魅力的な人材の育成・供給、行政手続の簡素化等の規制緩和、といった点があげられる。一方、誘致後に関しては、企業を地域に根付かせるべく、行政や産業支援機関による定期的なフォローアップ、地元企業との提携支援、地域連携および交流支援（地元企業、他の誘致企業、地域の大学、公設試験研究機関等）、といった取組みが企業の定着のみならず地域産業界の重層化に貢献する可能性がある。

　一方、広域的な施策展開をめぐっては、たとえば東北6県や北部九州4県で行われている自動車産業集積の取組みのように、個々の地方公共団体の単位を越えて地域全体で取り組むことも意義があろう。企業が用地を選定する場合、広域で産業基盤の整備状況や近隣の消費市場の状況を調査することも

図表Ⅳ.2.3　外資系企業の日本における投資阻害要因および全国の工場立地地点選定理由
① 外資系企業の日本における投資阻害要因（2013年2～3月）

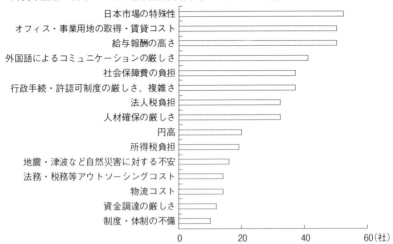

② 全国の工場立地地点選定理由（2013年）

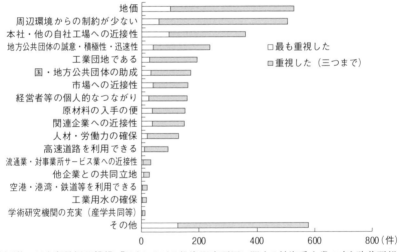

（出所）　日本貿易振興機構「日本における投資阻害要因に関する外資系企業の声と改善要望」（2013年4月）2～3頁、経済産業省経済産業政策局地域経済産業グループ「平成25年（1月～12月期）における工場立地動向調査について（速報）」（2014年3月）27頁より野村資本市場研究所作成（http://www.jetro.go.jp/news/releases/20130417285-news/doc20130417.pdf、http://www.meti.go.jp/statistics/tii/ritti/result-2/h25preou0sssokuh1.pdf）

多い。広域で産業集積地を形成することを通じて、産業集積地域内で二次的な展開を期待することも可能となる。そして、欧米諸国等では州単位で産業政策を講じることも多いことにかんがみると、広域的な施策展開を通じてスケールメリットを享受することが、国際的にみても高い競争力を有する産業の集積地形成に寄与すると期待される。

(2) 法人税体系の制度設計を通じた企業移転促進

　企業にとって魅力的な人材をどれだけ確保できるかは、立地選定上の重要な要素になっていることはいうまでもない。法人税改革を通じて、一部の地域のみならず、全国幅広く立地競争力が向上するのが最良のシナリオと考えられるが、日本の場合、人口減少・少子高齢化に加えて、東京への一極集中といった問題を抱えており、企業や人の地方移転を促す仕組みが求められている。

　戦後の日本の人口動態の推移をみると、1970年代半ば頃までは3大都市圏へ人口流入する傾向があったが、それ以降は東京圏のみに人口が流入しており、東京圏への人口移動の大部分は若年層となっている（図表Ⅳ.2.**4**参照）。地方圏からの人口流出、東京圏への人口流入が継続しているのは、①かつては地方圏への製造業の立地が拡大し、製造業が雇用の受け皿となり、地方圏から大都市圏への人口流出抑制に寄与してきたが、近年は海外現地生産比率が拡大傾向にあり雇用吸収力が減退していること、②東京圏における金融業や情報通信産業等のサービス業の集中を背景とした雇用機会の多寡、等の背景があるとみられる。

　東京への一極集中は、2020年のオリンピック・パラリンピック東京大会開催も相まって、今後ますます加速する可能性がある。しかし、①東京における都市インフラの不足と生活環境の悪化（待機児童問題の深刻化、交通インフラの渋滞・過密等）、②リスクへの脆弱性（自然災害等により都市機能が破壊された場合に日本経済全体に甚大な影響が及ぶ可能性）、③地方経済の衰退、等の問題が露呈することが懸念されている。このようななか、日本政府は現在、

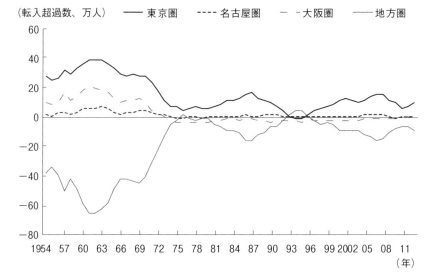

図表IV.2.4　3大都市圏・地方圏の人口移動の推移

(注) 1954〜72年までは沖縄県の移動者数を含んでいない。東京圏は、東京都、神奈川県、埼玉県および千葉県。名古屋圏は、愛知県、岐阜県および三重県。大阪圏は、大阪府、兵庫県、京都府および奈良県。地方圏は、3大都市圏以外の地域。
(出所) 総務省統計局「住民基本台帳人口移動報告」より野村資本市場研究所作成（http://www.stat.go.jp/data/idou/index.htm）

人口減少克服や人口の東京一極集中是正を目的とした制度改革の検討を進めている。

　多くの地方公共団体はすでに、企業誘致策に加えて、人口減少・少子高齢化といった課題に対応する取組みを実施している。しかし、地方公共団体独自の取組みに加えて、今回の法人税改革を通じて、全国レベルで東京から地方に企業や人の移転を促すといった方法も意義があろう。一例として、福井県の西川一誠知事が2014年7月に提唱した法人税改革における「ふるさと企業減税」について紹介したい（図表IV.2.5参照）。

　ふるさと企業減税とは、国が検討を進めている法人実効税率の引下げにあたり、地方（東京以外）の法人税について税額控除を設け、減税額を東京より大きくすることにより、人と企業の地方移転を促進するというものである。

図表Ⅳ.2.5 ふるさと企業減税の仕組み

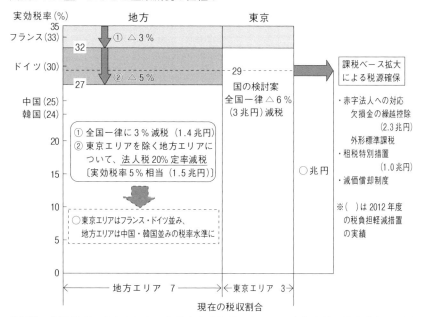

（出所） 福井県「ふるさとに人口と活力を取り戻すために―人と企業の地方移転が不可欠―」（2014年9月）5頁

　国の検討案では、全国一律で約6％（約3兆円）減税となっているが、ふるさと企業減税では、減収規模は国の検討案と同じとしながらも、全国一律分として3％引下げ、地方はさらに5％分（法人税20％の定率減税）を引き下げるという内容になっている。

　福井県がこのような仕組みの提唱に至った問題意識としては、地域経済の活性化の必要性に加えて、出生率が全国平均に比して著しく低い東京への人口流入が続くなか、福井県のように出生率が比較的高い地域も含めた地方で若い女性が減少している状況を打開するために、女性にとっても働きやすい職場（特に、経理、IT等の事務職向け）を企業に移転させる必要があると考えたことがあげられる[5]。そして、ふるさと企業減税の導入に関しては、①東京からの人と企業の移転や海外からの投資促進を通じた地域経済の再生、

②人と企業の移転による地方税収の増加、といった効果が期待されている。

　企業にとって、ふるさと企業減税を利用するメリットは、①節税を通じたコストダウンや社員のワークライフバランスの実現を通じた雇用環境の向上、②従来の設備投資減税の場合、企業は税制優遇を享受するために実際に設備投資を行う必要があるが、ふるさと企業減税の場合、従業員が地方に移転するだけでそのメリットを享受できるため、投資リスクがそれほど大きくならない可能性があること、③設備投資減税の場合、企業は県に法人指定の申請を行うなど煩雑な手続が発生するが、ふるさと企業減税の場合、法人住民税で利用するデータ（分割基準情報（法人の県別従業員数））を活用するため、企業・行政双方にとって比較的簡易な手続で対応できること、といったものがある[6]。

　一方、地方財政の観点からのふるさと企業減税のメリットとしては、3点があげられる。1点目として、ふるさと企業減税の導入により、人や企業が地方に流入すれば、少子高齢化の進展を通じた地方税の減収や扶助費の増加等による財政硬直化をある程度緩和することも可能となる点である。2点目として、財源面で地方公共団体の負担が比較的少ないことがあげられる。地方公共団体が企業誘致をする場合、一般的に補助金・交付金か優遇税制が手段として考えられるが、ふるさと企業減税のような優遇税制の場合、補助金等のように手元現金がなくても講じることができる。3点目として、地域間の税収格差の是正があげられる。現時点では、人口一人当りの法人関係二税の偏在度が5.7倍（2012年度決算）にものぼっており、偏在に伴い地方間の財政格差が生まれ、地方交付税の肥大化につながっているとも考えられる。ふ

---

[5] たとえば、2013年の合計特殊出生率は、全国平均が1.43、福井県が1.60で、最も高い沖縄県（1.94）〜東京都（1.13）までばらつきがある状況となっている（厚生労働省「平成25年人口動態統計月報年計（概数）の概況」2014年6月4日、7頁）。

[6] 福井県によると、例として、ある企業（法人税額が1,700億円、総従業員数3.65万人（うち東京の従業員数が1万人））で東京の従業員の1割（1,000人）が地方に移転した場合、従業員移転による減税額は毎年10億円（移転一人当り毎年100万円）と試算される（福井県「ふるさとに人口と活力を取り戻すために―人と企業の地方移転が不可欠―」2014年9月、7頁）。

るさと企業減税の導入を通じて、東京に偏在している税収が地方に分散されれば、税収の偏在是正にもつながり、地方財源不足の縮小および地方交付税の総額抑制にもつながるといったメリットが期待できる。

　福井県が提唱しているふるさと企業減税の導入は、法人税改革の一つの選択肢である[7]。とはいえ、企業にとっては、人材配置の最適化を検討する契機にもなるうえ、減税規模によっては地方移転を促すインセンティブにつながる可能性も十分期待される。そして、ふるさと企業減税が、国税である法人税の仕組みを変更することを通じて、地方創生や地方財政の持続可能性確保といった地方公共団体の自助努力を後押しするような仕組みになっている点も評価される。

3　企業人材配置適正化のきっかけに

　法人税改革は、「アベノミクス」の成長戦略の一環として、大きく注目を集めている。

　地方創生の観点から、法人税改革を成功に導くためには、企業が立地移転するインセンティブを後押しすることが重要である。特に、誘致企業が誘致前のみならず誘致後にも立地の魅力を感じられる状況をつくりだすことや、従来の地方公共団体の枠組みを超えた広域的な施策展開等を通じて、地方公共団体による企業誘致策を強化することが必要となるといえる。

　一方、日本が人口減少・少子高齢化に加えて、東京への一極集中といった問題を抱えているなか、法人税体系の制度設計を通じた企業や人の地方への

7　なお、2015年度税制改正大綱では、法人実効税率の引下げとともに、企業の地方拠点強化税制の創設が掲げられた。地方拠点強化税制では、①企業の本社機能等を東京23区から東京圏、中部圏、近畿圏の大都市圏の三大都市圏の一部以外の地域への移転（移転型）、②地方に本社等のある企業の本社機能等のさらなる拡充（拡充型）、を支援することが主眼となっている。この２つの類型の支援策としては、①地方拠点の建物等取得に係る投資減税の導入、②雇用の増加に対する税額控除制度（雇用促進税制）の拡充、③移転型の場合、その地方拠点の雇用維持に対する税額控除制度の創設、が盛り込まれている。

移転促進も求められるところである。その意味で、企業に地方移転を含めた人材配置の最適化を検討する契機を提供し、地方創生や地方財政の持続可能性確保といった地方公共団体の自助努力を後押しする、ふるさと企業減税のような仕組みを導入することも意義があるといえる。いずれにせよ、法人税改革において、地域経済・社会の活性化や雇用や税収の増加といった効果が発現するように制度設計することが、日本の国・地方が中長期的にわたって持続的な成長を享受するために必須と考えられる。

Ⅳ-3

日本の地方経済からみた中国企業の対日直接投資

関根　栄一

1　外国企業の対日直接投資の重要性と中国企業

(1)　急増する中国企業の対外直接投資

中国企業の海外進出が「走出去」(英語では go overseas) と呼ばれてから久しい。中国の海外進出形態の一つが、近年、急増している対外直接投資 (Outward Foreign Direct Investment) である[1]。中国企業の対外直接投資は、統計上、「中国企業、団体等 (国内投資家) が、海外および香港・マカオ・台湾地区で、現金、実物資産、無形資産などの方法で投資を行い、海外企業の経営管理権をコントロールすることを中心とする経済活動」と定義されている[2]。

上記の統計に基づき、近年の中国企業の対外直接投資 (フロー) をみてみると (図表Ⅳ.3.1)、二つの時期に分けてその特徴をとらえることができる。

1　関根栄一「中国企業の対外直接投資の現状と展望」『季刊中国資本市場研究』(2009年冬号)。
2　商務部、国家統計局、国家外為管理局『2013年度中国対外直接投資統計公報』中国統計出版社 (2014年9月)。なお、直接投資企業については、子会社 (国内投資家が50％以上出資あるいは同比率の議決権を有する)、聯営会社 (国内投資家が10〜50％出資あるいは同比率の議決権を有する)、分支機構 (国内投資家による非会社型企業、駐在員事務所も含まれる) の三つに分類されている。

図表Ⅳ.3.1 中国企業の対外直接投資額（フロー）の推移

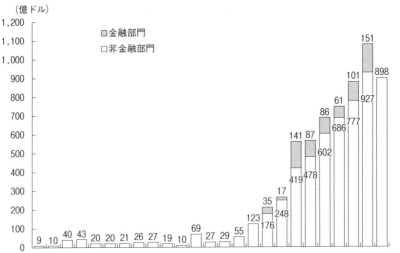

（注） 2014年は11月までの数字。
（出所） 商務部より野村資本市場研究所作成

　まずは2004～08年の世界的金融危機前の時期で、2004年の55億ドルから、2005年には123億ドルへと2.2倍に拡大し、その後も順調に伸びている。これは、2004年から中国政府が進めた海外での企業設立認可手続の簡素化等の規制緩和を受けたものである。

　次が2008年以降の時期で、世界的金融危機を境に、中国企業の対外直接投資はさらに増加することとなった。具体的な数字をみると、2007年の265億ドルから、2008年には560億ドルへと2.1倍となり、なかでも金融部門への投資は141億ドルに達した。これは、金融危機でバランスシートを痛めた外国金融機関への出資・買収が行われたためである。この増加傾向はその後も続き、2013年には、1,078億ドルと過去最高の投資額となった。

(2) 外国企業の対外直接投資と日本経済の成長戦略

　このように増加している中国企業の対外直接投資は、日本向けにも行われ

てきたが、今後も日本経済の成長戦略とかかわりを深めていくものと思われる。なぜなら、中国企業に限るものではないが、外国企業の対日直接投資の促進について、2013年6月13日に閣議決定された「日本再興戦略」において、対内直接投資残高を2020年に35兆円へ倍増（2012年末時点17.8兆円）させる目標が掲げられているからである[3]。

2014年6月24日に閣議決定された「『日本再興戦略』改訂2014—未来への挑戦—」によれば、2013年末時点の対内直接投資残高は18.0兆円と前年比で0.2兆円増加している[4]。ただし、このペースの増加幅しか続かないとなると、2020年末までの7年間では1.4兆円の積上りにとどまることとなる。

(3) 外国企業の対日直接投資は日本の地方経済にとっても重要

外国企業の対日直接投資は、地方で深刻化しつつある人口減少問題の視点からも重要になってきている。2014年5月8日、元総務大臣の増田寛也氏が座長を務める日本創成会議・人口減少問題検討分科会は「ストップ少子化・地方元気戦略」を公表している[5]。この報告書の内容は、2014年9月に発足した第2次安倍内閣の「地方創生」政策にも取り上げられ、地方創生担当大臣も任命されている。

同報告書のなかでは、地方の人口減少の原因である東京一極集中に歯止めをかけるための施策の一つとして、若者の地方就職を促進することが提言されている。この提言内容を実現すべく、地方で雇用の場をつくっていくためには、地域ならではの特徴を生かした企業の投資促進が重要である。その場合、国内企業だけでなく、外国企業からの投資も視野に入れることが必要となろう。また、この外国企業には、欧米企業だけでなく、日本にとって身近なアジア企業も含まれよう。アジア企業のなかでも、日本の隣国に位置し、かつ近年急速に伸びている中国の対外直接投資は、選択肢から外すことはで

3　http://www.kantei.go.jp/jp/singi/keizaisaisei/pdf/saikou_jpn.pdf
4　http://www.kantei.go.jp/jp/singi/keizaisaisei/pdf/honbun2JP.pdf
5　http://www.policycouncil.jp/pdf/prop03/prop03.pdf

きないであろう。以下、中国企業の対日直接投資の現状と地方向け投資の個別事例についてみていく。

2 中国企業の対日直接投資の現状

(1) 中国企業の対日直接投資の動向

中国企業の対日直接投資の実績は、中国側と日本側の統計から把握することが可能である。

a 中国側統計

商務部による中国側統計をみると（図表Ⅳ.3.）、中国企業の対日直接投資も、前述の時期区分と同様に、2004年から進められた規制緩和要因と2008年の世界的金融危機を機に、大きく増加している。

うち、前者についてみると、2006年は3,950万ドルと、2005年の1,720万ド

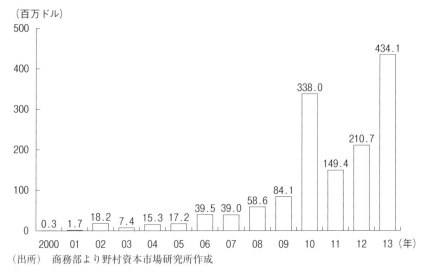

図表Ⅳ.3.2 中国企業：対日直接投資の動向（中国側統計）

（出所） 商務部より野村資本市場研究所作成

ルから2.3倍に増加している。次に、後者についてみてみると、2008年には5,860万ドル、2009年には8,410万ドルと続き、2010年には3億3,800万ドルに達している。その後、2013年には4億3,410万ドルと過去最高を記録している。

b 日本側統計

一方、日本銀行による国際収支統計をみると（図表Ⅳ.3.）、2008年を機に大きく変化しているようすがうかがえる。具体的には、2008年は2007年の17億円から38億円へと増加し、2010年は276億円で過去最高を記録した[6]。その後2013年には再び上昇し138億円を計上している。なお、この間、2009年には－135億円となっており、中国側の統計と大きく乖離が出ている。ただ、

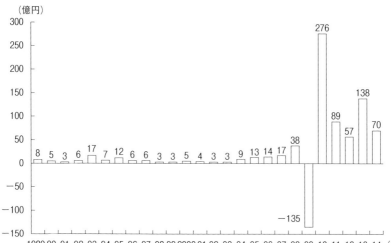

図表Ⅳ.3.3 中国企業：対日直接投資の動向（日本側統計）

（注）　2014年は6月までの数字。
（出所）　財務省（1989‐2004年）、日本銀行（2005年～）より野村資本市場研究所作成

---

6 日本側の統計は、2004年までは財務省の届出統計、2005年以降は日本銀行の国際収支ベースのネットの数字に移行しているが、後者については報告件数が3件未満のデータは統計上載らないことや、日中両国での報告方法や報告タイミング、投資実行タイミングに違いがあることなどにより、日中間の統計には差額が発生していると考えられる。

これには特殊要因の存在が指摘されている[7]。

(2) 業種別の動向

中国側統計では、国・地域別の業種別の動向は発表されていないため、日本側統計から中国の対日直接投資に関する業種別の動向をみてみる。

a 2008年の世界的金融危機前

まず、1989～2004年の財務省の届出統計をみてみると、合計100億円、605件のうち、非製造業がそれぞれ89億円、570件と約9割を占めている（図表Ⅳ.3.4）。

次に、2005年以降の日本銀行の国際収支統計では、2008年の世界的金融危機前後までは、非製造業を中心に中国企業の投資が行われていることがわかる。個別の業種では、卸売・小売業向けの金額が大きく、日本向け製品輸出・販売のための販売会社・商社を中心とした進出事例が確認されている。通信業の場合は、日系企業によるソフト開発のアウトソーシングの増加に伴い、受注に向けた営業活動や仕様決定等開発のための中国系ソフト企業の拠点開設の事例が確認されている。

b 2008年の世界的金融危機以降

2008年の世界的金融危機以降は、中国側統計でも日本側統計でも、中国企業の対日直接投資が大きく伸びていることは共通している。特に、2010年は製造業が145億円と大きく牽引している。うち、木材・パルプが78億円と製造業の過半を占めている。日本側統計では個別の案件までは開示していないが、中国系ファンドのCITICキャピタル・パートナーズによる特殊段ボール会社のトライウォールの買収を指しているものと思われる。

世界的金融危機以前でも、中国企業の製造業向け対日直接投資がないことはなかった。個別案件では、中国の大手機械メーカーである上海電気集団によるアキヤマ印刷機製造の買収（2002年）などが話題を呼んだこともあった。

---

7 すでに日本で登録した中国企業が、日本国内での企業買収に参画し、さらに日本国内で他の企業に売却した回収資金を、日本国外に持ち出したケースの存在が指摘されている。

図表Ⅳ.3.4 中国企業：対日直接投資の動向（業種別、日本側統計）

	1989〜2004年		2005年	06	07	08	09	10	11	12	13	14年1〜3月	14年4〜6月
	億円	件	億円	億円	億円	億円	億円	億円	億円	億円	億円	億円	億円
製造業	10	35	製造業	-12	-6	-6	-1	12	145	38	18	28	-6	5
食品	0	1	食料品	x	x	-	-	-	-	-	x	x	-	-
繊維	2	11	繊維	-2	-	x	-	-	-	x	x	x	x	x
ゴム・皮革製品	0	0	木材・パルプ	-	-	-	-	-	-	-	-	-	-	-
化学	0	1	化学・医薬	-	-	-	-	-	78	x	x	x	x	x
金属	0	6	石油	-	-	x	-	-	x	x	x	x	-	-
機械	7	9	ゴム・皮革	-	-	-	-	-	-	-	-	-	x	x
石油	1	5	ガラス・土石	-4	-	-	-	x	x	x	x	x	-	-
ガラス・土石製品	0	0	鉄・非鉄・金属	-4	-10	-5	x	x	12	-10	17	24	-4	4
その他	0	2	一般機械器具	-	3	x	x	-	49	46	-	x	x	-
			電気機械器具	-2	x	x	-	-	x	x	x	x	-	-
			輸送機械器具	-	2	x	-	14	-	-	-	-	-	-
			精密機械器具	x	-	x	-	-	-	x	-	x	-	-
非製造業	89	570	非製造業	25	20	23	39	-147	130	51	39	111	39	32
農・林業	0	3	農・林業	-	-	-	-	-	-	-	-	-	-	-
漁・水産業	-	-	漁・水産業	-	-	-	-	-	-	-	-	-	-	-
建設業	6	31	鉱業	-	x	-	-	-	-	-	-	13	-	-
商事・貿易業	44	348	建設業	-	-	-	-	-	-	-	x	-	-	-
金融・保険業	0	1	運輸業	-	-	x	3	x	12	x	-1	2	x	2
サービス業	35	158	通信業	x	-	x	11	x	101	8	9	9	7	-3
運輸業	3	11	卸売・小売業	17	9	8	-	-148	-	6	x	x	-	-
不動産業	0	7	金融・保険業	-	-	-	-	-	-	-	3	x	-	x
その他	0	7	不動産業	-	-	1	6	-	x	x	-	x	-	-
			サービス業	-1	0	-	-2	x	6	13	3	11	18	18
合計	100	605	合計	13	14	17	38	-135	276	89	57	138	33	37

(注) 1. 国際収支ベースの統計（右表）にある「x」は報告件数が3件に満たない項目。
(注) 2. 国際収支ベースの統計で、製造業と非製造業の計は、各内訳にそれぞれ「その他製造業」「その他非製造業」を加えた数字。
(出所) 財務省（1989〜2004年）、日本銀行（2005年〜）より野村資本市場研究所作成

ところが、2008年の世界的金融危機では、世界各国が内需拡大に動くなかで、日本の製造業も輸出不振に陥り、中国を含む外国資本の受入れを行うプル要因が働いたものと考えられる。中国企業側にも、技術の高度化、海外市場の開拓といった自社の成長戦略から、対外直接投資を推し進めたプッシュ要因が働いたものと考えられる。

3 中国企業の日本の地方向け直接投資の個別事例

それでは次に、日本経済の成長戦略に加え、地方経済ともかかわりのある世界的金融危機以降の中国企業の対日直接投資の個別事例を取り上げる。

(1) 中国の電機メーカーとNECパソコン部門の合弁会社の設立（電機業界）

a 米沢工場の活用とその強み

電機業界の個別事例では、中国のレノボ（Lenovo）と日本のNECパソコン部門の合弁会社の設立がある。2011年1月、レノボとNECは、日本で合弁会社「NECレノボ・ジャパングループ」を設立すると発表した。その後、同年7月1日にレノボが51％、NECが49％を出資する合弁会社「Lenovo NEC Holding B.V.」が発足し、その100％子会社としてレノボ・ジャパンと、NECのパソコン事業を担うNECパーソナルコンピュータ（NECPC）の両社が入る事業統合が実施された。合弁契約期間は、当初、2016年までの5年間と設定された。事業統合後も、レノボとNECのブランドは継続使用される契約内容となっている。

NECPCの生産拠点は山形県米沢市の米沢工場にある。米沢工場は一時閉鎖がうわさされたとされるが、合弁会社は同工場を存続させ、日本での販売シェアを逆に高めたとされている[8]。この米沢工場の強みは、法人向けパソ

---

8 2014年1月31日付日経産業新聞。

コンの機敏な生産にあるとされている。なぜなら、法人向けパソコンは、カスタマイズといって、顧客ごとに仕様をきめ細かく変える必要があり、こうした対応は海外のEMS（電子機器の受託製造サービス）ではむずかしいからとされている[9]。

b 米沢工場での生産品目の拡大

レノボの前身は、1984年に中国科学院（中国政府傘下の科学技術研究機関）の計算機研究所の11人の研究員が北京で設立したベンチャーであり、1994年に香港上場を実現している。また、2004年12月には米IBMのパソコン部門を買収している。買収後も、米IBMが生産してきた「ThinkPad」等の商標を継承しているなかで、レノボは、2012年11月、「ThinkPad」誕生20周年を記念して、中国で生産されている「ThinkPad」の一部を米沢工場で受注生産することを発表した。

続いて、2014年10月2日、レノボは、向こう6カ月間をかけて、米沢工場でのレノボのサーバー生産に向けた事業化の検討作業を開始すると発表した[10]。さらに同年10月7日、レノボは、NECブランドのパソコンに加え、2015年から自社の「レノボ」ブランドのパソコンも米沢工場で生産することを発表した[11]。

当初の合弁会社の設立だけでなく、米沢工場でのその後の生産品目の拡大は、コストだけでなく、品質や納期も重視する日本の法人顧客のニーズを取り込んでいる証左といえる[12]。レノボは、2014年10月7日、NECとの合弁契約を2026年まで10年延長することも発表した。合弁契約の延長の背景の一

---

9 2013年10月24日付日本経済新聞朝刊。
10 2014年10月3日付日経産業新聞。
11 2014年10月8日付日本経済新聞朝刊。
12 品質や納期を重視して、中国で委託生産していたノート型パソコン（PC）の国内移管を行った日本ヒューレット・パッカードの事例もある。同社は、2011年8月から、東京都昭島市の昭島工場で法人向けノート型PCの生産を始め、同年11月からは個人向けPCにも対象を広げている（2012年4月25日付日本経済新聞朝刊）。国内移管により、納期は、従来の12営業日から5営業日に短縮されている。

つには、レノボの米沢工場に対する高い評価がある[13]。合弁契約の延長の結果、米沢工場にとっては、生産品目拡大後の部品のメンテナンスも入ることで、顧客の満足度を高め、工場の稼働率、ひいては地元の雇用を維持することが可能となろう。

(2) 中国民間電池メーカーによるパナソニックのニッケル水素電池事業買収（自動車業界）

a 発端は中国の独占禁止法

2011年1月、パナソニックは、同社の車載用ニッケル水素電池事業を、中国の民間電池メーカーである湖南科力遠新能源（湖南科力遠）に譲渡することを決定した。パナソニックの三洋電機の子会社化にあたり、車載用ニッケル水素電池の商品市場における独占禁止法が定める競争上の懸念を中国の商務部から指摘されたことを受けての措置とされている。

当時の報道によれば、譲渡対象となる事業と経緯が以下のとおり説明されている[14]。第一に、パナソニックが売却するのは神奈川県茅ヶ崎市の湘南工場で生産している車載用のニッケル水素電池事業で、湖南科力遠に4,000万元（当時のレートで約5億円）で売却する。第二に、湖南科力遠への譲渡後も、約1,000人の従業員がパナソニックから出向するかたちで事業を継続する。第三に、湘南工場は1997年にトヨタ自動車の初代ハイブリッド車（HV）「プリウス」向けにニッケル水素電池の供給を開始したが、ピーク時には約80億あった年間売上高が、直近は約50億円に縮小していた。

同事業の譲渡先には日本企業の名前もあがっていたが、条件が折り合わず、経済産業省としても、ニッケル水素電池は車載用では前時代のもので、これからはリチウムイオン電池の時代であることから、湖南科力遠への譲渡を容認したとされている[15]。

---

13 2014年10月17日付日経産業新聞。
14 2011年2月2日付日本経済新聞朝刊。
15 2011年2月2日付日経産業新聞。

b 中国本土でのハイブリッド車の普及にも展開

　湖南科力遠は、中国科学院に属する研究者が1988年に起業した民間企業であり、本部は湖南省長沙市にある。2003年には上海証券取引所に上場し、ニッケル水素電池を携帯電話などの通信機器や産業機器、自動車など幅広い分野に提供してきた[16]。

　環境問題を抱える中国では、エコカーの普及が国家的な課題となっており、まずは電気自動車（EV）の開発・普及が進められているが、EV の普及には初期コストへの負担（補助金投入による小売価格引下げ、充電スタンドの整備）が避けられない。このため、日本で電気自動車よりも先行して普及しているハイブリッド車も、中国で普及が進められようとしている。

　このようななかで、2013年5月31日、トヨタ自動車と湖南科力遠が、自動車用ニッケル水素電池の合弁会社を設立すると発表した[17]。合弁会社は、トヨタ自動車が次世代エコカーの開発拠点を置く江蘇省常熟市に設けられ、同電池の開発、生産、販売を手掛け、トヨタ自動車が2015年から計画しているハイブリッド車の現地生産を支えていくこととなる。2014年5月には、湖南科力遠は、上海で第三者割当増資を行い、ハイブリット車向け電池増産のための資金を確保している。

　結果からみれば、中国の独占禁止法に基づく指摘があったとはいえ、湖南科力遠のニッケル水素電池の湘南工場の買収は、湘南工場自身の存続のみならず、日系完成車メーカーの新たな中国市場開拓に結びつくこととなった。日中両国の関係3社の利益を結びつけたケースといえる。

(3) 中国・格安航空会社の日本国内の航空事業への参入（運輸・観光業界）

a 春秋航空による中国本土―日本の地方間と日本国内線の就航―

　2012年10月、中国の民間の格安航空会社（Low-Cost Carrier、LCC）である

---

16 2013年11月6日付日経産業新聞。
17 2013年5月31日付日経産業新聞。

図表Ⅳ.3.5　中国本土からの入国者数・出国者数（春秋航空路線）

空港名	茨城空港		高松空港		佐賀空港	
開港時期	2010年3月		1989年12月		1998年7月	
中国路線名	上海／浦東－茨城線		上海／浦東－高松線		上海／浦東－佐賀線	
中国路線開設時期	2010年7月：定期チャーター便 2012年6月：定期便		2011年7月：定期チャーター便 2012年12月：定期便		2012年1月：定期チャーター便	
人数	入国者数	出国者数	入国者数	出国者数	入国者数	出国者数
2009年	－	－	22	18	0	0
10	7,325	7,781	44	45	0	0
11	12,355	13,315	4,057	4,422	0	0
12	25,849	28,648	9,086	10,243	7,521	8,830
13	29,757	30,635	10,056	10,165	8,856	9,311

（出所）　法務省（出入国管理統計表）、各種資料より野村資本市場研究所作成

　春秋航空は、千葉県に「春秋航空日本」（英語名はSPRING JAPAN）を15億円で設立した。ねらいは、日本国内の定期国内線と海外への定期国際線の就航である。うち、前者については、2014年8月1日から、成田空港と広島、佐賀、高松の各空港を結ぶ3路線を就航させている[18]。

　春秋航空とは、2004年5月に中国の民間旅行会社である「上海春秋国際旅行社」が設立した中国初のLCCで、2005年7月から中国国内線での運行を始めている。2010年7月には初の国際線として、上海／浦東—茨城線で定期チャーター便を開設し（2012年6月に定期便に格上げ）、当時上海で開催されていた万博の日本からの観光需要を取り込んでいる。

　その後、日本との間では、2011年7月に上海／浦東—高松線（定期チャーター便、2012年12月に定期便に格上げ）、2012年1月に上海／浦東—佐賀線（定期チャーター便）、2014年3月に上海／浦東—大阪／関西線、同年7月に天津—大阪／関西線および武漢—大阪／関西線、重慶—大阪／関西線をそれぞれ就

18　2014年8月2日付読売新聞朝刊。

航している。

　春秋航空日本による広島、佐賀、高松との日本国内線の就航は、すでに就航している上海—佐賀、高松間の国際線と連携して、中国本土観光客が、九州、四国を経由して関西圏や首都圏を訪問するルートの開拓につながることが期待されている[19]。実際、最初に就航した茨城線、高松線、佐賀線では、就航前と比べ、各空港への中国本土からの入国者数・出国者数が大きく伸びている（図表Ⅳ. 3. 5）。地方空港を経由した訪日外客の入出国は、地方の観光業の活性化のきっかけともなろう。

b　中国本土からの訪日観光ブームを先取りした春秋航空の取組み

　こうした春秋航空の取組みは、中国本土からの訪日観光ブームを先取りしたものともいえる。

　実は、2010年以降、日中間の観光移動、特に中国本土からの訪日観光は、日中関係の影響を受けてきた。日本政府観光局（JNTO）の統計によれば、中国本土からの訪日外客数は、2009～10年にかけて訪日観光ブーム（第1次ブーム）となり、2010年は6月に前年同月比で183.4％増と過去最高を記録した（図表Ⅳ. 3. 6）。ところが、同年9月に発生した尖閣沖漁船衝突事件以降、中国本土からの訪日外客数は人数、伸び率ともに急速に低下し、通年では141万2,875人（同40.4％）となった。2009年の100万6,085人（前年比0.6％）に比べれば大幅な増加となったものの、2010年は上半期の実績に依存する結果となった。

　同事件の余波は2011年も続き、通年の中国本土からの訪日外客数は104万3,246人（同－26.2％）となった。2012年に入ると、同事件の影響も徐々に薄まり、月次ベースでみると回復の傾向が出てきて、同年7月には前年同月比で134.9％増を記録した（第2次ブーム）。ところが、同年9月の日本政府による尖閣諸島国有化以降、中国本土からの訪日外客数は人数、伸び率ともに低下する結果となった。それでも、2012年は通年で142万5,100人（同36.6％）

19　2014年10月27日から上海／浦東—佐賀線では、運行区間が上海／浦東から深圳にまで延伸されており、中国本土からの訪日観光の利便性が高まる。

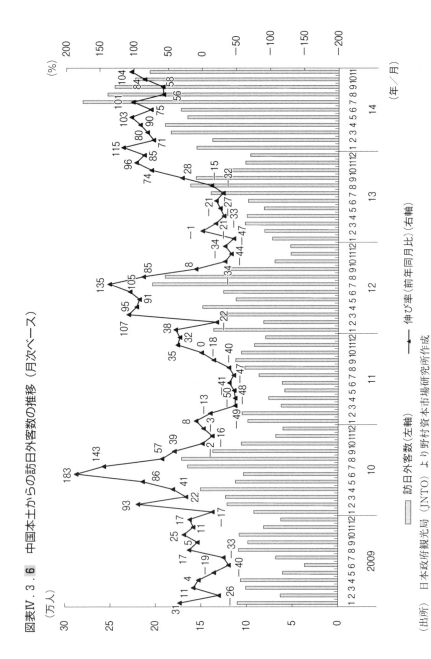

図表IV.3.6 中国本土からの訪日外客数の推移（月次ベース）

(出所) 日本政府観光局 (JNTO) より野村資本市場研究所作成

を計上した。

2013年に入ると、131万4,437人と通年では前年比で−7.8％となったものの、現在の訪日観光ブーム（第３次ブーム）のきっかけをつくった年となった。第３次ブームは2014年を通して持続、「春節効果」が大きかった2015年２月には前年同月比2.6倍の35万9,100人と単月で過去最高を記録した。

実は、前述のとおり、春秋航空の日本法人の設立時期は、2012年10月で、まさに尖閣諸島国有化直後の日中関係の最悪の時期に行われている。また、同年11月には、上海春秋国際旅行社が東京に日本春秋旅行を設立し、春秋航空と連携して旅行パッケージをつくる計画を打ち出している。

日中関係の問題はありながらも、春秋航空の取組みは、民間の立場で中国の消費者の旅行需要を先取りして開拓したものであり、今後も、訪日観光の先導役としての役割を続けていくことと思われる。日本の地方の観光地や観光業界にとっても、日中関係の問題で一時落ち込んでもそのつど回復してきた中国本土からの訪日観光ブームを、今後はリピートも含めて定着させていくことが重要になってきているといえる。

4　今後の展望

国連貿易開発会議（UNCTAD）の2013年の世界ランキングによれば、中国企業の対外直接投資（フロー）は第３位の1,010億ドルと、第１位の米国の3,380億ドル、第２位の日本の1,360億ドルに続き、すでに世界の３大対外直接投資国となっている。実際、この投資規模を支えている主体は、国有の資源系企業である。

一方、本稿で取り上げた三つの中国企業の対日直接投資の個別事例に共通しているのは、投資主体がベンチャーないしは民間企業という点である。民間であるからこそ、商業的観点からの投資判断を優先したといえるであろう。今後、日本、特に地方への中国企業の誘致を考えていくうえで、中国のベンチャーや民間企業との連携は、相互に実利を追求する意味での重要性を増し

ていくのではないか。

　中国国内の事情に目を転じると、習近平指導部は、2013年11月に開催された中国共産党第18期3中全会で採択された改革プランに基づき[20]、国有企業改革と並行して、民間資本の参入促進のための投資認可制度の規制緩和を行おうとしている。この規制緩和のもとでは、ベンチャーや民間企業の資本市場へのアクセスも拡大されようとしている[21]。また、中国から海外への直接投資についても規制緩和が行われつつあり、2014年には、海外の敏感な投資先（地域、産業）以外は、原則、中国企業の進出を自由とするネガティブリスト方式も採用された[22]。こうした一連の規制緩和は、ベンチャーや民間企業の海外進出を後押しすることにもつながろう。

　中国国内での新たなベンチャーや民間企業の勃興は、中国本土での日本企業にとっての商機でもあり、また対日直接投資の機会にも結びついていく可能性がある。こうしたなかで、日中両国企業を仲介する投資銀行の役割も重要になってこよう。また、日本の地域金融機関にとっても、投資銀行と連携して、地域経済に裨益するような中国企業の進出案件を発掘し、日本国内での新たな融資需要として取り込む機会も出てこよう。引き続き、日本の地方経済からみた中国企業の対日直接投資の動向が注目される。

20　関根栄一「証券市場から見た中国新政権の第18期3中全会」『季刊中国資本市場研究』（2014年冬号）。

21　実際、中国証券監督管理委員会は、2014年10月16日、春秋航空が申請していた上海証券取引所でのIPOを認可している（2014年10月17日付日経産業新聞）。2015年1月21日の上場で約18億元を調達し、欧エアバスの小型機（A320）の購入などに充てる計画とされる。

22　2014年10月6日からネガティブリスト方式を採用した改正後の「対外投資管理弁法」が施行（商務部）。

Ⅳ-4 人口減少から財政破綻に至ったデトロイト市の教訓

江夏　あかね

1 米国を代表する工業都市の破綻

　21世紀の地方債市場において最も大きな注目が集まった出来事の一つとして、米国ミシガン州のデトロイト市による2013年7月の財政破綻があげられる。デトロイト市は、米国経済の発展を長期にわたって牽引してきた代表的な都市の一つということのみならず、地方公共団体の再生型破産手続きである連邦破産法第9章を適用した事例のなかで最大となる債務総額約180億ドルを抱えた財政破綻であったこともあり、2014年12月に破産手続きが完了するまで、破綻の経緯や再建の行方に世界的に大きな関心が寄せられた。

　本稿は、デトロイト市の発展と財政破綻に至るまでの経緯を人口動態や住民生活の質の変化、行政の対応、財政状況の変転といった観点から概観する。そして、2007年3月に財政再建団体（現・財政再生団体）となった夕張市の事例にも触れつつ、人口減少時代を生き抜くための地方行財政運営について検討する。

2 なぜデトロイト市は財政破綻したのか

(1) 自動車産業都市の発展と衰退

　米国中西部に位置するデトロイト市は、1701年にフランス人のアントワン・キャデラック氏によって創設され、1901年にヘンリー・フォード氏が世界初となる自動車大量生産ラインを設置したことが自動車産業都市としての発展の契機となっている。

　デトロイト市は20世紀に入って、①ビッグ・スリー（ゼネラル・モーターズ（GM）、フォード・モーター、クライスラー）による本社や生産拠点の設置、②モータリゼーションを象徴するインフラ整備（全米初の舗装道路の敷設（1909年）、全米初の信号機の設置（1915年）、全米初の都市フリーウェイの開発（1942年））等を背景に、自動車産業とともに大きく発展していった。市の成長に沿って、1900年には約29万人だった人口規模は、1950年には約185万人にまで達した（図表Ⅳ.4.1参照）。

　しかしながら、デトロイト市では、20世紀半ば頃からすでに繁栄に陰りが

図表Ⅳ.4.1　デトロイト市の人種別人口の推移

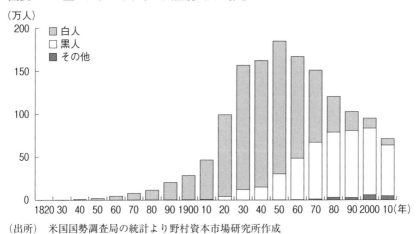

（出所）　米国国勢調査局の統計より野村資本市場研究所作成

みえ始める。これは、デトロイトの自動車業界が安価な労働力を求めて大量の黒人労働者を引き入れたことが背景である。デトロイト市内で徐々に人種間の緊張が高まり、暴動が起きるようになるなか、デトロイト周辺の高速道路網の整備も後押しするかたちで、白人層によるデトロイト市郊外への転出、自動車産業の生産設備の隣接の郊外都市への移転が進んだ。

　デトロイト市の郊外には、デトロイト市からの人口流入等を背景に、大規模商業施設が開発され、やがてオフィス等も立地するようになった。一方で、デトロイト市のダウンタウンにあった米国最大規模の百貨店（ハドソン・デパート）が1983年に閉店し、同規模以上の都市で都心に百貨店がない唯一の都市となるなど、中心都市としての活力が失われていった。

　その後、デトロイト市では、1990年代半ばまで続いた黒人の流入傾向も、中間層を中心とした移転により流出傾向に転じる。その結果、デトロイト市の人口は、20世紀の前半で約6倍増加し、後半で半減するという数奇な運命をたどることになった。

　さらに、デトロイト市民の貧困化も際立つかたちになっている。失業率（2009年）は、全米50大都市のなかで最悪の25.0%（全米50大都市平均＝9.8%）に達したほか、一人当り年間平均所得（2008～12年）も1万4,861ドル（ミシガン州平均＝2万5,547ドル、全米平均＝2万8,051ドル）と低い水準となっている。その結果、貧困層の住民（2008～12年）が占める割合が38.1%と、全米平均（14.9%）やミシガン州平均（16.3%）に比して突出した水準に達している。

(2) 都市の荒廃とネガティブ・スパイラル

a 空き家が激増

　デトロイト市は、20世紀後半に人口減少が進むなかでも新産業の誘致や人口規模に応じた市街地の集約化を行ってこなかった。たしかに、デトロイト川の沿岸部に1970年代後半～80年代初頭に民間主導で超高層ビル群「ルネサンスセンター」が建設されたが、限定的な地区の再開発は、大規模な工場や

倉庫の操業停止、空きビルの増加等による市街地の衰退を食い止めることはできなかった。

　デトロイト市内は、21世紀に入ってからも市域の85％の地区で人口減少が継続し、全体の３割近くの約100㎢（サンフランシスコに相当する広さ）が空き地になっている。空き家も2000年からの10年間で約２倍に増加した。これらの空き地や空き家の所有者の大半は消息不明で、財産税が支払われておらず、郡や市が差し押さえて公有地になっている場所も多い。

　　b　追いつかなかった行政の対応と財政悪化
　市内の活気が失われるなかで、デトロイト市は、2008年から市街地の再生にようやく本腰を入れ始める。連邦政府から約4,700万ドルの補助金を受けて着手した「近隣安定化計画」（Neighborhood Stabilization Program）では、九つの対象地域にある所有者不明の空き家を解体し、更地にしたうえで、その一部を非営利組織（NPO）が運営する都市農園として開放したり、住民がローンを支払えず手放した住宅をデトロイト市が購入して改修したうえで販売するといった取組みを行っている。さらに、デトロイト市は、住民や企業の所得税等を15年間減免する特区制度を2010年に創設し、市街地の集約化を目指している。その結果、地価の安さや税制上のメリットに着目する企業も現れ、たとえば、住宅ローンブローカーのクイッケン・ローンズが2010年に郊外都市からデトロイト市に回帰することを決定したほか、いくつかの企業が郊外にあるオフィスの一部をデトロイト市のダウンタウンに移転することを決定した。

　しかし、これらの取組みは、デトロイト市の財政の脆弱化を食い止めることはできなかった。特に、2000年代後半からの税収減少は、デトロイト市の財政悪化を加速させた。財産税は、土地の評価額の低下や徴収率の低下（76.6％（2008会計年度）→68.3％（2011会計年度））を背景に、2012会計年度までの過去５年間に19.7％減少した。また、所得税も、失業率の上昇や住民等の課税所得の低下を背景に、2012会計年度までの過去10年間に約３割減少した（図表Ⅳ.4.**2**－①参照）。デトロイト市は、人件費等の歳出削減に努め

たものの、公債費、年金拠出および医療給付等の過去にまつわる歳出（いわゆるレガシーコスト）の負担が重くのしかかったうえ、ミシガン州からデトロイト市への歳入分与も減少するなか、2013会計年度までの6年間連続で財政赤字（資金調達を除く）を計上する見込みとなった（図表Ⅳ.4.2-②参照）。

図表Ⅳ.4.2　デトロイト市の所得税収入および歳入歳出の推移

① 所得税収入の推移

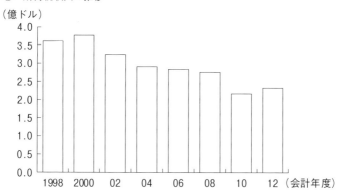

② 歳入歳出の推移

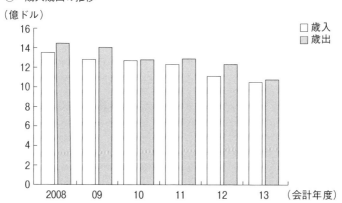

（注）　会計年度は、7月1日～6月30日。たとえば、2012会計年度は、2011年7月1日から2012年6月30日まで。2013会計年度は暫定数値。
（出所）　City of Detroit, Office of the Emergency Manager, *Financial and Operating Plan*, June 10 2013, pp.4-6.

c　住民の生活の質の低下とさらなる人口流出

　デトロイト市の歳出削減は、行政サービスの低下や治安の悪化につながり、財産税の税率引上げも相まって、住民のさらなる流出を生むネガティブ・スパイラルをつくりだしていった。行政サービスの低下に関しては、デトロイト市では、警察に通報後に警官が到着するまで平均58分（全米平均は11分）待たなければならないうえ、刑事事件解決率は8.7％（ミシガン州平均は30.5％）しかなく、過去20年にわたって全米で最も危険な都市の一つとされてきた。さらに、デトロイト市が財政破綻する直前で、救急車は3分の1しか稼働していないほか、約4割の街灯が故障しているなど、住民生活の質の低下につながる状況となっていた。

　一方、デトロイト市は、未納者の増加等により課税基盤が脆弱化するなか、税収を確保すべく、税率の引上げを繰り返していた。その結果、デトロイト市の市民所得税率（2012年時点）は、ミシガン州内で最も高い2.45％（ミシガン州内22市単純平均＝1.15％）にのぼるほか、15万ドルの課税ベースの住宅の場合の財産税の税率も、3.3％（全米50大都市平均＝1.4％）と高止まりしている。ちなみに、行政サービスの質の低下や税率上昇といったことのみならず、火災や自動車等の保険料についても、登録住所がデトロイト市の場合、郊外に比して圧倒的に高くなるなどの要素もあり、住民にとってデトロイト市に居住することのデメリットが徐々に増加していき、人口流出を加速させたと考えられる。

⑶　閉ざされた自主再建の道と連邦破産法第9章の適用申請

　デトロイト市が位置するミシガン州においては、州法である地方公共団体財政責任法に基づく財政再建制度がある。当該制度のもとでは、まず、市が州政府と締結した財政安定化協定のもとで自主的に財政再建に取り組むことになる。ただし、デトロイト市の場合、2012年4月に州政府と財政安定化協定を締結し、同協定に基づいて5年以内に収支不足を解消するはずだったものの、行政内部の混乱等により、自主再建が進捗しないなかで、ミシガン州

主導の財政再建が行われることになった。

　ミシガン州は、地方公共団体財政責任法に基づき、デトロイトの財政状況について調査を行い、リック・スナイダー州知事が2013年３月にデトロイト市の財政非常事態宣言を行った。そして、ミシガン州に任命された緊急財政担当官（emergency manager）のケビン・オア氏を中心に、デトロイト市の財政再建の道筋を模索していた。

　緊急財政担当官は2013年６月、債権者に対して、今後10年の財政見通しに基づく債務再編策を提案した。債務再編策では、償還財源の裏付けがない（課税権を含めた発行体の信用力が裏付けとなっている）債権について元本を約11分の２に換算して新証券と交換する案が打ち出されたこともあり、①流動性危機を改善するほどの十分な内容の合意を主要債権者との間で得られなかったこと、②財政状況を再構築するほどの十分な契約変更ができなかったこと、を背景に債務再編策が合意に至ることはなかった。

　その後、スナイダー州知事は2013年７月、デトロイト市が連邦破産法第９章の適用申請を行うことが妥当としたオア緊急財政担当官による書簡の内容を承認した。承認に至った背景として、①デトロイト市の税率は法定上限近くにまで達しているにもかかわらず、住民や債権者に対して基礎的な義務を果たすのに必要な歳入を確保できていないこと、②レガシーコストが歳入に占める割合はすでに約38％に達しており、債務再編を行わなければ2017年には約65％にも上昇すると見込まれることをふまえると、債務残高の水準は維持可能ではないこと、があげられた。

　これを受けて、デトロイト市は2013年７月18日、地方公共団体の再生型破産手続である連邦破産法第９章を適用申請したのである。なお、一般財源保証債は、連邦破産法第９章の手続のもと、一般債権として取り扱われ、破産手続中に元利金を返済する必要はなく、策定された債務調整計画に従って返済を行うこととなる。そのため、2013年10月１日に償還期日を迎えたデトロイト市の一般財源保証債の履行は行われず、債務不履行（デフォルト）している。

3 人口減少時代を生き抜くための地方財政運営

　デトロイト市の財政破綻は、産業構造の変化のみならず、人種問題や貧困化も相まった人口動態の変化、行政対応の遅れ等が背景であったことが明らかになった。デトロイト市のような地方公共団体の財政破綻は、日本で起こりうるのだろうか。そして、今後日本の地方公共団体がデトロイト市と同じ運命をたどらないためにどのような地方財政運営を行えばよいのだろうか。

(1) 日本でも地方公共団体の財政破綻は起きうるのか

　危機的財政状況に陥ったデトロイト市と2007年3月に財政再建団体（当時、現・財政再生団体）に指定された夕張市の事例は、産業構造の転換に伴う人口動態や行政需要の変化に柔軟に対応できなかった点で共通しているといえる。夕張市の場合、明治初期から炭鉱の町として繁栄の歴史を築いてきたが、1960年代以降のエネルギー革命による石炭から石油への急激なエネルギー源の転換のなかで石炭需要が縮小し、1973年の大夕張鉱業所閉鎖以降に閉山が相次ぎ、1990年には最後まで残っていた三菱石炭鉱業南大夕張炭鉱が閉山した。

　夕張市の場合、炭鉱として開かれた町であり、石炭産業以外の産業基盤が脆弱で雇用の受け皿が十分でなかったために、働き手の若者が都市に流出し、人口減少・少子高齢化が進むこととなった。夕張市は衰退する石炭産業の代替として、観光開発を目指し、テーマパーク、スキー場の開設、映画祭などのイベント開催等を行ったものの、過大投資や放漫経営が累積赤字につながり、夕張市の財政にも重くのしかかった結果、2007年3月の財政再建団体指定につながったのである。

　ただし、日本の場合、現行制度においては、地方公共団体の破綻法制も存在しないほか、地方債のデフォルトの仕組みもないとされている。さらに、地方公共団体の財政の健全化に関する法律（地方公共団体財政健全化法）のもと、地方公共団体は健全な財政運営を行うことが促されているほか、地方公

共団体が財政危機に陥った場合、財政再生団体として、国（中央政府）等の関与により確実な財政再建が促されるほか、国等が財政面の適切な配慮を行うこととされている。

一方、米国においては連邦破産法第9章といった地方公共団体を対象とした破綻法制がある。また、財政面や技術面で関与・支援を行う仕組みが州によっては整備されているが、日本の地方公共団体財政健全化法に基づく財政健全化制度でみられるような中央政府（連邦政府）による配慮の仕組みは基本的にはない。

これらをふまえると、日本の地方公共団体が破産適用や地方債のデフォルトといったデトロイト市と同様のケースに直面することは想定されていない。とはいえ、日本の場合、米国に比して地方債残高がGDPに占める割合が約2倍と大きい[1]。仮に、日本の国家財政の悪化が今後も継続し、国による地方公共団体への財政面の配慮を講じる能力が著しく毀損されるようなことがあれば、米国の地方公共団体のように、財政格差が顕在化し、デトロイト市のような財政悪化を経験する地方公共団体が出現する可能性もある[2]。

(2) 人口減少時代に求められる行財政運営

デトロイト市のような人口急増および急減を経験する地方公共団体は多くないとも考えられる。しかし、日本の場合、人口減少のみならず、少子高齢化が先進国のなかでも速いペースで進捗しているうえ、東京への一極集中といった問題も抱えており、21世紀に入ってその傾向は加速している。さらに、

---

1 日本の場合、2013年度末の地方債務残高は201兆円程度（対GDP比で41%）に達する見込みである。米国の場合、2013年末の地方債残高は、約3.7兆ドル（対GDP比で約22%）である（財務省「日本の財政関係資料」2014年2月、15頁、Securities Industry and Financial Markets Association, *US Municipal Securities Holders*, September 18 2014)。

2 日本の場合、地方公共団体の格付分布は2014年末現在、AA+～Aにとどまっている。一方、米国の場合、米国地方債の格付分布（ムーディーズ、2013年末）は、Aaa～Cにまで達している（Moody's, *US Municipal Bond Defaults and Recoveries, 1970-2013*, May 7 2014, p.14)。

若年女性半減により2040年には消滅する可能性のある市町村が多数出現するといった試算が公表されるなど、地方公共団体においても人口動態の変化に向けた迅速かつ適切な対応が望まれている。

　日本の多くの地方公共団体は、すでに人口減少問題を重要課題と位置づけ、①出生率の向上・子育て支援、②定住や移住の促進・人口流出食い止め等に向けた施策を展開している。しかし、デトロイト市の教訓をふまえると、人口減少時代に求められる行財政運営は、①都市縮小を前提とした対応、②民間セクターや地域住民との連携を通じた新たな街づくり、が鍵になる可能性がある。

　a　都市縮小を前提とした対応

　デトロイト市が財政破綻に陥ったのは、産業構造や人口動態の変化に迅速に対応できなかったことが大きな要因といえる。たしかに一部の市街地再開発は行われてきたが、人口減少が進捗するなかでも、新産業の誘致や市街地の集約化といった抜本的な対策を近年まで講じなかった。その結果、税収減少のなかで、行政サービス関連費用や年金債務等の過去にまつわる費用の負担がまかなえなくなるほど、財政の硬直化が進んだのである。

　都市が縮小することは、地方公共団体にとって望ましくないことなのか。問題なのは、人口減少そのものよりも、人口動態の変化に対応せずに縮小しない財政・都市構造といえる。

　人口減少・少子高齢化が進んだ場合、財政構造に及ぶ影響としては、税収の減少、扶助費の増加、公営企業等の料金収入の減少を通じた財政の硬直化といったものが考えられる。加えて、日本の場合、高度経済成長期に整備された多くの社会インフラ・公共施設等の老朽化が進んでおり、更新需要が今後本格化していく見通しである。このような状況をふまえると、人口動態の変化を長期的な視野で見据え、人口減少時代に対応可能なスリムかつ柔軟な財政構造に立て直していくことが重要になるといえる。

　人口動態については、出生率の要素を除けば、精度が比較的高い長期見通しを立てることが可能であることから、人口推計をふまえた長期の財政見通

しを推計することも意義があるといえる。たとえば、米国の地方公共団体の場合、地方債の目論見書や包括年次財務報告書（CAFR）で将来の借入見込み、債務全体に関する償還の見通し、歳入・歳出の見通しが詳細かつ多年度（多くが5〜30年程度（償還見通し））にわたって含まれている。一方で、日本の地方公共団体の場合、一部で、たとえば大阪府の財政状況に関する中長期試算や横浜市の中期的および長期的な財政見通しのように、20年間を対象としているケースもあるが、首長の任期である4年間の見通しを公表しているケースが多い[3]。

　長期の見通しを立てることを通じて、歳出削減・歳入確保といった財政健全化がどの程度必要かが把握可能となるのみならず、人口減少下における行政サービスの適正な範囲を見直す契機になろう。さらに、社会インフラ等についても、財政見通しとあわせて更新需要の発生時期やコストの規模を把握することを通じて、場合によっては機能を同水準に更新するといった選択肢ではなく、廃止・統合・複合化・用途変更といった選択をより早く進め、地域経済への影響を軽減し、財政負担を平準化することも可能となるとみられる。

　一方、都市構造に着目すると、戦後の日本は、公共交通や道路網の整備に沿って市街地が拡大する一方で、中心市街地が衰退していくという傾向が主流である。拡張型都市構造とも呼ばれるこのパターンを放置した場合、①少子・超高齢化社会の移動問題（高齢者等の交通弱者の増大）、②困難になる公共交通の維持（民間事業者が担う公共交通サービスの採算性低下に伴う減便や廃止およびさらなる自動車依存の高まり）、③環境への負荷の高まり（都市機能の拡散・散在に伴う自動車利用率の一層の高まりや移動距離の増加を通じた二酸化炭素排出量の増加）、④中心市街地の一層の衰退（無秩序な拡散立地による街の質の低下、防災・防犯、子育て環境等の劣化）、⑤都市財政の圧迫（集積メリットの喪失による都市施設の維持管理、福祉施策等の行政コストの増大）、といっ

---

[3]　大阪府「財政状況に関する中長期試算〔粗い試算〕」、横浜市「平成25年度予算案について〜中期4ヵ年 総仕上げの年」2013年1月、105〜108頁。

た弊害が起きかねない。

　これらの弊害から都市を守るためには、集約型都市構造として提唱されているコンパクトシティのように、都市圏内の中心市街地等を集約拠点として位置づけ、郊外の開発抑制および環境保全を図ることを通じて、行政コストを節減するといったアプローチが選択肢の一つとして有効といえる[4]。コンパクトシティは、1970年代に米国で唱えられ、1990年代に欧州諸国で持続可能な都市づくりのモデルとして推進された。そして、日本においても近年はこのような都市づくりに取り組む地方公共団体が増加し、①青森市（市民図書館・生鮮市場・ファッション系店舗等が入居する複合型商業施設の中心部への整備を通じた中心市街地の活性化、ブナの植林など郊外の保全に向けた取組み）、②富山市（市街地再開発を通じた中心市街地の住環境向上やライトレールの敷設等を通じた公共交通の利便性向上に向けた取組み）、といった事例があげられる。

　このような都市の縮小・集約を進めるうえでは、地域内の人口動態の変化、道路・鉄道等の整備状況および人の流れといった点のみならず、社会インフラ・公共施設等の利用状況、維持・更新費の見込みおよび集約化・複合化や統廃合等の計画、税収等を含めた財政見通し、といったデータを蓄積・開示し、地域全体としてどのような街づくりを目指すのかを、行政内部で共有し、議会、住民、地方債の投資家、地権者、地域経済界といった地方公共団体のステーク・ホルダーに丁寧かつ継続的に説明することが求められる。

　加えて、都市縮小をめぐって、一般財源から費用を捻出するのみならず、国等の支援の仕組みを適切に活用することも、ステーク・ホルダーの支持を得て施策を円滑に進めるうえでの重要なポイントといえよう。たとえば、コンパクトシティ関連の財政支援としては、①まちづくり交付金（市町村が作成した都市再生整備計画に基づいて実施される事業に対して交付金を交付、2004

---

[4] コンパクトシティとは、都市計画や街づくりの概念で、郊外の開発を抑制し、より集中した居住形態にすることで、周辺部の環境保全や都心の商業などの再活性化を図るとともに、道路などのハードな公共施設の整備費用や各種のソフトな地方公共団体の行政サービス費用の節約を目的としているものである（黒田達朗・田渕隆俊・中村良平『都市と地域の経済学〔新版〕』有斐閣、2008年、313〜314頁）。

年度創設)、②都市形成支援費補助金(2013年度創設)といったものがあげられる。

地方公共団体の財政状況は、デトロイト市の事例でも明らかになったとおり、脆弱になればなるほど、ネガティブ・スパイラルに陥り、悪化のスピードが加速するといった傾向がある。これまでの日本では成長を前提とした街づくりが長らく行われてきたため、都市縮小への取組みはハードルも高いとも考えられる。しかしながら、国の制度も活用しながら、できる限り迅速に人口減少時代への対応を進めることが地方公共団体の今後の行財政運営の重要なテーマになると予想される。

b 民間セクターや地域住民との連携を通じた新たな街づくり

今後の地方財政を見通すと、経済低成長および人口減少といった状況下、税収が大きく伸びることはあまり期待できず、限られた人員・財源のなかで、住民および地域社会に対する行政サービスを担っていくことになる。その意味では、地方公共団体の枠組みを超えて、民間セクターや地域住民のアイデア、技術・ノウハウ、資金等を適切に活用することが人口減少時代の行財政運営の安定性を維持する鍵になると考えられる。

日本においても21世紀に入った頃から、行政サービスにおいて民間セクターを活用する機運が高まり、民間企業への業務委託、指定管理者制度、PFI(Private Finance Initiative)を中心に、民間的経営手法の導入が進められており、その分野も一般事務(庁舎の清掃、税金・料金収入徴収、一般ごみ収集等)から、教育・文化施設、公営住宅、医療・福祉、公園、上下水道等と多岐にわたっている。民間セクターを活用することは、複雑な事業実施プロセスが必要となり、機動性に欠ける場合もあるものの、①コスト縮減、②民間のノウハウ、技術、経営手法の活用を通じた行政サービス水準の向上、③官民の役割分担の明確化と行政サイドの事業リスクの低減、④民間セクターに対する投資・事業機会の創出、といったメリットが期待される。

地域住民等との連携も今後、鍵になろう。たとえば、京都市醍醐地区では、1997年の京都市営地下鉄東西線開業に伴い市バスが撤退したため、NPOの

主導で住民の足としての役割を担うコミュニティバスの運行を計画し、2004年2月から醍醐コミュニティバスとして運行が開始されている。醍醐コミュニティバスは、市民共同方式を採用し、行政からの補助金等はいっさい受けず、個人や地域内の商店、企業・団体等の会費によってまかなわれている。一方、宮崎県日向市では、日向市駅を中心とする中心市街地の魅力を高めるべく、行政による連続立体交差事業、区画整理事業の基盤整備と地元商店街による商業集積整備事業等により、官民が共同して拠点形成を実現している。

　資金面の地域住民等との連携の観点からは、住民参加型市場公募地方債やクラウド・ファンディングが選択肢としてあげられる。住民参加型市場公募地方債は、地方債の個人消化および公募化を通じた資金調達手段の多様化に加えて、住民の行政への参加意識の高揚を図るため、地域住民を主な対象として発行される証券形式の地方債であり、2002年3月から発行が開始されている。たとえば、山形県鶴岡市が市立加茂水族館を改築するために2013年4月に発行した「加茂水族館クラゲドリーム債」（3億円）は、新水族館の内覧会招待等の特典も相まって、住民の行政参加意識の高揚や水族館の宣伝効果にもつながり、全国的にも大きな注目が集まった。

　一方、クラウド・ファンディングは、「新規・成長産業等と資金提供者をインターネット経由で結びつけ、多数の資金提供者から少額ずつ資金を集める仕組み[5]」であり、日本の地方公共団体も活用し始めている。たとえば、大阪市は、大阪城本丸地下に位置する豊臣期石垣を公開するための資金として「太閤なにわの夢募金」（目標額5億円）を読売新聞大阪本社と共同で2013年4月～15年3月（予定）にかけて実施している。当該募金は、広く国内外の個人、法人、団体が対象となっており、大阪市のふるさと寄付金として税控除の対象となるほか、募金の金額によって、記念メダル、ミュージアム招待状、施設内に氏名掲示、市長感謝状等の特典が受けられるようになっている。

5　金融庁「金融審議会　新規・成長企業へのリスクマネーの供給のあり方等に関するワーキング・グループ報告」2013年12月25日、2頁。

地域住民等との連携は、財政負担軽減等のメリットのみならず、住民の行政への参加意識の高揚にもつながることが期待される。地方公共団体が財源、人材ともに地域のすべての行政サービス需要を担うことが困難な状況下、地域自らが担い、地域の発展を支えていく仕組みは、人口減少時代に対応する行財政運営の一つの選択肢になると期待される。

4　都市縮小を前提にした街づくりへの転換

　デトロイト市の発展と連邦破産法第9章の適用申請に至るまでの経緯をみると、産業構造の変化のみならず、人種問題や貧困化も相まった人口動態の変化、行政対応の遅れや住民の生活の質の悪化等により、財政破綻に至ったことが明らかになった。

　危機的財政状況に陥ったデトロイト市と2007年3月に財政再建団体（当時、現・財政再生団体）に指定された夕張市の事例は、人口動態や行政需要の変化に柔軟に対応できなかった点で共通しているが、日米の地方財政制度が異なることもあり、日本の地方公共団体が破産適用や地方債のデフォルトといったデトロイト市と同様のケースに直面することは想定されていない。

　しかし、日本の場合、人口減少のみならず、少子高齢化が先進国のなかでも速いペースで進捗しているうえ、東京への一極集中といった問題も抱えており、地方公共団体においても人口動態の変化をふまえた迅速かつ適切な対応が望まれる。人口減少時代を生き抜くための地方行財政運営は、都市縮小を前提とした財政・都市構造の対応、民間セクターや地域住民との連携を通じた新たな街づくり等が鍵になる可能性がある。

Ⅳ-5

労働力不足に挑む中国
―日本への示唆―

関　志雄

1　「一人っ子政策」のツケ

　中国では、1980年代に入ってから人口抑制のために「一人っ子政策」が実施されてきたが、そのツケが回ってくるというかたちで、近年、生産年齢人口が減少し始めており、逆に高齢化が急速に進んでいる。農村部から都市部への労働力の移転が進み、発展過程における完全雇用の段階（いわゆる「ルイス転換点」）がすでに到来していることも加わり、労働力は過剰から不足に変わってきており、潜在成長率が低下している。これを背景に、雇用創出のかわりに、成長の原動力を「生産要素の投入量の拡大」から「生産性の上昇」へ切り替えていくことを中心とする「経済発展パターンの転換」が政府の政策の最優先課題となった。

2　二つの転換点を迎えた労働市場

　中国は、人口構成において生産年齢人口が増加する段階から減少する段階へ、また経済発展の過程において不完全雇用から完全雇用へという二つの転換点を迎えており、労働力が過剰から不足へと変わってきている（図表Ⅳ.5.1）。

図表Ⅳ.5.1　二つの転換点を迎える労働市場

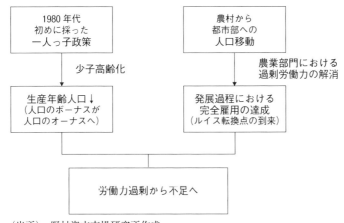

（出所）　野村資本市場研究所作成

　まず、1980年代の初めに一人っ子政策がとられた結果、生産年齢人口は2010年頃にピークを迎えた後、低下傾向に転じる一方で高齢化が急速に進むと予想される（図表Ⅳ.5.2）。

　また、若者を中心に、農村部から都市部への労働力の移転が急速に進んだ結果、農村部が抱えていた余剰労働力が解消されている。2014年に戸籍地から離れた出稼ぎ農民（「農民工」）はすでに1.68億人にのぼっている[1]。これを背景に、中国は、経済発展過程における完全雇用の達成を意味する「ルイス転換点」にすでに到達しているとみられる[2]。その表れとして、現在、景気が減速しているにもかかわらず、2008年のリーマン・ショックの後の不況期には多くの出稼ぎ農民が職を失い、田舎に帰らなければならなかったのとは対照的に、今回は深刻な失業問題が発生していない。

　一般的に、生産年齢人口が増加から減少へと転換する時期と、不完全雇用から完全雇用へと転換する時期は異なる。たとえば、日本の場合、完全雇用

1　中国国家統計局「2014年国民経済と社会発展統計公報」（2015年2月26日）。
2　Lewis, W. Arthur, "Economic Development with Unlimited Supplies of Labour," *Manchester School of Economic and Social Studies*, Vol. 22, 1954.

図表Ⅳ.5.2　中国における年齢別人口の推移

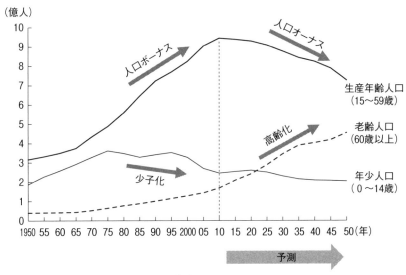

(注)　予測値は一人っ子政策の緩和を考慮していない。
(出所)　United Nations, *World Population Prospects: The 2012 Revision* より野村資本市場研究所作成

を達成したのは1960年代の初めとみられる[3]が、生産年齢人口が減り始めたのは1995年前後であった[4]。これに対して、中国の場合、この二つの転換点が偶然にもほぼ同時に到来するため、労働力不足の度合いとそれに伴う経済へのインパクトは、他の国と比べて大きいと思われる。

3　低下する潜在成長率

　生産年齢人口の減少とルイス転換点の到来を受けて、中国の潜在成長率の低下は避けられない。潜在成長率は、概念的に、「労働投入量の拡大」「資本投入量の拡大」、そして「全要素生産性の上昇」によるそれぞれの寄与度に

3　南亮進『日本経済の転換点：労働の過剰から不足へ』創文社（1970年）。
4　United Nations, *World Population Prospects: The 2012 Revision*.

分解することができる。1995〜2011年の中国の平均成長率（潜在成長率とみなされる）は9.9％に達し、それを要因分解すると、労働投入量の拡大、資本投入量の拡大、全要素生産性（TFP）の上昇による寄与度は、それぞれ0.7％、5.3％、3.7％と推計される（図表Ⅳ.5.3）。労働市場における上述の二つの変化は、「労働投入量の拡大」と「資本投入量の拡大」を抑える要因となるため、全要素生産性の上昇が一定であれば、潜在成長率は低下することになる。

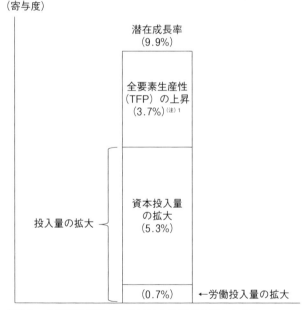

図表Ⅳ.5.3 潜在成長率の要因分解（1995〜2011年）

（注）1．全要素生産性の上昇には人的資本の向上を含む。
　　　2．各寄与度の合計が潜在成長率と一致していないのは四捨五入によるものである。
（出所）　Kuijs, Louis, "China's Economic Growth Pattern and Strategy," Paper prepared for the Nomura Foundation Macro Research Conference on "China's Transition and the Global Economy," November 13, 2012, Tokyo より野村資本市場研究所作成

まず、生産年齢人口が減少し始めることは、人口ボーナスが人口オーナス、つまり重荷に変わることを意味する。これまで、生産年齢人口が増え続けてきただけでなく、若者が中心の社会においては貯蓄率も高かった。生産年齢人口の増加は、労働供給量の拡大をもたらし、また、貯蓄が投資の資金源になるため、高貯蓄率は資本投入量の拡大につながった。しかし、今後生産年齢人口が減少し高齢化が進行すれば、労働供給量の減少と貯蓄率の低下を通じて、潜在成長率は抑えられることになる。

そのうえ、ルイス転換点の到来も成長の制約となる。これまで無限といわれた労働力の供給は、次のルートを通じて、中国の経済成長を支えてきた。まず、農業部門における余剰労働力が工業部門とサービス部門に吸収されることは、直接GDPの拡大に貢献した。また、生産性の低い農業部門から生産性の高い工業とサービス部門への労働力の移動は、経済全体の生産性の上昇をもたらした。さらに、余剰労働力により賃金が低水準に維持されることは、所得分配の面において、資本収入の多い高所得層に有利に働き、ひいては高貯蓄と高投資につながった。しかし、完全雇用の達成は、工業部門とサービス部門にとって労働供給量が減ることを意味する。貯蓄率の低下も加わり、潜在成長率は低下せざるをえない。

中国における潜在成長率の低下を示唆する兆候はすでに表れている。その一つは、経済成長率が低下しているにもかかわらず、(労働市場における需給関係を示す)求人倍率が1を超える高水準を維持していることである（図表Ⅳ.5.4）。

一般的に、成長率が潜在成長率を大きく上回る（下回る）ほど、労働の需給関係がひっ迫し（緩和され）、求人倍率も高くなる（低くなる）。潜在成長率が一定であれば、成長率の低下を受けて、労働市場において需給関係が緩和され、求人倍率も下がるはずである。しかし、成長率とともに潜在成長率も大幅に低下していれば、失業問題が深刻化せず、現在のように求人倍率が高止まってもおかしくない。

図表Ⅳ.5.4 経済成長率が低下しても高水準を維持する都市部の求人倍率
―ルイス転換点の到来を示唆―

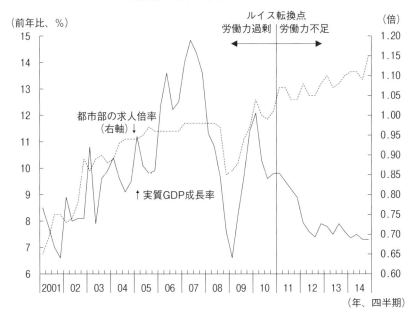

(注) 中国の都市部の求人倍率は、約100都市の公共就業サービス機構に登録されている求人数/求職者数によって計算される。
(出所) 中国国家統計局、人力資源・社会保障部より野村資本市場研究所作成

4 促される「経済発展パターンの転換」

　人口ボーナスの喪失と完全雇用の達成は、労働力と資本といった要素投入の量的拡大による成長がむずかしくなる一方で、中国が大量の雇用機会を創出しなければならないという制約から解放されることを意味する。

　これを背景に、中国政府は、経済政策の最優先課題として、従来の雇用創出のかわりに、産業の面において「工業からサービス業へ」、需要の面において「投資から消費へ」、生産様式の面において企業のイノベーション能力の向上や産業の高度化などを通じて「労働力や資本といった生産要素の投入量の拡大から生産性の上昇へ」とシフトしていくという「経済発展パターン

の転換」を進めている。それに向けて、次の方策が講じられている[5]。

まず、産業の面では、改革開放をテコにサービス業の発展を促進する。それに向けて、サービスに適用される現行の営業税をすでに財に適用されている付加価値税に切り替え、これを通じてサービス業企業の税負担を軽減させる。そのうえ、金融、教育、文化、スポーツ、医療、養老などのサービス業分野の秩序ある対外開放を促進し、外資参入に対する制限を緩和する。

また、需要の面では、消費の拡大に向けて、所得分配制度の改革、社会保障制度の充実化、新しい消費分野の開拓、サービス消費とオンラインショッピングなどの新しい業態の発展の促進に加え、国内流通市場の改革、制度改革を通じて市場秩序を整え規範化することに努める。

そして、イノベーション能力の向上と産業の高度化に関しては、企業のグローバル・バリュー・チェーンのハイエンドへの参入を促す。また、市場競争による優勝劣敗という原則を貫き、企業の合併や再編を奨励し、環境保護、安全、エネルギー消費、土地利用などの基準を強化し、さまざまな優遇政策を整理し、古い設備や過剰な生産能力の削減を促進し、新規投資を厳しく規制する。さらに、企業の技術改良を加速させ、従来型の産業の高度化を促進する。最後に、イノベーションプラットフォームをつくり、地域集積の試行を行い、戦略的新興産業の発展を推し進める、というものである。

政府の政策に加え、市場も「経済発展パターンの転換」を促す力になってきた。イノベーションの加速を目指して、多くの中国企業は、海外から技術を導入することにとどまらずに、自ら研究開発に積極的に取り組むようになった。電子商取引企業のアリババや通信機器メーカーの華為をはじめとするハイテク企業の急成長に象徴されるように、イノベーションは、経済成長だけでなく、産業高度化の原動力になりつつある。

政府と企業のこのような取組みをテコに、今後、中国は労働集約型産業から「卒業」し、より付加価値の高い分野に資源をシフトするかたちで、産業

---

[5] 李克強「経済体制改革の深化に関する若干の問題」『求是』(2014年第9号)。

の高度化が進むだろう。すでに中国は世界最大の自動車と粗鋼の生産国になったことに象徴されるように、中国の製造業の中心は軽工業から重工業へと移ってきている。

5 出稼ぎ農民の「市民化」を通じた都市化の推進

　労働力不足は、「経済発展パターンの転換」だけでなく、出稼ぎ農民とその同居家族（あわせて移住者）に都市住民と同じ権利を与える「市民化」の促進を通じて、都市化にも拍車をかけている。

　中国では、長い間、都市化とは都市建設だと理解されてきた。都市面積や規模の拡張ばかりが重視されて、人々の生活水準の向上は考慮されていなかった。出稼ぎ農民は、単なる労働力としてみなされ、彼らとその家族は本当の「市民」として扱われていない。

　中国の戸籍には、農業戸籍と非農業戸籍（都市戸籍）がある。多くの出稼ぎ農民は、都市部に定住してからも現地の戸籍を取得できていない。戸籍とそれに関係する一連の制度による制限で、彼らは社会保障や教育などの面において差別を受けている。

　農村から都市への移住者の市民化に向けて、政府は、2011年から始まった第12次5ヵ年計画（2011～15年）に基づき、都市戸籍を取得する条件を満たす者とまだ満たしていない者を区別したうえで、次の改革を行っている。まず、都市戸籍を取得する条件を満たす移住者については、彼らの都市移住に関する自主選択権を十分に尊重し、農村にある請負地、宅地などの合法的権利を確実に保護する。実情に即した措置によって、段階的に推進するという方針に基づき、安定した仕事をもち、かつ都市部に一定年数以上居住している出稼ぎ農民およびその同居家族に、順次都市戸籍を付与する。その際、都市の規模に比例して戸籍の申請基準が厳しくなるという方針が適用される。一方、現段階ではまだ都市戸籍を取得する条件を満たしていない出稼ぎ農民については、彼らが享受できる公共サービスの改善を図る。

出稼ぎ農民の市民化を中心とする都市化（いわゆる「新型都市化」）の推進が、内需拡大と生産性向上を通じて、経済発展に寄与することが期待されている。

　まず、都市化は消費需要を創出する。中国では、主に都市部に立地する工業とサービス業の生産性が農業よりはるかに高いことを反映して、都市住民の一人当り所得は農村住民の3倍ほどであり、これに比例して、都市部と農村部の消費格差も大きい。都市化の進展に伴い、多くの農民が都市住民になることで消費は拡大する。

　また、都市化は巨大な投資需要を創出する。都市化が進めば、インフラ（電気、水道、道路、通信、ガス、ゴミ・汚水処理など）と公共サービス施設（学校、病院など）への投資が増える。商業と工業の施設や住宅の建設も加わり、不動産投資の拡大が見込まれる。

　さらに、都市化は農業の近代化にも役立つ。都市化を通じて、大量の農民が農村から離れ、農業以外の産業へ就職すれば、農民の非農業収入が増える一方で、農業の大規模経営と近代化が進み、生産性の上昇に伴って、農民の農業収入も増える。また、都市に近い農村の土地価格が上昇し、地方政府（場合によって農民）はその売却によって利益を得られる。

　中国の都市化率（全人口に占める都市の常住人口の割合）は、改革開放直前の1978年の17.9％から2014年には54.8％に上昇している[6]。しかし、先進国はもとより、同じ発展段階にある国々と比べても依然として低く、上昇の余地が十分残っている。政府は2020年までに都市化比率を60％前後に引き上げる目標を定めている[7]。

6　求められる農地の流動化

　戸籍制度に加え、土地の流動性を制約する土地制度も、労働力の都市部への移動、ひいては都市化の妨げになっている。

---

[6]　中国国家統計局「2014年国民経済と社会発展統計公報」（2015年2月26日）
[7]　「国家新型都市化計画（2014－2020年）」（2014年3月）。

社会主義を標榜している中国では、土地はすべて公有であり、私有財産として認められていない。土地の公有制は都市部では国有だが、農村部では集団所有というかたちをとっている。ここでいう「集団」とは、農業生産合作社などの農民の集団経済組織のことで、農民を代表して土地を所有している。1980年代以降、改革開放が進むにつれて、農村部の基本的生産方式は、それまでの「人民公社」から「家庭請負制」に変わった。「家庭請負制」のもとでは、農民は請け負った土地の「所有権」をもっておらず、あくまでもその「使用権」しか与えられていない。土地の使用権の期限は、都市部の宅地が70年間、工業用地が50年間、商業用地が40年間になっているのに対して、農地は30年間と短くなっている。

　こうした土地の集団所有制のもとでは、農民が都市部への移住などにより農業戸籍を失えば、彼らの農地に対する権利は消滅し、極端な場合、何の補償も受けられない。その一方で、現在、多くの農村の若者は都市部に出稼ぎに行っているが、彼らが請け負った農地は処分できないまま、荒廃してしまっている。また、農業の生産性を高めるためには、農地の集約化による大規模経営が必要だが、農地の流動化が大きく制約されているため、なかなか実現できない。

　これらの問題を解決するためには、最終的には、農地の私有化、すなわち、所有権を含めて、農地に対する諸権利を農民に帰属させることを認めるしかない。しかし、イデオロギーや、土地譲渡金収入を維持したい地方政府の反対、食糧自給率維持のための農地の他用途への転換に関する厳しい制限などが妨げとなっており、現段階では、農地の私有化が実施される可能性はほとんどない。これを背景に、集団所有という原則を尊重しながら、農地の効率的な利用を目指して、各地域において、農地の流動化を通じた土地の集約化の試みが続いている。

　改革開放当初、農地の流動化の手法は、農地の交換、賃貸、譲渡といった農家の間の相対取引にとどまっていた。市場化改革が進むにつれて、より多くの農家が同時に参加でき、流動化の対象となる農地の面積も大きい土地株

式合作社や土地流動化信託などに進化してきている。なかでも資本市場の機能を活用した土地流動化信託が注目されている。

ここでいう土地流動化信託とは、委託者である農家が土地の有効利用を図るため、土地を信託業者に信託し、信託業者が受託者として建物の建設・資金の調達・建物の賃貸などを行い、賃貸収益から経費や手数料を差し引いた利益を信託配当として委託者に交付する制度である。従来の手法と比べて、土地流動化信託には次の利点がある。

まず、耕作者がいなくなり荒廃した農地を含めて、分散している土地を集約し、企業経営を導入することで、農業の大規模化、機械化、そして市場化が可能になる。

また、信託を導入することを通じて、農地の請負権と経営権を明確に分離することができる。土地の経営・管理を専門の会社に任せることによって、生産効率が高まり、農民の収入も増えるうえ、仮に経営権を取得した企業などが事業に失敗したとしても、農民がもつ請負権には影響しない。

さらに、農民は、自ら土地の経営に直接かかわらなくても、資産としての土地から生まれる収入を得られることで、農業から離れ、工業やサービス業などへ移動する自由度が高くなる。このことは、所得格差の是正を通じて、都市部と農村部の二重構造の解消につながる。

最後に、信託会社は、強い資金調達能力を備えており、農業の近代化を金融面からサポートすることもできる。

中国では、土地の流動化はすでにある程度進んでおり、2013年6月末現在、農地全体に占める流動化された農地の面積は23.9％にのぼっている[8]。しかし、その一方で、未解決の問題も多い。まず、農地の流動化は、現行の法律法規と矛盾する点があり、関連法律による保障が不足している。また、農地の流動化の過程において、農民の利益は十分に保障されていない。さらに、農地を流動化させるための市場インフラが未熟である。最後に、農業への金

---

[8] 国務院新聞弁公室「食糧増産と農民増収及び三中全会の精神の徹底に関する記者会見」国務院新聞弁公室サイト（2013年12月6日）。

融面のサポートが不足している。これらの問題を解決していくことは、農地の本格的流動化、ひいては都市化の加速の前提となる。それに向けて、関連法律の整備に加え、信託制度のいっそうの活用が求められる。

7 日本にも求められる生産要素の流動化

　日本は、中国よりも高齢化が進んでいる。それに伴って、労働力の供給が減少しており、潜在成長率が低下してきている。経済の活力を取り戻すためには、中国と同様に、「経済発展パターンの転換」が必要であり、なかでも、産業の高度化などを通じて「労働力や資本といった生産要素の投入量の拡大から生産性の上昇へ」と転換することが鍵となる。

　経済発展パターンの転換を実現するために、まず、「旧産業の保護」よりも「新産業の育成」に力を入れなければならない。その対象は製造業に限定せず、雇用創出力の大きいサービス部門にも注目すべきである。経済のサービス化・脱工業化は経済の先進国化に伴う現象であり、空洞化と区別しなければならない。日本は、従来の製造業という枠にとらわれず、経済の情報化、ソフト化、ネットワーク化の流れに沿って、新しい産業分野の開拓を目指すべきである。他の先進国と比べて、日本のサービス産業の生産性は依然として低く、規制緩和の進展次第ではおおいに伸びる可能性がある。

　新しい産業を育てる環境を整備するために、新規参入や競争を阻害するような規制を早急に撤廃すると同時に、労働、資本、土地といった生産要素を衰退産業に固定させるのでなく、新しい産業へ円滑に向かわせるような政策が求められる。中国における戸籍改革や信託制度の導入による農地改革などは、まさにその一環である。

　日本の労働市場は、中国と比べ、地域間の流動性が高いが、企業間の流動性は低い。特に正規社員を人員整理のために解雇するには、①人員整理の必要性、②解雇回避努力義務の履行、③被解雇者選定の合理性、④手続の妥当性からなる「四要件」という厳格な基準を満たさなければならず、このこと

は労働力の流動化を妨げている。そのうえ、派遣労働者の保護をうたった労働派遣に関する規制強化も、かえって派遣社員の雇用機会を奪ってしまうおそれがある。労働市場の流動性を高め、新たな雇用機会を創出するために、関連法規を見直す必要がある。

また、政府の支援などを受けて、業績が悪く、本来なら倒産などを通じて市場から淘汰されるはずなのに存続している「ゾンビ企業」が多く生き残っているといわれる[9]。その結果、資本がいつまでたっても効率の悪い企業にとどまり、効率のよい企業は逆に資金難に陥ってしまう。これは、日本経済の新陳代謝を遅らせる要因となっている。

さらに、日本では、戦後の農地改革を受けて、農地の小口化が生じたうえ、農地法の権利移動・転用に関する規制が農地の流動性の低さを招いた。その結果、農地集約による効率化が困難な状態に陥っており、農業の生産基盤も衰退している。こうしたなかで、①農地所有・利用状況の把握、②農業委員会の見直し、③農地のゾーニング、④農地税制の見直し、⑤離農プログラムの整備、⑥貸借・売買情報の整備、によって構成される政策パッケージによって、農地の流動性を高める必要があるとされる[10]。

日本では、安倍政権のもとで進められている成長戦略（アベノミクスの第三の矢）は、投資の促進、人材の活躍強化、新たな市場の創出、世界経済とのさらなる統合が中心になっているが、中国の経験をふまえれば、制度改革を通じて生産要素の流動性を高めることは、これらを実現するための前提条件となろう。

---

[9]　星岳雄『何が日本の経済成長を止めたのか』日本経済新聞出版社（2013年）。
[10]　堀千珠「わが国農業再生のカギとなる農地政策〜農地の流動性向上や大規模農地区画の整備への先駆的な取り組みが求められる主要被災地〜」『みずほ総研論集』（2011年Ⅲ号、2011年9月30日）。

Ⅳ-6 ドイツにおける大手企業の立地分散と州の産業政策

林　宏美・ラクマン ベディ グンタ

1　首都に本社を置く独企業は少数派

　日本の大手企業は、東京に本社を置いている企業が大半であり、経済活動も3大都市圏に偏っていることから、地方では雇用の創出が限られ、人口が流出するなど、企業立地の問題が、地方の課題の源泉といえる状況となっている。実際、2014年7月に公表されたフォーチュン・グローバル500に入った日本企業57社をみると、東京に本社を設置している企業が41社（約72%）であったのに対し、東京、大阪、名古屋以外の都市に本社を置く企業は7社にすぎない。この7社の立地都市のなかで、東京、名古屋の近隣都市でないのは、浜松（スズキ）と安芸（マツダ）の2都市のみである[1]。

　翻って、ドイツの状況をみると、2014年フォーチュン・グローバル500に入ったドイツ企業28社のうち、首都ベルリンに本社を置く企業はドイツ鉄道（Deutsche Banh AG）1社であるなど、日本の状況とは大きく異なっている（図表Ⅳ.6.1）。同28社のうち、最も多くの企業が本社を設置しているバイエルン州ミュンヘン市でも、同市に本社を置いているのは4社にすぎない。また、州ベースでみると、ノルトライン＝ヴェストファーレン州（NRW州）

1　東京の近隣都市である横浜には日産自動車、千葉にはイオンが本社を、名古屋の近隣都市である豊田にはトヨタ、刈谷にはデンソーとアイシン精機が本社を置く。

図表Ⅳ.6.1 2014年フォーチュン・グローバル500に含まれるドイツ企業一覧

国内	世界	企業名	本社の所在都市	州	業　種
1	8	Volkswagen AG	ウォルフスブルグ	ニーダーザクセン	自動車製造
2	18	E.ON AG	デュッセルドルフ	ノルトライン＝ヴェストファーレン	エネルギー
3	20	Daimler AG	シュトゥットガルト	バーデン＝ヴュルテンベルク	自動車製造
4	31	Allianz SE	ミュンヘン	バイエルン	保険
5	58	Siemens AG	ミュンヘン	バイエルン	電機・電子機器および電気工学
6	68	Bayerische Motoren Werke AG	ミュンヘン	バイエルン	自動車製造
7	75	BASF AG	ルートヴィッヒスハーフェン	ラインラント＝プファルツ	化学
8	91	Metro AG	デュッセルドルフ	ノルトライン＝ヴェストファーレン	鉄道
9	93	Munich Re Group	ミュンヘン	バイエルン	保険
10	99	Deutsche Telekom AG	ボン	ノルトライン＝ヴェストファーレン	通信
11	110	Deutsche Post AG	ボン	ノルトライン＝ヴェストファーレン	物流
12	130	RWE AG	エッセン	ノルトライン＝ヴェストファーレン	エネルギー
13	155	Robert Bosch GmbH	シュトゥットガルト	バーデン＝ヴュルテンベルク	自動車部品、電動工具製造
14	163	Deutsche Bank AG	フランクフルト	ヘッセン	金融
15	193	Bayer AG	レバークーゼン	ノルトライン＝ヴェストファーレン	化学工業および製薬

16	197	ThyssenKrupp AG	エッセン	ノルトライン＝ヴェストファーレン	鉄鋼・工業製品製造	
17	198	Deutsche Bahn AG	ベルリン	ベルリン	鉄道	
18	237	Continental AG	ハノーファー	ニーダーザクセン	自動車部品製造	
19	275	Deutsche Lufthansa AG	ケルン	ノルトライン＝ヴェストファーレン	空運	
20	302	Talanx AG	ハノーファー	ニーダーザクセン	保険	
21	321	Edeka Zentrale	ハンブルグ	ハンブルグ	小売	
22	326	DZ Bank	フランクフルト	ヘッセン	金融	
23	359	Franz Haniel	デュイスブルク	ノルトライン＝ヴェストファーレン	投資	
24	378	Landesbank Baden-Württemberg	シュトゥットガルト	バーデン＝ヴュルテンベルク	金融	
25	422	Phoenix Pharmahandel	マンハイム	バーデン＝ヴュルテンベルク	医薬品卸	
26	440	Energie Baden-Württemberg	カールスルーエ	バーデン＝ヴュルテンベルク	エネルギー	
27	444	Fresenius	バドホンブルグ	ヘッセン	ヘルスケア施設＆サービス	
28	490	TUI AG	ハノーファー	ニーダーザクセン	旅行	

（出所） フォーチュン・グローバル500をもとに野村資本市場研究所作成

　に最多9社が本社を設置しているのに次いで、バーデン＝ヴュルテンベルク州の5社、バイエルン州およびニーダーザクセン州のそれぞれ4社、ヘッセンの3社といった分布になっている。

　このように、グローバル・フォーチュン500にランクインするような、利益を計上できるドイツの大手企業の本社所在地が分散している状況は、最近

の傾向というわけではなく、2004年のデータからもみてとれる（図表Ⅳ.6.2）。また、二つの年のデータを比較しても、多くの大手企業が本社を設置している州として、NRW州やバイエルン州、ヘッセン州、ニーダーザクセン州があるなど、その構成に大きな変化はみられない。

　以下では、まずドイツの大手企業が本社を分散している背景としてどのようなファクターが考えられるのかを概観したうえで、州政府の取組みについて整理していくこととしたい。

図表Ⅳ.6.2　2004年フォーチュン・グローバル500に含まれるドイツ企業一覧

国内	世界	企業名	本社の所在都市	州	業　種
1	7	DaimlerChrysler AG	シュトゥットガルト	バーデン＝ヴュルテンベルク	自動車製造
2	11	Allianz SE	ミュンヘン	バイエルン	保険
3	15	Volkswagen AG	ウォルフスブルグ	ニーダーザクセン	自動車製造
4	21	Siemens AG	ミュンヘン	バイエルン	電機・電子機器および電気工学
5	38	Deutsche Telekom AG	ボン	ノルトライン＝ヴェストファーレン	通信
6	41	Metro AG	デュッセルドルフ	ノルトライン＝ヴェストファーレン	鉄道
7	67	E.ON AG	デュッセルドルフ	ノルトライン＝ヴェストファーレン	エネルギー
8	68	Deutsche Bank AG	フランクフルト	ヘッセン	金融
9	69	RWE AG	エッセン	ノルトライン＝ヴェストファーレン	エネルギー
10	74	Bayerische Motoren Werke AG	ミュンヘン	バイエルン	自動車製造
11	75	Deutsche Post AG	ボン	ノルトライン＝ヴェストファーレン	物流
12	94	Robert Bosch GmbH	シュトゥットガルト	バーデン＝ヴュルテンベルク	自動車部品、電動工具製造
13	97	ThyssenKrupp AG	エッセン	ノルトライン＝ヴェストファーレン	鉄鋼・工業製品製造

14	100	BASF AG	ルートヴィッヒスハーフェン	ラインラント＝プファルツ	化学
15	129	Bayer AG	レバークーゼン	ノルトライン＝ヴェストファーレン	化学工業および製薬
16	133	Deutsche Bahn AG	ベルリン	ベルリン	鉄道
17	156	DZ Bank	フランクフルト	ヘッセン	金融
18	161	Bayerische Hypo-und Vereinsbank AG	ミュンヘン	バイエルン	金融
19	180	Franz Haniel	デュイスブルク	ノルトライン＝ヴェストファーレン	投資
20	210	TUI AG	ハノーファー	ニーダーザクセン	旅行
21	266	Bertelsmann AG	ギュータースロー	ノルトライン＝ヴェストファーレン	メディア
22	287	Deutsche Lufthansa AG	ケルン	ノルトライン＝ヴェストファーレン	空運
23	300	Commerzbank A.G.	フランクフルト	ヘッセン	金融
24	302	KarstadtQuelle AG	フランクフルト	ヘッセン	小売
25	309	MAN AG	ミュンヘン	バイエルン	自動車製造
26	343	Bayerische Landesbank Girozentrale	ニュルンベルク	バイエルン	金融
27	371	RAG AG	ヘルネ	ノルトライン＝ヴェストファーレン	炭鉱
28	383	KFW Bankengruppe	フランクフルト	ヘッセン	金融
29	400	Otto Versand (GmbH & Co.)	ハンブルグ	ハンブルグ	多角的小売、サービス、融資サービス
30	419	Continental AG	ハノーファー	ニーダーザクセン	自動車部品製造
31	454	Hochteif AG	エッセン	ノルトライン＝ヴェストファーレン	建設
32	473	Eurohypo AG	フランクフルト	ヘッセン	金融

（出所）　フォーチュン・グローバル500をもとに野村資本市場研究所作成

2 ドイツ大手企業の本社が分散している背景

(1) ドイツの経済概況

2013年におけるドイツの州内総生産をみると、NRW州を筆頭に、バイエルン州、バーデン＝ヴュルテンベルク州、ニーダーザクセン州、ヘッセン州が上位5州に数えられるが、これらの州は、前述したフォーチュン・グローバル500にランクインしたドイツ企業が多い5州と一致している（図表Ⅳ.6.3）。

また、将来の経済面での成長機会が見込めるか否かを、州よりも小さい郡（Landkreis）や市（Stadt）単位で表しているプログノス社の「ドイツの地域別将来予想図（2013年）」では、ミュンヘンやニュルンベルクを含むバイエルン州を中心としたドイツ南部、デュッセルドルフを含むNRW州をはじめとしたドイツ西・南部などにおいて、経済発展のポテンシャルを見出すことができる（図表Ⅳ.6.4）[2]。

図表Ⅳ.6.3　ドイツの州内総生産でみた上位10州（2013年）

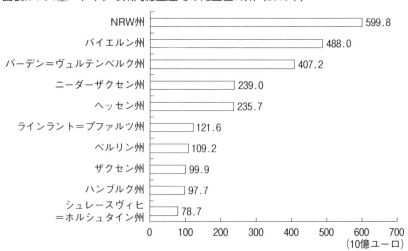

（出所）　NRW州資料より野村資本市場研究所作成

図表Ⅳ.6.4　ドイツの地域別将来予想図（2013年）

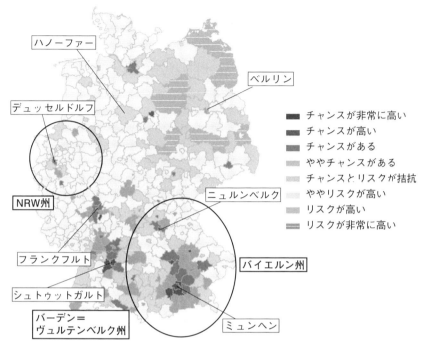

（出所）　プログノスの「Zukunftsatlas」およびインベスト・イン・ババリア資料をもとに野村資本市場研究所作成

　こうした地域とは対照的に、旧東ドイツ地域に相当するドイツ東部では、「リスクが非常に高い」「リスクが高い」とみなされている地域が大半である。また、「ドイツの地域別将来予想図」の2004年以降の推移をみると、将来の経済状況を悲観視されているドイツ東部地域が拡大している状況をうかがうことができる。

　ちなみに、首都ベルリンは、ベルリンを含む郡のみで「ややチャンスがある」ととらえられており、周辺の地方公共団体への広がりがみられない一方、

2　「ドイツの地域別将来予想図」に3年に1度公表されている。

ドイツ南部地域を中心とした地域では、「チャンスがある」以上の3段階に位置づけられている郡が連なっており、周辺地域への広がりがみられるところが少なくない。

(2) 各州の権限で決まるドイツの州内経済産業政策

a 各州の経済振興公社等の存在

ドイツでは、16州すべてが、投資あるいは進出を計画する企業に対してワンストップかつ全工程で幅広く支援する組織である経済振興公社等を設立している。経済振興公社等は、国内企業、海外企業の区別なく、すべての企業が利用することが可能である。州政府が100％出資する経済振興公社等は、進出（投資）を検討する企業の事業内容などにかんがみ、仮に当該企業が具体的な進出先の候補地を想定していない、もっといえば進出するかどうかでさえも決めかねている段階から支援し、最終的には適切な進出先や投資先を提案し、計画を具体化するのに一役買う。また、経済振興公社は、進出にあたっての実務上必要となる各種申請プロセスの支援、取引先金融機関の紹介、遵守すべき規制面に関するアドバイスまで幅広く行う。そのため、仮に企業がコンサルタント会社と契約して、具体的な進出計画を検討している場合であっても、最終的には、どこかで必ず州の経済振興公社等の見解を仰ぐ、という声も聞かれる[3]。

b 将来性の高い産業における産学連携プラットフォーム

ドイツの州では、将来性のある産業が何かを判断したうえで、その産業を持続的に発展させるための産学連携プラットフォームである、ビジネス・クラスター・イニシアチブが積極的に取り入れられている[4]。各ビジネス・クラスターには、協力の機会の提供、あるいは機関間の紹介などを担当するクラスター代表とマネジャーが指定されるのが一般的なやり方であり、ある分野に関連する企業のビジネスと学術研究をつなげることによって、イノベー

---

3 バイエルン州駐日代表部へのヒアリングに基づく。
4 ドイツ連邦政府レベルのビジネス・クラスター・イニシアチブも存在している。

ションを生み出すことが目指されている。なお、州によっては、分野横断的クラスターを設置し、産業間のシナジー効果を高めることも目指されている。

(3) 良質な労働力の確保——インターンシップ制度の活用

日本で行われている新卒一括採用制度がとられていないドイツでは、優秀な人材を確保するうえで、インターンシップ制度の活用が重視されている。ドイツの高校・大学インターンシップ制度は、州の教育制度や専攻などによって異なった取扱いになっているものの、数週間から数カ月にわたる生徒・学生の地元企業でのインターンシップは、大企業のみならず、中小企業も含めて、かなり広範囲に実施されている。

企業の立場に立つと、インターンの受入れを通じて、将来の社員候補となりうる若年者を、時間をかけて試すことができる機会を得ることになる一方、学生の立場に立つと、将来の就職先候補企業の業務内容、人間関係などをすべて経験することが可能になる。したがって、企業側、学生側の間における情報の非対称性によって生じるギャップは、インターンシップ制度がない場合に比べて格段に縮小することになる。

州の教育機関における高度な教育とインターンシップ等を通じた実務経験をふまえて、多くの良質な若年労働力が州に輩出される結果、各分野での専門家が育成される素地が整えられている。

3 主要な州のケース

(1) ノルトライン＝ヴェストファーレン州（NRW州）のケース

a 産業構造の転換を図り、主要産業の発展を追求

◆主要産業間のシナジー効果を重視する方針

ルール工業地帯の中心地として発展したNRW州は、もともと鉄鋼業や石炭産業といった重工業が発展し、ドイツ経済の屋台骨としての役割を果たし

てきた。しかしながら、1960年代〜70年代になると、こうした重工業が伸び悩みをみせたことから、NRW州は、産業構造の転換を図る必要性に直面した。

　こうした流れのなかで、従来からNRW州の主要産業の一つであった自動車製造業に加えて、国際ロジスティックス・センターとしてのプレゼンスを確立することにも腐心した。交通の要衝であるNRW州では、好立地という点だけでなく、ロジスティックスを向上させるためのインフラ開発を可能にする支援体制が整えられている。たとえば、同州の多くの中堅企業が、正確な物流量を把握し、在庫管理を容易にするためのITシステムを開発しているが、こうした開発を可能にしたのは、イントラロジスティックスの研究に定評があるフラウンホーファー物流・ロジスティックス研究所などが支援したことによる部分も大きい。

　なお、ロジスティックス関連のさまざまな企業がNRW州に本拠地を置いていることをフルに活用し、131社のパートナーが参加する1億ユーロ規模のロジスティックス・プロジェクトが「ルール・ロジスティックス効率化クラスター」（クラスターについては次項で説明）のもとで、進められている。このプロジェクトの目標は、今後のロジスティックスで使用する資源量を、現在の75％水準まで減らすことである。

　NRW州の主要産業としては、①輸送およびロジスティックス関連の産業、②情報・通信産業、③エネルギー・セクターがあげられる（図表Ⅳ.6.5）。NRW州政府は、ロジスティックス関連が同州の他の主要産業との間で、いかにシナジー効果を見出せるかが、同州における産業のさらなる発展の鍵を握る、ととらえていることがわかる。

　◆ビジネス・クラスター・イニシアチブを通じたイノベーション

　NRW州では、将来性が高いと判断したリーディング産業について、関連する企業や研究機関、大学、公共機関などがメンバーとなって連携し、各産業におけるイノベーションを生み出し、持続可能な発展を目指す「産業クラスター・プログラム」を2007年に発足させた。

　NRW州のクラスター事務局（Exzellenz NRW）が統括して運営を行って

図表Ⅳ.6.5　NRW州の主要産業

①　輸送およびロジスティックス（mobility and logistics） 　(ア)　ロジスティックス・サービス・プロバイダーの業務基盤地域、世界最大のロジスティックス・リサーチ・プロジェクト（EffizienzCluster LogistikRuhr） 　　(i)　ドイツ・ポスト（11位）、フェデックス、ウーペーエス、シェンカー、レーヌス、テーエンテー 　　(ii)　ティッセンクルップ（16位）、バイエル、キック、アマゾン、ザランド 　　(iii)　運輸：ルフトハンザ（19位） 　(イ)　自動車産業：ドイツの自動車部品サプライヤーの30％がNRW州にある。メルセデス・ベンツの向上（デュッセルドルフ）、フォード（ケルン）、自動車部品製造業（ベンテラ、ハラ、エヴォニック、ランクセス） 　(ウ)　NRW州が強みをもつ他のセクター、すなわち、エネルギー・セクター、素材産業、ICTといった分野とのシナジーを生み出せるかどうかが、成功の鍵を握っている。 ②　情報・通信技術（Information and Communication Technology、ICT） 　2010年には、ドイツの携帯電話市場の86％がNRW州の企業で占められていた。通信事業の4大プレイヤーはNRWに拠点を有する（ボーダフォン、エ・プルス、エリクソン、ドイツ・テレコム（10位））。2010年には、2.3万超のICT企業が約18.9万人の従業員を雇用し、920億ユーロの収益を計上していた。これは、NRW州のGDPの約17％に相当していた。 ③　エネルギー・セクター：エーオン（2位）、アール・ヴェー・エー（12位）

（注）　（　）内順位は、2014年に公表されたフォーチュン・グローバル500におけるドイツ国内順位。
（出所）　NRW州の各種資料をもとに野村資本市場研究所作成

いる産業クラスターは、2015年1月時点で16設立されている（図表Ⅳ.6.6）。各産業クラスターには、原則として州の担当者がついているが、実際の運営は、メンバー企業や研究機関の代表者（＝クラスター・マネジャー）が中心となって行われている[5]。クラスター・マネジャーは一般的に、該当する分野におけるベテランの専門家が就任する。

近年設立されたNRW州の産業クラスターの一例としては、2011年に設立

5　クラスターの運営資金は、主に州政府からの資金によってまかなわれている。

された「クラスター医療技術NRW」をあげることができる。医療技術クラスター設立の背景には、ドイツ全土の約5分の1の病院、リハビリ施設がNRW州に存在しているほか、医療関連企業や医療技術機関、医療技術の研究所などがNRW州に集積していることを活かし、産学連携を積極的に推し進めている。

図表Ⅳ.6.6 NRW州の産業クラスターの概要

	クラスターグループ	産業クラスター	特徴
クラスター事務局	健康産業	ヘルスケア産業	アーヘン、ケルン・ボン、ミュンスターランド、オストヴェストファーレン・リッペ、ルール・メトロポリスの5つのヘルスケア地域におけるクラスター発展を促進している。特にヘルスケア産業の鍵を握る分野となるメディカルテクノロジー、「未来の病院」、予防医学、リハビリ等が注目されている。また、ヘルスケア分野におけるイノベーションを目的とし、地域で鍵を握るプレイヤーのネットワークの拡大と強化が目指されている。
		医療技術	拠点はデュッセルドルフ。州全域に分散する地域の運営組織とクラスターマネジメントがコンソーシアムを形成。2011～14年の間に210万ユーロの補助金を州政府が出す方針。主な目的は州民が受ける医療サービスの改善、イノベーションを生み出す環境づくりである。具体的には医療分野における競争力の強化、研究と経済成長の支援、雇用機会の確保および増大があげられる。
		食品	食品分野でのネットワーキング、コミュニケーション、協力、技術知識の移転を促している。原料・原材料の品質、新技術・科学的所見の導入、農業生産物と食品のイメージの向上、ロジスティックス、人材スキル、生産者と消費者の協力の改善等もクラスターマネジメントの活動範囲に含まれる。
	交通およびロジスティックス	ロジスティックス	主な目的はロジスティックス・セクターの競争力の向上、NRW州のロジスティックス中心地としての促進、雇用機会の確保である。またそれにより、NRW州をヨーロッパのトップロジスティックス地域に発展させること。クラスターの具体的な活動として地域内のロジスティックスコミュニティの設立、包括的なポリシーの設定、NRW州のロジスティックス・センターとしてのマーケティング、ロ

			ジスティックス分野における新技術の促進、SMEを対象とする商品・サービス戦略の発展、ロジスティックス産業の地域内におけるイメージの向上、加盟企業のサポート、ロジスティックスネットワークの構築の支援等があげられる。
		自動車	自動車産業におけるイノベーションの交流を促進する主体として活動している。具体的には、経済界と政界の支援を受けながら、適切なビジネスパートナーの紹介、ネットワーキング、関連クラスター間での協力、研究機関と企業の協力促進等を行っている。
	新素材・新生産技術	ナノ・マイクロ素材、フォトニクス	第一目的はNRW州をドイツのナノ・マイクロ、新素材の技術分野においてトップ地域に位置づけること。環境保護、イノベーション、技術革新の加速等の促進、科学分野と産業の交流の強化、雇用機会の確保、将来の人材教育等が重視されている。
		バイオテクノロジー	「ヘルスケア」と「機械工学・生産技術」クラスターの一つの焦点であり、NRW州におけるイノベーションにとって原動力となるクラスターである。主な活動としては大学、研究機関と企業のネットワーキング、イノベーションの促進、SME企業の支援があげられる。
		機械工学・生産技術	国内外における交流・協力の促進、ネットワーキングの支援、イベント・交流会等の開催、コーポレートファイナンスに関するコンサルティング、SMEのための資金調達に関するアドバイス、将来性のある分野の把握・分析、加盟企業のビジネス戦略に関するアドバイス、クラスター間の交流の促進、機械工学・生産技術分野における最新情報の配信等。
		プラスチック	産業、教育と化学分野を結びつける橋わたしの役割を担う。研究の支援、教育・研修の強化、科学技術の産業への導入等を促進する。
		環境技術	主な目的として競争力の向上、イノベイティブで高質な雇用機会の増大、環境保護の強化、NRW州の環境技術分野における輸出力の向上、州民の意識の向上等があげられている。そのため、研究機関と企業のネットワーキングを支援している。
		化学	主な目的は顧客、消費財産業とのネットワーキングを通じて、NRW州における化学産業・企業のイノベーションキャパシティの向上である。また、大学、研究機関等との交流も重視されている。

エネルギー	エネルギー研究		州政府のエネルギー経済や気候政策の目標実行を進めるための、政治的な役割を重視。主な活動として、エネルギー分野におけるキープレイヤーのネットワーキングの支援、研究機関の支援、国内外からの研究ファンディングの誘致等。
	エネルギー産業		主な目的はエネルギー分野におけるキープレイヤーのネットワーキングを支援し、交流と協力の機会を提供すること。活動範囲には発電所技術、燃料電池と水素、バイオマス、エネルギー効率のよい技術、太陽光熱発電、燃料、将来のエネルギー源（光起電力技術、地熱エネルギー風力等）が含まれる。各分野において戦略的な協力の促進、イノベイティブな商品の国内外の市場導入の加速が重視される。
知識集約型産業	情報コミュニケーション		NRW 州の ICT 分野における強みとネットワークの強化、ICT 開発の促進、新トレンドの把握・分析、新技術の導入が重視される。特にブロードバンド通信、地理情報、IT セキュリティ、モバイルコミュニケーション、無線自動識別装置とセンサーネットワーク、スマートシティ、ビジネス・プロセスの業務機能サービスに基づいたシステム設計構造（SOA）とサービス型ソフトウェア（SaaS）が注目されている。
	メディア		メディア開発者、プロデューサー、出版社、放送局、資金提供者．教育・研究機関等のメディア産業におけるキープレイヤーの地域内交流とネットワーキングを促進する。また、国際的なメディアエイジェンシー等の誘致活動も行われる。具体的には各関連者間のネットワーキングのサポート、クラスター間の交流・協力、NRW.Invest、NRW.International 等の州政府関連機関との協力によって企業誘致・海外投資等の促進、市場分析、新トレンドの把握、情報配信の新技術の開発等が活動範囲に含まれる。
	文化・クリエイティブ産業		NRW 州の文化やクリエイティブ産業を国内外でアピールすること。当該分野で活動している個人経営者や企業の競争力を持続的に強化するのが目的。音楽セクター、書籍・美術市場、デザインセクター、ファッションデザイン、広告の6つのサブセクターが対象に含まれる。具体的な活動内容として、需要と供給のマッチング、地域企業の国際的なプレゼンスの向上および輸出機会の促進、クロスボーダー協力・交流の促進、クリエイティブな人材を誘致するための戦略づくり、交流のためのフォーラム等の開催、大学、研究機関と企業の交流の促進等があげられる。

（出所） Exzellenz NRW などをもとに野村資本市場研究所作成

NRW州の産業クラスターの特徴は、設立当初はクラスター事務局のもとで、共通する方法で各クラスターが立ち上げられているにもかかわらず、その発展のゆくえがさまざまである点にある。たとえば、今日の化学クラスターは自立性がとりわけ高く、化学産業協会（VCI）が強いリーダーシップを発揮しており、資金面でも大学や民間企業の拠出によって賄われるなど、州政府の関与が皆無に等しい状況にまで発展している[6]。

　また、NRW州のクラスター事務局は、各クラスターが交流することによって、クロス・イノベーションがもたらされることも期待していることから、クラスターの数を集約し、最終的には6～7にする思惑もある。各産業に必要な共通インフラを充実させれば、将来性のある産業が相乗効果で発展していくシナリオが描かれているといえる。

　以上みてきたように、NRW州のクラスターがうまく機能しているのは、共通する方針で設立されたとしても、各クラスターの発展形態の多様性を容認する、自由度の高さがあるためであろう。そもそも、たとえば医療技術クラスターに代表されるように、複数の地域で、関連する大手企業を中心にして、民間企業や研究機関の間で既に機能していた地域組織を州のクラスターとしてたばねることで、一段のシナジー効果を見出すことを目的とするなど、当初は州の関与がなかったクラスターもみられる。一方で、次第に州の関与の必要性がなくなり、最終的には民間のみで運営しているクラスターもある。こうしたNRW州の多様性、機動性を容認するスタンスによって、少数の大手企業が立地した地域で、同じセクターに必要なインフラが整い、研究機関や中小企業も立地しやすい素地が整えられている、といえよう。

b　中小企業に焦点を当てた補助金制度

　中小企業が重要な役割を果たしているNRW州では、中小企業を対象とした補助金制度がある。すなわち、①従業員の数が250人未満であること、②年間収入が5,000万ユーロ以下、あるいは資産全体の規模が4,300万ユーロ以

---

[6] 株式会社エヌ・アール・ダブリュージャパン（NRW州経済振興公社の日本法人で、NRW州経済エネルギー省100％出資の政府機関）へのヒアリング調査に基づく。

下であること、などといった条件を満たした場合、投資金額の最大25％を補助金として受け取ることができる制度である。なお、新規で立ち上げられた一事業に対して、補助金を取得できる投資金額の上限は12万ユーロ（安定的な業務については90万ユーロ）とされている。

(2) バイエルン州のケース

a 特定の一業種に特化せずに、イノベーションを重視する戦略

◆幅広い産業の発展

バイエルン州は域内経済全体の健全な成長を維持するために、特定の一業種に特化しない戦略を採用している。つまり、一つの特定産業に偏らないで、幅広い分野にわたって、変更しつつある経済環境のなかで競争力のある成長を目的とする経済政策を立てている。そのためたとえば、州内において定期的な産業調査が行われ、各産業分野における弱点や長所などが分析される。そして調査結果を受けて、今後の成長戦略や経済政策方針が立てられている。

約50年前までは農業の中心地域であったバイエルン州が、長い間同州における中心的な産業に位置づけられてきた自動車産業にとどまらず、製造業内でも幅広い業種を手掛けている（図表Ⅳ.6.7）。そして、バイエルン州はサービス業やバイオおよび医療技術など幅広い分野で、ドイツ国内での主導的な地位を確固たるものにしている。近年では「欧州のハイテクのメッカ（Europe's High-tech Mecca）」とも位置づけられるようになった[7]。

◆ビジネス・クラスター・イニシアチブを通じたイノベーション

バイエルン州では、「ビジネス・クラスター・イニシアチブ（Cluster Initiative）」に基づくプラットフォームが設置されており、これがイノベーションを生み出す仕組みとして活用されている。

すなわち、同イニシアチブでは、事業分野を大きく、ハイテック・クラスター（High-Tech Clusters）」「生産指向クラスター（Production-oriented

---

[7] Bavarian Ministry of Economic affairs, "70.550 km^2 of Opportunities - Investment Location Bavaria" より。

図表Ⅳ.6.7 バイエルン州の製造業における輸出金額

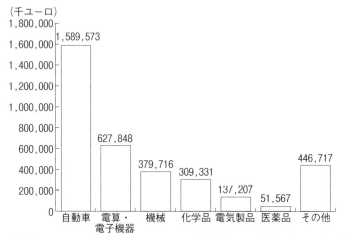

(出所) インベスト・イン・ババリアの資料をもとに野村資本市場研究所作成

Clusters)」「分野横断的クラスター（Cross-sectoral technologies）」に分けたうえで、州全体にわたる「研究」と「ビジネス」をつなげる交流のプラットフォームが設立されている。このプラットフォームを通じて、大学や研究所等の研究機関と企業との交流・協力が強化され、各分野においてイノベーションを生み出す方針が導入される仕組みである。

このイニシアチブにおける具体的な一例としては、新製品・新製造プロセス等の開発において、州内の大学院生が企業の研究所で研究をしながら修士・博士を取得するプログラムがあげられる。

b 大都市（点）のみではなく、地域（面）として発展する産業

バイエルン州の強みは、ミュンヘンをはじめとした大都市（点）にとどまらず、地域（面）としてさまざまな産業が集積している点である。ある産業の大手優良企業が当該州のある地域に立地することによって、質の高い中小企業も近郊地域に集積し、結果として州内総生産が増加するプラスの循環が機能している、ととらえられる。実際、バイエルン州の収入の約40％は、幅広い分野で競争力を備えている中小企業が生み出しているうえ、バイエルン

州内部における投資の約50％も中小企業向けに行われている。

　地域として産業が発展できている背景には、バイエルン州経済・メディア・エネルギー・技術省企業誘致部門（Invest in Bavaria）が、同州への進出を検討する企業に対し、関連産業が集積している地域、インフラが整っている（整う方向に向かっている）地域を提案している点もあげられる。世界24カ所に拠点を有する同企業誘致部門は、内外企業の進出に向けた支援をグローバルに行うことで、企業の誘致あるいは投資において大きな役割を果たしている。その結果、ハイテク分野に限っても、1,500社以上の外国企業が進出を果たしている。

　ミュンヘン再保険やアリアンツといった大手保険会社の本社が立地しているミュンヘン周辺には、100社を上回る保険会社が集まり、欧州における保険の中心地に発展しているのもそうした例の一つに数えられる。

c　良質な労働力の確保

◆充実した高等教育機関とインターンシップ制度

　バイエルン州では、ミュンヘン市に、ミュンヘン工科大学（Munich University of Applied Sciences）、ミュンヘン技術大学（Technical University of Munich）、ルドウィッグ・マクシミリアン大学（Ludwig Maximilian University of Munich）の３大学、ニュルンベルク市には、フリードリッヒ・アレクサンダー大学（Friedrich-Alexander University）という国内外で評判の高い大学が複数設置されており、優秀な人材を呼び込む素地がある。たとえば、ミュンヘン工科大学は、工場地帯に隣接した地域に立地していることから、工業地帯にある企業との間で、産学連携の動きも活発に行われている[8]。

　また、バイエルン州では、総合大学（独名：Universität）と専門大学（独名：Fachhochschule）の多くが、卒業条件の一つとして３～６カ月のインターンシップを設定するなど、インターンシップ制度が幅広く活用されている。

8　バイエルン州駐日代表部へのヒアリングに基づく。

◆海外在住者のUターン就職を促すイニシアチブ

　バイエルン州では、海外に在住するバイエルンあるいはドイツ出身のプロフェッショナルな人材のUターン就職を促す「バイエルン州に戻ろう（Return to Bavaria）」イニシアチブも実施されている。バイエルン州経済・メディア・エネルギー・技術省が手掛ける同イニシアチブは、バイエルン州に戻りたい専門家向けに適切な企業を紹介するにとどまらず、州内の各種動向や子どもの教育機関に関する情報に至るまで、包括的な情報の提供を行うものである。

　なお、同州は、特定の海外経験を有するドイツ人のマネジャー等を募集しているバイエルン州の企業に対しては、州経済振興公社の海外事務所などを通じて、適切な人材の紹介も行っている。

4　日本への示唆

　以上みてきたように、ドイツの大手企業の多くが本社を設置している州は、州内総生産の水準が高い州とも一致しており、州の経済政策と深い関係がある。NRW州やバイエルン州などでは、大企業が本社を設置することによって、質の高い中小企業も集積し、大都市（点）にとどまらず、地域として発展することを可能とする環境を整えることを重視している。さらに、ドイツでは、誘致を検討する企業向けの支援サービスをワンストップで提供する州経済振興公社等を設置するにとどまらず、インターンシップ制度の幅広い活用や産学連携の動きなど、イノベーションをつくりだす素地が提供されている。

　翻って、日本に目を転じると、地方への本社移転に対して税優遇が付される政策や、地方に就職する大学生に学費を支援する制度など、地方創生を目指すさまざまな政策の検討が最近目立つようになっている。

　しかしながら、ドイツの事例からみる限りにおいては、税優遇や補助金の制度を導入するだけでは、地域における持続的な産業の集積に結びつけることは容易ではない、といえよう。実際、旧東ドイツ地域では、連邦レベルひ

いては欧州レベルの補助金や税優遇が幅広く活用できる状況にあるにもかかわらず、ベルリン以外の地域における、経済面の将来見通しは、従来よりもむしろ悪化する傾向にある。

　日本における地方創生を成功させるための検討材料として、ドイツの事例は参考になるのではないだろうか。

事項索引

[A~Z]

BB & T ································ 79
CSR ································· 179
ESG ································· 182
E-Ship ······························· 213
ESOP ······························· 211
JA（農協）··························· 88
PNC ································· 78
PPP（官民パートナーシップ）
 ···································· 126
US バンコープ ······················ 70

[あ 行]

空き家バンク ······················ 155
空き家率 ··························· 146
新たな非上場株式の取引制度 ····· 209
一極集中 ················ 40、225、255
一県一行主義 ················ 59、83
イノベーション ···················· 267
茨城県エコフロンティアレベニュー
 信託 ······························ 191
医療モール ························ 136
ウェルズ・ファーゴ ················ 68
永久債 ······························ 193
役務取引等収益 ····················· 54
オーバー・バンキング ············· 85

[か 行]

介護サービス付住宅 ··············· 134
確定拠出年金（DC）················ 47
企業誘致 ···················· 222、292
企業立地 ···················· 217、275
求人倍率 ··························· 266

休眠預金 ··························· 168
教育資金 ···························· 35
教育費 ························ 20、41
協同組合 ···························· 88
金融危機 ···························· 96
金融機関等の組織再編成の促進に関
 する特別措置法（組織再編法）··· 62
金融機関の合併及び転換に関する法
 律（合併転換法）··················· 59
金融機能の安定化のための緊急措置
 に関する法律（金融安定化法）··· 61
金融機能の強化のための特別措置に
 関する法律（金融機能強化法）··· 62
金融機能の早期健全化のための緊急
 措置に関する法律（早期健全化法）
 ····································· 62
金融行為監督機構（FCA）··· 124、169
金融センター ······················ 117
金融モニタリング基本方針 ···· 64、84
クラウド・ファンディング ········ 260
グリーンシート銘柄制度 ·········· 209
経済振興公社 ······················ 282
経済発展 ···················· 262、280
高齢化 ····························· 262
コーポレート・ガバナンス ········ 80
国立社会保障・人口問題研究所 ···· 57
個人金融資産 ······················· 12
戸籍制度 ··························· 270
湖南科力遠 ························ 240
529プラン ··························· 25
コメリカ ···························· 72
コンパクトシティ ················· 258

[さ　行]

サービス付き高齢者向け住宅（サ高住） ……………………… 46、134
産学連携 …………………………… 282
産業クラスター …………………… 284
サントラスト ………………………… 79
資金運用収益 ………………………… 54
資金利益 ……………………………… 56
自己資本規制 ……………………… 100
資産移動 ……………………………… 15
住宅用地の特例 …………………… 154
住民参加型市場公募地方債 ……… 260
春秋航空 …………………………… 241
少額投資非課税制度（NISA） …… 47
少子高齢化 ………………………… 12
将来推計人口 ……………………… 57
所得分配 …………………………… 266
人口移動 …………………………… 14
人口減少 …………………………… 12
スーパー・リージョナル・バンク … 70
ステーク・ホルダー ……………… 81
生産年齢人口 ……………………… 262
潜在成長率 ………………………… 264
相続 ………………………………… 12
贈与 ………………………………… 17
ソーシャル・インパクト・ボンド
　……………………………………… 162
その他空き家 ……………………… 147

[た　行]

対外直接投資 ……………………… 231
対日直接投資 ……………………… 233
地域包括ケアシステム …………… 145
地方公営企業の永久債 …………… 197
地方公共団体
　……………… 20、35、184、218、247
地方公共団体の財政の健全化に関する法律 ………………………… 254
地方創生 …………………………… 293
中国企業 …………………………… 231
貯蓄 ………………………… 12、40、266
賃貸用空き家 ……………………… 147
デトロイト市 ……………………… 247
投資 ………………………………… 266
特別養護老人ホーム ………… 48、133
都市化 ……………………………… 269
土地流動化信託 …………………… 272

[な　行]

日本再興戦略 ………………… 52、82
日本再生ビジョン …………… 52、82
日本創成会議 ……………………… 85
日本版 ESOP ……………………… 211
ニューヨーク証券取引所 ………… 118
年金積立金管理運用独立行政法人
　（GPIF） ………………………… 129
農地の流動化 ……………………… 270

[は　行]

売却用空き家 ……………………… 147
バンカシュアランス ……………… 108
非営利ホールディングカンパニー法人制度 …………………………… 145
ビジネス・クラスター …………… 282
一人っ子政策 ……………………… 262
フィフス・サード ………………… 79
ふるさと企業減税 ………………… 226
ヘルスケア REIT ………………… 132
法人実効税率 ……………………… 217
法人税改革 ………………………… 217
訪日観光ブーム …………………… 243
保険の窓口販売 …………………… 111
保険販売制限 ……………………… 111

[ま 行]

マクロ経済スライド ……………… 45
まち・ひと・しごと創生本部 …… 36
ミシガン州 ………………… 22、247

[や 行]

夕張市 ……………………………… 254
ユニバーサル・バンク制度 ……… 113

[ら 行]

ライフ・プランニング …………… 40
立地分散 …………………………… 275

[ま 行]

量的・質的金融緩和 ……………… 56
ルイス転換点 ……………………… 262
レノボ ……………………………… 238
レバレッジ規制 …………………… 100
レベニュー債 ……………………… 185
連邦破産法第9章 ………………… 247
労働年金省 ………………………… 169
労働力の移動 ……………………… 266
ロンドン証券取引所 ……………… 124

[わ 行]

ワコビア買収 ……………………… 68

【編者紹介】
岩崎　俊博（いわさき　としひろ）
野村ホールディングス株式会社中国委員会主席。野村證券株式会社代表執行役副社長。株式会社野村資本市場研究所取締役社長。1981年慶應義塾大学商学部卒業。1981年野村證券（現野村ホールディングス）入社。2004年野村證券執行役、2008年野村信託銀行執行役社長、2011年野村アセットマネジメントCEO兼執行役会長、野村ホールディングス執行役アセットマネジメント部門CEOなどを経て2014年より現職。

【執筆者紹介】
井潟　正彦（いがた　まさひこ）
野村資本市場研究所執行役員。1986年横浜国立大学経済学部卒業、1991年シドニー大学経営・公共政策大学院（当時）修了（MBA）。野村総合研究所、野村ホールディングス経営企画部、野村資本市場研究所研究部長などを経て現職。金融審議会ワーキング・グループ専門委員（2011～2012年）。関西学院大学商学部客員教授（2008～2014年度）。（担当：「序論」）

淵田　康之（ふちた　やすゆき）
同研究理事。1981年東京大学経済学部卒業、1986年シカゴ大学経営大学院修了（MBA）。野村総合研究所資本市場研究部長、野村資本市場研究所執行役などを経て2011年より現職。金融審議会委員（2003～2010年）。著書に『グローバル金融新秩序』（2009年、日本経済新聞出版社）などがある。（担当：Ⅱ－2）

関　志雄（かん　しゆう）
同シニアフェロー。1986年東京大学大学院博士課程修了、1996年経済学博士。香港上海銀行、野村総合研究所、経済産業研究所を経て、2004年より現職。著書に『チャイナ・アズ・ナンバーワン』（2009年、東洋経済新報社）、『中国　二つの罠』（2013年、日本経済新聞出版社）など。（担当：Ⅳ－5）

小島　俊郎（こじま　としろう）
同主任研究員。1979年慶應義塾大学経済学部卒業。同年4月住宅金融公庫（現独立行政法人住宅金融支援機構）入庫、その後市場資金部長、住宅総合調査室長等を経て、2011年10月野村資本市場研究所入社を経て現職。（担当：Ⅲ－2）

関　雄太（せき　ゆうた）
同研究部長。1990年慶應義塾大学法学部卒。南カリフォルニア大学マーシャルビジネススクール修了（MBA）。野村総合研究所、野村資本市場研究所ニューヨーク事務所勤務を経て2011年より現職。共著書に『金融ビジネスの病態と素因』(2013年、金融財政事情研究会)など。(担当：Ⅲ－1)

関根　栄一（せきね　えいいち）
同北京代表処首席代表。1991年早稲田大学法学部卒業、2002年早稲田大学社会科学研究科修士課程修了（学術修士）。1991年日本輸出入銀行（現国際協力銀行）入行、北京駐在員事務所等を経て、2006年5月野村資本市場研究所入社。2010年7月より現職。(担当：Ⅳ－3)

野村　亜紀子（のむら　あきこ）
同主任研究員。1991年東京大学教養学部教養学科卒業。野村総合研究所などを経て現職。主な研究テーマは年金制度、資産運用業界等。共著書に『2時間でわかる！　はじめての企業年金』(2013年、東洋経済新報社)、『総解説　米国の投資信託』(2008年、日本経済新聞出版社)などがある。(担当：Ⅰ－3)

井上　武（いのうえ　たけし）
同主任研究員。1992年九州大学経済学部卒業（経済学士）、2001年北京大学国際MBA修了（米国Fordham大学MBA）。1992年野村総合研究所入社。野村資本市場研究所ロンドン駐在員事務所長（2007～2013年）などを経て現職。(担当：Ⅱ－4)

江夏　あかね（えなつ　あかね）
同主任研究員。オックスフォード大学経営大学院修了（MBA）、経済学博士（埼玉大学）。ゴールドマンサックス証券などを経て、2012年より現職。埼玉学園大学大学院客員教授。政府、地方公共団体等の委員を歴任。著書に『地方債投資ハンドブック』(2007年、財経詳報社)、『地方債の格付けとクレジット』(2009年、商事法務)、『日本の復興と財政再建への道』(2012年、学文社)などがある。(担当：Ⅲ－4、Ⅳ－2、Ⅳ－4)

宮本　佐知子（みやもと　さちこ）
同主任研究員。東京大学経済学部卒業、ボストン大学大学院修了（経済学修士）。野村総合研究所入社、投資調査部、経済研究部、ロンドン拠点等を経て、2006年より現職。近著に『合同会社（LLC）とパススルー税制』(共著、2013年、金融財政事情研究会)(担当：Ⅰ－1、Ⅰ－2)

小立　敬（こだち　けい）
　同主任研究員。1997年慶應義塾大学経済学部卒。日本銀行入行、金融庁などを経て、2006年3月野村資本市場研究所入社。2010年6月より現職。共著書に『企業法制の将来展望　資本市場制度の改革への提言』（2014年、資本市場研究会）、『金融サービスのイノベーションと倫理』（2011年、中央経済社）、『金融サービス業のガバナンス』（2009年、金融財政事情研究会）などがある。（担当：Ⅱ－1）

神山　哲也（かみやま　てつや）
　同ロンドン駐在員事務所主任研究員。1998年早稲田大学政治経済学部政治学科卒業、2000年同大学院政治学研究科修了。野村総合研究所資本市場研究部、野村アセットマネジメント総合企画室、野村資本市場研究所ニューヨーク駐在員事務所、内閣官房国家戦略室などを経て現職。（担当：Ⅱ－3、Ⅱ－5、Ⅲ－3）

林　宏美（はやし　ひろみ）
　同副主任研究員。1995年慶應義塾大学経済学部経済学科卒業、2005年ロンドン大学大学院ファイナンスコース修了。野村総合研究所経済調査部、野村資本市場研究所ロンドン・ニューヨーク事務所などを経て現職。（担当：Ⅳ－6）

吉川　浩史（よしかわ　ひろし）
　同副主任研究員。2007年一橋大学大学院経済学研究科修了（経済学修士）。野村資本市場研究所入社後、財務省財務総合政策研究所研究員（2010～2012年）などを経て現職。共著書に『グローバル社会の人材育成・活用：就学から就業への移行課題』（2012年、勁草書房）、『Q&A　金融の基本50』（2010年、日本経済新聞出版社）など。（担当：Ⅳ－1）

岡田　功太（おかだ　こうた）
　同ニューヨーク駐在員事務所副主任研究員。2006年慶應義塾大学法学部卒業、2014年早稲田大学大学院ファイナンス研究科修了。フィデリティ・インベストメンツおよびマン・インベストメンツを経て、2013年12月野村資本市場研究所入社。2014年8月より現職。（担当：Ⅱ－5）

和田　敬二朗（わだ　けいじろう）
　同ニューヨーク駐在員事務所副主任研究員。2008年横浜市立大学国際文化学部卒業。野村證券株式会社入社。2014年7月より現職。（担当：Ⅱ－5）

ベディ　グンタ　ラクマン
　　同研究員。2010年中央大学商学部卒業、2012年中央大学大学院商学研究科修了（商学修士）。トルコのイスラム銀行等でイスラム金融業務に従事。2014年1月より現職。（担当：Ⅳ－6）

荒井　友里恵（あらい　ゆりえ）
　　同研究員。2012年東京大学法学部卒業。同年4月に日本証券業協会入職、調査部配属。2014年2月より野村資本市場研究所へ出向。（担当：Ⅰ－2（調査協力））

【調査支援】
李　立栄（り　りつえい）
　　同主任研究員。北京大学経済学院卒業、スタンフォード大学MBA修了、早稲田大学大学院アジア太平洋研究科修士課程修了。日本総合研究所を経て2014年より現職。主な共著書に『資本市場の変貌と証券ビジネス』（2015年、日本証券経済研究所）『金融ビジネスの病態と素因』（2013年、金融財政事情研究会）などがある。

北野　陽平（きたの　ようへい）
　　同副主任研究員。2002年慶應義塾大学経済学部卒業。野村證券株式会社入社。その後、金融経済研究所企業調査部（現エクイティ・リサーチ部）、国際協力銀行（JBIC）出向、財務省国際局出向等を経て、2014年8月より現職。

富永　健司（とみなが　けんじ）
　　同副主任研究員。2006年3月慶應義塾大学商学部卒業。野村證券株式会社入社後、金融市場部、経営企画部等を経て、2014年4月より現職。

飛岡　尚作（とびおか　しょうさく）
　　同ロンドン駐在員事務所副主任研究員。2007年同志社大学社会学部卒業、野村證券株式会社入社。2014年12月より現職。

【編集協力】
　　野村資本市場研究所　研究部アシスタント：星野　奈美
　　　　　　　　　　　　業務部：吉田　恒次

【編集支援】

野村資本市場研究所 研究部：石原　公子
　　　　　　　　　研究部アシスタント：亀井　里美、柴崎　美和、寿　金昼、
　　　　　　　　　　　　　　　　　　　大里　真紀、張　穎、北本　美和
　　　　　　　　　業務部：板津　直孝、宮沢　秀幸、山口　清
　　　　　　　　　業務部アシスタント：交野　千代、坂本　有嘉子
　　　　　　　　　ニューヨーク駐在員事務所：ロザノ　容子
　　　　　　　　　ロンドン駐在員事務所：カーヴィル　さやか
　　　　　　　　　北 京 駐 在 員 事 務 所：杜　進

（なお、肩書きは2015年 3 月末現在）

地方創生に挑む地域金融
――「縮小」阻止へ　金融・資本市場からのアプローチ

平成27年5月25日	第1刷発行
平成28年6月23日	第3刷発行

編　者　岩　崎　俊　博
著　者　㈱野村資本市場研究所
発行者　小　田　　徹
印刷所　奥村印刷株式会社

〒160-8520　東京都新宿区南元町19
発　行　所　一般社団法人 金融財政事情研究会
　　　　編　集　部　TEL 03(3355)2251　FAX 03(3357)7416
販　　　売　株式会社きんざい
　　　　販売受付　TEL 03(3358)2891　FAX 03(3358)0037
　　　　URL http://www.kinzai.jp/

・本書の内容の一部あるいは全部を無断で複写・複製・転訳載すること、および磁気または光記録媒体、コンピュータネットワーク上等へ入力することは、法律で認められた場合を除き、著作者および出版社の権利の侵害となります。
・落丁・乱丁本はお取替えいたします。定価はカバーに表示してあります。

ISBN978-4-322-12668-6